기독교문서선교회 (Christian Literature Center: 약칭 CLC)는 1941년 영국 콜체스터에서 켄 아담스에 의해 시작되었으며 국제 본부는 미국 필라델피아에 있습니다.
국제 CLC는 약 650여 명의 선교사들이 59개 나라에서 180개의 서점을 운영하며 이동 도서 차량 40대를 이용하여 문서 보급에 힘쓰고 있으며 이메일 주문을 통해 130여 국으로 책을 공급하고 있는 국제적 문서선교 기관입니다.

# 추천사 1

이 덕 승 박사
부천 열방교회 담임목사

　신앙 발달에는 과정이 있다. 성도는 성경을 통해 신학적 토대를 세우고 예배를 통해 교회생활을 배운다. 다양한 문화와 언어와 민족 전통을 가진 사람들이 이제는 함께 모여 예배를 드리고 교제하며 봉사한다.
　그런 의미에서 이 책은 신학적, 회중적, 세계적 차원에서 신앙인들이 문화와 전통 관습의 다양성을 존중하고 인정하며 배우고 어떻게 적응해 갈 수 있는지를 보여 주는 좋은 책이다. 전 세계가 가족화되어 가고 있는 이 시대에 적합한 목양의 방향을 설정하는 데 많은 도움이 되리라 확신한다.

# 추천사 2

김 대 혁 박사
총신대학교 신학대학원 부교수

"당신의 신앙은 어떻게 생겨났고 성장하고 있는가?"

이 질문에 대한 대답은 매우 다채로울 것이다.

개혁주의 목사와 교사인 나는 '신앙은 결국 하나님의 은혜요 선물'이라는 신앙고백을 내어놓게 된다. 그러나 그 고백을 살아 내는 신앙의 실제에는 개인, 공동체, 전통, 교육, 문화, 경험, 정서, 실천의 다양하고 다면적이고 다차원적인 영향과 굴절이 있었음을 인정하지 않을 수 없다. 아니 지금도 우리는 신앙 여정의 한가운데를 살아가고 있다.

특별히 오늘날 그리스도인들은 전 세계적인 다중적 환경 속에서 다양한 세계인들과 신앙적 협력과 교류를 나누며 살고 있기에, 우리의 신앙을 스스로 이해하며 설명하기 위해서는 더욱 포괄적인 접근이 필요하다.

이 책의 독특성은 기독교 신앙 형성에 관한 현대 이론들을 신학적 차원에서 평가할 뿐만 아니라, 개인 차원을 넘어서는 사회문화적 상황과 공동체적 차원의 영향과 더불어 다민족적이며 세계적인 차원이 신앙 형성과 어떤 관련이 있는지도 포함하고 있다.

기존 세계화의 추세와 더불어 코로나 이후 급속한 미디어의 발전은 우리의 신앙 형성에 지역과 국가를 넘어선 다양한 문화의 영향에 관한 이해도를 높일 필요성을 반영한다. 실제 다문화, 다민족공동체가 된 한국과 교회공동체를 고려한다면 더욱 그러하다.

이 책에서 말하는 모든 주장에 똑같이 고개를 끄덕일 수는 없지만, 분명 오늘날 개인주의와 영적 소비주의로 좁아진 신앙의 초점을 넓혀서, 그리스도 안에서 통일을 이루게 될 하나님 나라 백성의 신앙 형성의 다차원적 이해, 특별히 세계화의 추세 속에서 신앙에 많은 영향을 주게 될 문화적 상호성이 지닌 폭과 넓이를 조망해 볼 수 있는 귀한 기회를 제공한다.

# 추천사 3

**정 푸 름 박사**
치유상담대학원대학교 상담학 교수

세 저자의 협업이 가히 놀랍다. 저자들은 신앙 형성이라는 한 가지 주제를 명백하게 다른 세 가지 관점에서 놀랍도록 통일성 있게 서술하고 있다.

마크 매딕스(Mark A. Maddix), 조나단 킴(Jonathan H. Kim), 제임스 라일리 이스텝(James Riley Estep Jr.)은 신앙 형성을 위해서는 신학적, 회중적, 세계화의 차원 중 어느 것 하나도 소홀히 해서는 안 된다고 말한다.

지금까지 교회는 일관되게 성도들의 신앙 형성에 관심을 가져 왔지만, 오늘날과 같이 교회의 사명을 새롭고 명료하게 재확인해야 하는 이 혼란의 시대에, 이 책은 신앙 형성이라는 개인의 신앙적 지향을 교회공동체의 주된 사명으로 다시 한번 강조하고 있다.

이런 면에서 이 책은 회중에 의한, 회중을 위한 신학책이며, 성도들의 신앙 성숙을 늘 고민하고 있는 현장 목회자들에게 신앙 형성에 대한 이해를 확장시켜 주는 실천적 면모를 담아내는 책이다.

서구의 책 내용을 한국 목회현장에 적용할 때 어색함과 괴리감이 느껴질 때가 종종 있는데, 이 책의 제2부와 제3부에서 다루고 있는 내용은 한국의 현재 목회현장과 너무도 흡사해서 한국의 개교회 목회에 적용하는 데 전혀 어색함이 없고 향후 목회의 방향을 정립하는 데 큰 도움의 되리라 생각한다. 신앙 형성의 중요성을 다시 한번 생각하며 신학, 회중, 세계화의 관점이 함께 연결된 조화로운 대화를 경험하게 되리라 확신한다.

# 추천사 4

카렌 E. 존스(Karen E. Jones)
Veritas Theology Institute (Huntington University) 소장

신앙에 관한 여느 문헌들과 달리 이 책이 가지고 있는 장점은 신앙 형성에 있어서 상황과 공동체의 영향에 대해 세심한 주의를 기울인다는 것이다. 부조화라는 촉매제는 견고한 신앙에 기여하는 것으로 인식되고 있으며, 세계화와 디아스포라와 관련된 통찰력은 성경적 진리와 복음주의 신학에 확고한 기반을 두고 있다.

다양성은 그리스도 안에서 연합의 기원으로 간주되고, 저자들은 우리의 신앙을 시작하고 유지시키시는 삼위일체 하나님이 주신 모든 신자가 찬양해야 할 하나의 참된 신앙이 있음을 상기시켜 준다.

로버트 W. 파즈미뇨(Robert W. Pazmiño)
Andover Newton Seminary 명예교수

이 책은 교육자, 목회자, 교회 지도자들이 신앙 형성을 연구하는 데 유용한 기본 지침서이다. 이 책은 교회 지도자들과 독자들에게 유익한 토론 질문과 더불어 풍부한 자료를 담고 있으며, 특히 웨슬리안과 경건주의 전통에 속한 사람들의 관심을 받고 있다. 신앙 형성의 다민족적이고 세계적인 차원을 연구하려는 선구적인 시도에 성원을 보낸다.

**케빈 E. 로슨**(Kevin E. Lawson)
*Christian Education Journal* 편집자

  매딕스, 킴, 이스텝은 우리에게 신앙이 어떻게 시작되고 성장하는지에 대한 건전한 성경적, 신학적 성찰을 제공했고, 기존의 이론과 접근방식을 효과적으로 비판했으며, 하나님 그리고 다른 사람들과의 관계라는 중요한 측면에 관한 독특한 기독교적 이해를 제시했다.
  이 책이 제시하는 사려 깊은 통합적 개요는 하나님이 어떻게 일하고 계시는지, 우리가 어떻게 협력할 수 있는지를 더 잘 이해하도록 도와줌으로 우리가 신앙과 신실함으로 성장할 수 있게 해 준다.


**옥타비오 하비에르 에스퀘다**(Octavio Javier Esqueda)
Talbot School of Theology 기독교 교육학 교수

  신앙 형성은 평생 지속되는 공동체적 과정이다. 이 과정은 삼위일체 하나님과 지역의 신앙공동체, 그리고 전 세계적 신자들과 협력하는 것을 포함한다. 매딕스, 킴, 이스텝은 그리스도 안에서 함께 성장한다는 것이 어떤 의미인지에 대해 강력하고 실제적인 설명을 보여 준다.

# 신앙 형성의 이해

신학적, 회중적, 세계적 차원

***Understanding Faith Formation: Theological, Congregational, and Global Dimensions***
Written by Mark A. Maddix, Jonathan H. Kim, and James Riley Estep Jr.
Translated by Eun Sung Roh

Copyright © 2020 by Mark A. Maddix, Jonathan H. Kim, and James Riley Estep Jr.
Originally published in English under the title
*Understanding Faith Formation: Theological, Congregational, and Global Dimensions.*
Published by Baker Academic, a division of Baker Publishing Group,
Grand Rapids, Michigan, 49516, U.S.A.
All rights reserved.

Translated and printed by permission of Baker Publishing Group
Korean translation edition copyright © 2024 by CLC Korea, Korea.
All rights reserved.
This Korean edition was published in arrangement with Baker Publishing Group.

## 신앙 형성의 이해: 신학적, 회중적, 세계적 차원

2024년 10월 25일 초판 발행

지 은 이 | 마크 매딕스, 조나단 킴, 제임스 라일리 이스텝
옮 긴 이 | 노은성

편     집 | 전희정
디 자 인 | 서민정
펴 낸 곳 | (사)기독교문서선교회
등     록 | 제16-25호(1980.1.18.)
주     소 | 서울특별시 동대문구 천호대로 71길 39
전     화 | 02-586-8761~3(본사) 031-942-8761(영업부)
팩     스 | 02-523-0131(본사) 031-942-8763(영업부)
이 메 일 | clckor@gmail.com
홈페이지 | www.clcbook.com
송금계좌 | 기업은행 073-000308-04-020 (사)기독교문서선교회
일련번호 | 2024-109

ISBN 978-89-341-2751-2 (93230)

이 한국어판 저작권은 Baker Publishing Group과 독점 계약한 (사)기독교문서선교회가 소유합니다.
신저작권법에 의하여 한국 내에서 보호를 받는 저작물이므로 무단 전재와 무단 복제를 금합니다.

UNDERSTANDING FAITH FORMATION:
THEOLOGICAL, CONGREGATIONAL, AND GLOBAL DIMENSIONS

# 신앙 형성의 이해

### 신학적, 회중적, 세계적 차원

마크 매딕스, 조나단 킴, 제임스 라일리 이스텝 지음

노은성 옮김

CLC

# 목차

추천사 1 **이덕승 박사** | 부천 열방교회 담임목사     1
추천사 2 **김대혁 박사** | 총신대학교 신학대학원 부교수     2
추천사 3 **정푸름 박사** | 치유상담대학원대학교 상담학 교수     4
추천사 4 **카렌 E. 존스 외 3인**     5

한국어판 저자 서문     11
역자 서문     13
서론 신앙 형성의 차원     15

## 제1부 / 신앙 형성의 신학적 차원     21

제1장 성경의 신앙 형성     22
제2장 기독교 전통에서의 신앙 형성     43
제3장 신앙 형성 이론의 개정     71
제4장 신앙 발달 이론 비평     98

## 제2부 / 신앙 형성의 회중적 차원     116

제5장 신앙 형성에 대한 문화적 도전     117
제6장 공동체에서의 신앙 형성     151
제7장 신앙 형성에 있어서 성경의 역할     175

## 제3부 / 신앙 형성의 세계적 차원     195

제8장 선교를 통한 신앙 형성     196
제9장 다민족적 상황에서의 신앙 형성     215
제10장 세계화 상황에서의 신앙 형성     237

# 한국어판 저자 서문

**조나단 킴(Jonathan Kim) 박사**
Talbot School of Theology 기독교 사역과 리더십 교수

이는 우리가 믿음으로 행하고 보는 것으로 행하지 아니함이로라(고후 5:7).

　우리는 이 책이 한국의 그리스도인들에게 소개된 것에 대해 진심으로 영광스럽게 생각합니다. 먼저 이 책이 출판될 때까지 함께하신 하나님께 영광을 돌립니다. 아울러 이 책을 한국에 소개해 주신 노은성 목사님께도 감사드립니다.
　이 책을 함께 집필한 마크, 짐, 그리고 저는 트리니티신학교에서 함께 공부할 때부터 시간 날 때마다 만나서 성경적 가르침과 훈련을 통해 성도들의 신앙을 성숙시키고자 하는 각자의 열정에 대해 이야기를 나누곤 했습니다. 많은 세월이 흐른 지금 마침내 우리의 열정이 이 책을 통해 실현되었습니다. 그렇기에 이 책은 우리 각자에게 매우 뜻깊은 책입니다.
　목회자이자 학자인 우리가 이 책에서 한국의 독자 여러분과 나누고 싶은 것은 목회적 관점과 학문적 관점에서 신앙 형성에 대한 조망입니다. 이 책은 신자 개인과 회중의 삶을 위한 신앙 형성에 관한 성경신학을 제시하고, 지역교회의 삶과 사명을 통해 신앙이 어떻게 형성되는지 보여 줍니다. 아울러 다민족 및 글로벌 상황에서 신앙 형성의 면면을 탐구합니다.

아무쪼록 이 책이 한국의 독자 여러분의 신앙을 굳건히 하고 하나님께 가까이 나아가는 데 도움이 되기를 기도합니다.

그러므로 너희가 그리스도 예수를 주로 받았으니 그 안에서 행하되 그 안에 뿌리를 박으며 세움을 받아 교훈을 받은 대로 믿음에 굳게 서서 감사함을 넘치게 하라 (골 2:6-7).

# 역자 서문

### 노은성 박사
전주온누리교회 담임목사

역자가 이 책을 접하게 된 계기는 공저자 중 한 명인 조나단 킴(Jonathan Kim) 박사와의 개인적인 인연에서 출발한다. 킴 박사는 역자가 과거 남침례신학교(The Southern Baptist Theological Seminary) 박사과정 세미나에서 인상 깊게 공부했던 주 교재의 책임 편집자이다.

코로나19 이후 한국 교회에 나타난 두드러진 변화를 꼽으라고 한다면 꾸준한 감소 추세에 있던 성도 수가 더 큰 폭으로 급속하게 감소하고 있으며, 무엇보다도 심각한 것은 이런 추세가 완화될 기미가 전혀 보이지 않는다는 것이다. 코로나 직후 한국갤럽은 코로나 기간 동안 개신교를 떠난 신자들이 무종교인으로 전락했을 가능성을 시사하는 조사 결과를 발표하기도 했다.

이 같은 '탈교회화 현상'은 참된 그리스도인 양육을 위한 고민은 여전히 유효하다는 저자들의 저작 의도를 실질적으로 증명하고 있다. 이 책은 제목에서 알 수 있듯이 신앙 형성에 대한 이해를 돕기 위한 책이다.

그렇다면 저자들이 말하는 신앙 형성이란 어떤 의미일까?

신앙 형성을 글자 그대로 이해하면 신앙을 이루는 것이다. 그러나 저자들은 신자에게 신앙 형성은 완성의 단계를 의미하는 것이 아니라 성숙의 과정, 즉 그리스도인의 신앙 형성은 일평생에 걸쳐 점진적으로 더 그리스도인답게 성장해 가는 성화의 과정이라고 말한다.

아울러 저자들은 신앙 형성을 공동체적 관점에서 바라볼 것을 요청한다. 저자들은 그리스도인의 신앙 성숙은 교회라는 공동체 안에서 맺어지는 다양한 관계와 활동을 통해 이루어지기 때문에 신앙 형성을 위한 교회의 역할과 그 중요성을 거듭 강조한다.

저자들이 서론에서 밝혔듯이 이 책은 북미의 기독교적 상황을 토대로 집필되었다. 그러나 놀랍게도 한국 교회가 직면하고 있는 다양한 사회문화적 이슈를 비롯해 선교적 실천을 그대로 반영하고 있다고 해도 과언이 아닐 정도이다. 특별히 제3부 신앙 형성의 세계적 차원은 다문화 사회로 급격하게 변모하고 있는 한국 사회 속에서 다양성이라는 사회문화적 요구에 대해 교회가 어떻게 대응하고 준비해야 하는지를 잘 보여 주고 있다.

역자로서 독자들에게 양해를 구할 것은 faith에 대한 번역이다. 사실 성경은 단 두 번(빌 1:27; 히 6:1)을 제외하고는 faith를 모두 "믿음"으로 표기하고 있다. 성경의 용례를 따라 faith를 믿음으로 번역하게 될 경우 성화라는 저자들의 저작 의도를 충분히 반영할 수 없다는 판단하에 "신앙"으로 번역했다. 다만 성경 구절의 인용 또는 문맥상 믿음이라는 표현이 더 자연스러울 경우에는 "믿음"으로 표기했다.

끝으로 부족한 사람이 이 책을 귀한 독자들에게 소개할 수 있음을 영광으로 생각하며 하나님께 감사드린다. 아울러 여러모로 부족한 역자에게 번역의 기회를 주신 기독교문서선교회와 출판을 위해 수고하신 모든 분께 감사를 드린다. 혹여 이해하기 난해한 문장이 있다면 이는 전적으로 번역자인 필자의 부족함 때문임을 말씀드린다.

" ALL TRUTH IS GOD'S TRUTH."

전주온누리 목양실에서

# 서론

## 신앙 형성의 차원

당신은 이 책을 집어 들면서 이런 생각을 할 수도 있다. '왜 신앙 형성에 관한 또 다른 책이 있지? 이 주제를 다룬 책은 이미 충분하지 않나?'

만약 당신이 이런 의문을 가지고 있다면, 당신만 이런 의문을 가지고 있는 것이 아님을 알았으면 한다. 저자인 우리 역시 본서를 집필하면서 당신과 똑같은 의문을 제기했다.

우리는 특히 고대 영성 형성 실천의 재발견 이후 이 분야에서 상당한 연구가 이루어졌음을 인정한다. 영성 형성에 관한 문헌들이 급증하면서 영성 형성은 교회의 주요 관심사가 되었다. 아울러 우리는 40년 전 출판된 제임스 파울러(James Fowler)의 『신앙 발달 단계』(Stages of Faith)가 여러 문헌들 속에서 상당한 찬사와 더불어 비판을 함께 받았음을 인정한다.

신앙 형성 분야에 끼친 파울러의 영향은 타의 추종을 불허한다. 파울러는 사람들이 신앙을 발전시키는 방법에 관해 의미 있는 연구를 제공했다. 진보 보수 할 것 없이 모두 파울러의 이론을 토대로 연구를 진행함으로 신앙 형성에 대한 논의를 발전시켰다.

그러나 동시에 우리는 북미의 기독교적 상황에서, 특히 예배 참석과 기독교적 실천에 참여하는 것과 관련하여 종교성 그리고 신앙 성장이 쇠퇴하고 있음을 인정한다. 종교적 신앙이 없는 무종교인들의 증가는 신앙이 우리의 상황에서 어떻게 표현되는가에 영향을 미치고 있다.

'도덕적 치료 이신론'(Moral Therapeutic Deism)에 반영된 종교적 무관심과 성경을 이해하는 능력의 부족은 기독교 신앙공동체 안에 좌절과 우려를 불러일으켰다. 교회가 다음 세대의 신앙 형성을 우려하는 데는 그만한 이유가 있다.

이런 우려를 바탕으로 신앙 형성의 신학적(theological), 회중적(congregational), 세계적(global) 차원을 다루기 위해서는 신앙 형성에 관한 책이 필요하다고 생각한다. 본서의 저자인 우리는 신앙 형성에 관한 수많은 문헌을 참고했고, 신앙 형성에 관한 책이 교육자, 목회자, 교회 지도자들이 신앙을 더 깊이 이해하고 실천하는 데 도움을 줄 수 있다고 믿는다.

우리는 또한 그리스도인들, 특히 문화적으로 다양한 세계 한가운데 있는 그리스도인들이 영적 성장과 발전에 관한 새로운 길을 수용하고자 하는 큰 열망을 가지고 있다고 믿는다.

## 1. 본서의 내용과 구성

본서 『신앙 형성 이해: 신학적, 회중적, 세계적 차원』(Understanding Faith Formation: Theological, Congregational, and Global Dimensions)은 확고한 성경적, 신학적 가치를 지닌 신앙 형성에 대한 통합적이고 총체적인 접근방식을 개발하려는 시도이다. 우리는 본서에서 어떤 영역에 차원과 속성의 부여를 의미하는 수학 용어인 '차원'(dimensions)을 사용한다. 신앙은 신앙 형성에 필요한 특정 속성을 필요로 한다.

우리의 신학적, 회중적, 세계적 차원들은 그리스도인들에게 신앙 형성을 위한 틀을 제공하기 위해 상호 연결되어 함께 작용한다. 신앙 형성을 위해서는 모든 차원이 필요하며, 한 가지라도 소홀하게 되면 성장을 방해한다. 그림 1은 이 세 가지 차원이 어떻게 협력하는지를 보여 준다.

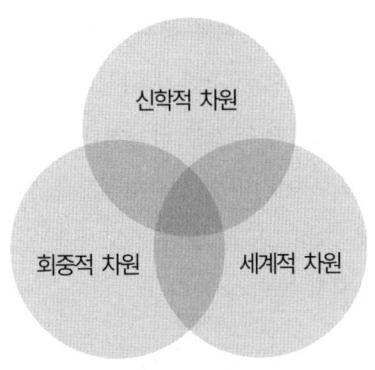

[그림 1] 신앙 형성의 차원

본서는 크게 세 부분으로 구성되어 있다.

제1부는 신앙 형성의 신학적 차원(theological dimensions of faith formation)에 초점을 맞추고 있다.

제1장은 신구약 성경을 통해 신앙의 의미를 추적, 정의한다.
제2장은 기독교 전통의 주요 운동의 관점에서 신앙 형성을 검토한다.
제3장은 제임스 파울러의 신앙 발달 이론과 신앙 형성에 대한 복음주의적 관점의 발전을 요약한다.
제4장은 내용, 구조주의, 성별, 다양성에 기반한 파울러의 이론에 대한 비판과 그 한계를 제시한다.

제2부는 신앙 형성의 회중적 차원(congregational dimensions of faith formation)에 초점을 맞추고 있다.

제5장은 성경적 문맹, 도덕적 치료 이신론, 무종교인의 증가를 위시하여 신앙 형성에 대한 문화적 도전을 분석한다.

제6장은 예배, 교제, 설교, 선교와 봉사, 정의(justice)를 통한 신앙 형성에 각별한 관심을 기울임으로 교회가 의식(rituals)과 실천(practice)을 통해 신앙을 형성하는 데 어떤 역할을 하는지 보여 준다.

제7장은 성경을 정보로 여기기보다는 형성으로 여기는 데 중점을 둠으로 성경이 사람들을 그리스도를 닮아 가도록 만들기 위한 수단으로 교회에 주어졌다는 논지를 분명히 한다.

제3부는 신앙 형성의 세계적 차원(global dimensions of faith formation)에 초점을 맞추고 있다.

제8장은 사람들이 교차문화적(cross-cultural) 선교여행에 참여할 때 일어나는 강력한 변화를 보여 주는데, 사람들은 교차문화적 경험에 참여하면서 학습과 성장으로 이어지는 불균형을 경험한다.

제9장은 신앙 형성을 이해하는 데 있어 문화적 맥락이 매우 중요하다는 점에 주목하면서 하나님 나라(the kingdom of God)의 다양성을 보여 주는 다민족적, 다문화적 차원에 초점을 맞추고 있으며,

제10장은 세계적 맥락에서의 신앙 형성에 중점을 두고 북미 지역 이외 지역의 신앙 형성에 대한 이해를 제공한다.

학교, 주일학교, 소그룹에서 본서를 활용하는 데 도움을 주기 위해 각 장의 끝에는 토론을 위한 질문과 추가 도서 목록을 수록했다. 본서는 사람들이 신앙에 관한 문제와 신앙이 한 사람의 삶에서 어떻게 형성되는지에 대한 대화에 참여할 수 있도록 돕기 위해 기획되었다. 무엇보다 우리가 바라는 것은 본서가 단순한 학문적 훈련이 아니라 사람들이 기독교 신앙으로 성장하는 데 도움을 주는 자료로 활용되는 것이다.

## 2. 사례 연구

신앙 형성의 신학적, 회중적, 세계적 차원을 설명하는 한 가지 방법은 사례 연구를 이용하는 것이다.

자넷(Janet)은 40대 백인 여성으로 수년간 그리스도인으로 살아왔다. 자넷이 다른 그리스도인들과 함께 성경 공부를 하고, 성경에 나타난 신앙에 대해 성경적으로 더 많이 알게 되면서 그녀의 신앙은 '신학적 차원'을 통해 발전하고 있다.

지역교회의 교인인 자넷은 규칙적으로 예배에 참석한다. 그러면서 그녀의 신앙은 '회중적 차원'을 통해 발전하고 있다.

아울러 자넷의 교회는 다양한 민족적 배경을 가진 사람들로 구성된 교회이기 때문에 그녀의 신앙은 '세계적 차원'을 통해 발전하고 있다.

자넷의 신앙 성장 방식은 다른 민족적 맥락을 가진 성도들의 신앙 성장 방식과 매우 다를 수 있기 때문에 그녀는 하나님 나라의 다양성을 보다 온전히 이해하기 위해 자신의 편견과 한계를 인정해야 한다.

## 3. 독자들에게

당신이 어떤 이유로 본서를 접하던 간에 우리가 바라는 것은 우선 당신의 신앙 형성 차원을 설정한 후에 본서를 읽으라는 것이다. 즉, 당신은 신앙 형성에 있어서 당신 자신이 어디에 있는지를, 그리고 신앙을 계속 키워 나가기 위해 당신이 개발해야 할 실천이 무엇인지를 고려해야 한다.

또한, 우리가 당신에게 부탁하는 것은 당신이 당신처럼 생겼고 당신처럼 행동하는 사람들과 함께하는 단일 문화적 상황 가운데 있는지, 아니면 당신과 매우 다른 사람들과 함께하는 다민족적 상황 가운데 있는지를 고려하라는 것이다. 왜냐하면, 신앙은 언제나 자신의 신앙에 대한 몇 가지 전제를 재검토해야 하고 다른 문화권의 사람들이 다양한 방식으로 그들의 신앙을 성숙시킬 수 있다는 것을 인식해야 하는 특정한 상황 가운데에서 표현되고 실행되기 때문이다.

우리가 본서를 저술한 이유는 사람들, 교회의 성장, 하나님 나라에 대한 사랑 때문이다. 본서를 읽고 토론함으로써 당신의 신앙과 기독교적 실천이 향상되고, 궁극적으로 당신과 하나님과의 관계가 성장하는 데 도움이 되기를 기도한다.

# 제1부

# 신앙 형성의 신학적 차원

제1장  성경의 신앙 형성

제2장  기독교 전통에서의 신앙 형성

제3장  신앙 형성 이론의 개정

제4장  신앙 발달 이론 비평

# 제1장

## 성경의 신앙 형성

다음은 본서의 저자 중 한 명이 딸과 함께 쇼핑을 하면서 나눈 대화이다.

"뭘 찾고 있니?"

물건은 사지 않고 몇 시간 동안 비슷한 상점을 계속 돌아다니기만 하는 딸에게 지친 아빠가 마침내 물었다.

"뭘 찾고 있는지는 모르지만, 딱 보면 알 수 있어요."

딸이 대답했다.

신앙도 이와 같다. 우리는 '신앙'이라는 단어를 자주 사용하지만 쉽게 정의 내리지 못한다. 신앙을 마주할 때 신앙을 인식하지만 신앙을 설명하기란 쉽지 않다. 사실 대부분의 사람이 논리적이거나 포괄적인 설명으로 신앙을 표현하는 데 어려움을 겪는다.

신앙이나 신앙 형성에 대한 질문을 받을 때 신자들은 종종 신뢰, 신의, 성장 또는 성숙과 같은 동의어들을 가지고 응답하거나, 그 유명한 성경 구절, "믿음은 바라는 것들의 실상이요 보이지 않는 것들의 증거니"(히 11:1)를 재빨리 인용한다. 그러나 하나의 개념으로서 신앙은 일반적으로 흔히 깨닫는 것보다 더 불분명하고 이해하기 어려운 상태로 남아 있다.

예를 들어, 신앙은 우리가 믿는 것, 즉 "믿음"(유 1:3, 20)이지만, 또한 우리는 "믿음을 통한" 은혜로 구원을 받고(엡 2:8), "믿음으로" 행하며

(고후 5:7), "믿음으로" 살아간다(롬 1:17; 합 2:4 인용).

사실 히브리서 기자는 다음과 같이 단언한다.

> 믿음이 없이는 하나님을 기쁘시게 하지 못하나니 하나님께 나아가는 자는 반드시 그가 계신 것과 또한 그가 자기를 찾는 자들에게 상 주시는 이심을 믿어야 할지니라(히 11:6).

신앙은 그리스도를 따르는 자임을 확인하는 표식이다(행 10:45; 살전 1:6-7). 그러나 그런 신앙은 어떻게 형성되는 것일까?

신자들은 그리스도 안에서 어떻게 성장할까?

신앙 형성의 성경적 개념을 확인하기 위해서는 신앙, 신념, 신실함에 관한 모든 성경 구절뿐만 아니라 성경의 어휘들을 샅샅이 살펴봐야 한다. 그래야만 관련 없는 구절들을 걸러 내고 신자의 삶에서 신앙 형성 과정에 대한 통찰력을 제공하는 구절에 집중할 수 있다.

그러나 신구약 성경에 나오는 신앙에 관한 어휘 또는 문법을 연구하는 것만으로는 충분하지 않다. 따라서 우리는 신앙 형성의 과정, 신앙 형성에 도움이 되는 요소, 심지어 신앙 형성을 막는 것까지도 파악하기 위해 성경의 맥락을 연구해야 한다.

마찬가지로 기독교적 유산을 구성하는 신학적 전통은 종종 신앙의 본질과 신앙 형성을 둘러싼 문제와 씨름하는 교회를 반영하므로 성경적 전통과 신학적 전통은 서로 협력해야 한다.

제1장은 신구약 성경에서 나타나는 신앙과 신앙 형성에 관한 청사진을 제공한다.

제2장은 교회의 신학적 전통이 신앙의 시작과 형성 방식을 이해하는 데 있어서 주요 쟁점들을 어떻게 다루었는지를 보다 생생하고 구체적으로 제시한다.

## 1. 구약성경에 나타난 신앙

히브리어 성경을 읽을 때, 신앙과 관련하여 가장 먼저 관찰할 수 있는 것 중 하나는 신앙을 인식할 수 있는 것처럼 명백한 신앙의 '부재' 역시 존재한다는 것이다.

"믿다" 또는 "믿음"(ēmūnah, 에무나)으로 가장 자주 번역되는 단어는 구약성경 전반에 걸쳐 96번 등장하지만, 이 단어는 사람과 하나님의 관계를 묘사하는 데 거의 사용되지 않고 오히려 인간과 인간의 관계를 묘사하는 데 주로 사용된다.

사실 '에문'(ēmūn)이라는 단어는 훨씬 더 폭넓은 의미를 가지고 있고, 다양한 문장에서 쓰이기 때문에 문맥에 맞는 번역이 필요하다. 에문은 기본적으로 '확고하다, 인내하다, 충실하다, 진실되다, 굳건히 서 있다, 신뢰하다, 믿음을 갖다, 믿다'라는 의미를 가지고 있는 단어로 아람어, 아랍어, 시리아어에도 에문과 유사한 병행어가 존재한다.

이런 이유로 인해 구약성경에서 에문은 종교적 믿음으로는 거의 번역되지 않는다. 예를 들면, 에문은 킹제임스버전(KJV)에서는 단 두 번, 개정된 표준버전(RSV)에서는 오직 열여덟 번만 "믿음"으로 표기된다. 이는 에문이라는 단어가 종교적 또는 개인적 맥락에서 거의 사용되지 않고, 계약과 관련된 법적 맥락에서 더 자주 사용되기 때문이다. 즉, 두 사람 또는 국가 간의 믿음을 깨거나 유지하는 맥락에 주로 사용되었다(레 5:15; 신 32:51; 삿 9:15-21 참조).[1]

그러나 구약성경에서 '신앙'이 하나님과의 관계에 대한 기본적인 설명이 아니라면 과연 무엇일까?

---

[1] W. E. Vines, "Believe," in *Expository Dictionary of Biblical Words*, ed. W. E. Vines, Merrill F. Unger, and William White (Nashville: Thomas Nelson, 1985), 116-17.

구약성경은 인간과 하나님과의 관계를 두려움과 신뢰의 관계로 묘사하고 있다.² 조셉 힐리(Joseph P. Healey) 역시 이 관계를 정확하게 지적한다.

> 히브리어 성경은 신앙을 정의하기보다는 묘사하고 있다. 그 묘사는 두 가지 방식으로 사용되는 경향이 있는데 하나는 이스라엘과 야웨의 관계를, 다른 하나는 특정 주요 인물과 야웨의 관계를 묘사하는 것이다(예. 아브라함, 다윗, 선지자들). 이 두 관계의 공통된 특징은 첫째, 극복할 수 없는 장애물처럼 보이는 상황을 마주함에도 불구하고 야웨에 대한 변함없는 충성심이며, 둘째, 사람의 선택은 전혀 불필요하다는 것이다.³

구약성경에서 하나님과의 관계에 관한 근거가 되는 신앙은 쉽게 찾아볼 수 없지만, 실제로 신앙은 하나님에 대한 반응이기 때문에 일반적인 상황보다 종교적인 상황에서 나타나는 몇 가지 사례를 발견할 수 있다.
예를 들면, 다음과 같다.

> 아브람이 여호와를 믿으니 여호와께서 이를 그의 의로 여기시고(창 15:6).

> 이스라엘이 여호와께서 애굽 사람들에게 행하신 그 큰 능력을 보았으므로 백성이 여호와를 경외하며 여호와와 그의 종 모세를 믿었더라(출 14:31).

> 그가 말씀하시기를 내가 내 얼굴을 그들에게서 숨겨 그들의 종말이 어떠함을 보리니 그들은 심히 패역한 세대요 진실이 없는 자녀임이로다(신 32:20).

---

2   Rudolf Bultmann and Artur Weiser, "πιστεύω κτλ" in *Theological Dictionary of the New Testament*, vol. 6, ed. Gerhard Kittel and Gerhard Friedrich (Grand Rapids: Eerdmans, 1968), 182-83.
3   Joseph P. Healey, "Faith: Old Testament," in *Anchor Bible Dictionary*, vol.2, ed. David Noel Freedman (New York: Doubleday, 1992), 745.

> 보라 그의 마음은 교만하며 그 속에서 정직하지 못하나 의인은 그의 믿음으로 말미암아 살리라(합 2:4).

그러나 이 구절들은 특히 신약성경에서 믿음이란 말이 등장하는 구절들에 비해 상대적으로 적다. 에문과 그 파생어들은 구약성경 전반에 걸쳐 나타나지만, "이 명사가 성경에서 사용되는 최소한 열 개의 뚜렷하게 다른 범주들"은 결국 "거의 전적으로 하나님이나 하나님과 관련된 단어의 사용에 따라 달라지며" 주로 하나님 자신을 묘사하는 데 사용된다.[4]

하나님이 에문의 주체 또는 대상일 경우에만 70인역(LXX)이 에문을 "피스튜오"(*pisteuō*, 믿다)로 번역한다는 사실은 에문이 오직 하나님에게만 적용되어 사용된다는 증거이다(잠 26:25 제외).

요컨대, 구약성경에 나타나는 신앙에 대한 연구는 히브리 민족의 신앙보다 하나님에 관한 것을 더 많이 드러낸다. 따라서 구약성경이 기독교 신앙을 더 잘 이해하기 위한 배경이 되기는 하지만, 신앙의 본질, 기능, 형성을 이해하기 위해서는 신약성경에 의존할 수밖에 없다.

## 2. 신약성경에 나타난 신앙

구약성경보다 신약성경에서 더 두드러진 주제이자 자주 등장하는 주제가 바로 신앙이다. "믿음"으로 번역된 명사 "피스티스"(*pistis*)와 "믿다"로 번역된 동사 "피스튜오"(*pisteuō*)는 신약성경에 모두 240회 이상 기록되어 있으며, 형용사 "피스토스"(*pistos*, 신실한)는 67회에 걸쳐 기록되어 있다.

---

[4] Jack B. Scott, "*ĕmûnâ*," *Theological Wordbook of the Old Testament*, vol.1, ed. R. Laird Harris, Gleason L. Archer Jr., and Bruce K. Waltke (Chicago: Moody, 1980), 52.

이 단어들은 다양한 맥락 속에서 사용되었으며, 신약성경의 저자들은 저마다 미묘한 차이를 가지고 이 단어들을 사용했다.

예를 들어, 믿음의 명사형은 요한복음에는 결코 나타나지 않지만 바울의 글에는 자주 등장한다. 그러나 하나님에 대한 우리의 반응과 하나님과 우리의 관계를 설명하는 원칙으로 믿음을 사용하는 것은 실제로 신약성경 전반에 걸쳐 일관되게 나타나는 현상이며, 이런 식의 사용은 고대 세계에서는 매우 독특한 현상이다.

디터 뤼어만(Dieter Lührmann)은 이런 믿음의 개념, 즉 믿음의 종교적 개념은 거의 전적으로 기독교적 개념이며, 심지어 헬레니즘 문헌에서도 발견되지 않는다고 언급한다.[5] 따라서 믿음이라는 단어는 신약성경 전반에 걸쳐 다른 뉘앙스들을 가지고 있지만,[6] 믿음을 종교적 맥락에서 사용하는 모습은 초기 기독교 신앙의 특징이다.

믿음은 설득당한다는 개념과 새로운 진리, 즉 복음과 일치하는 삶을 살고 있다는 개념을 전달한다.[7] 신약성경에 기록된 믿음에 관한 단어는 앞서 살펴본 구약과는 달리 특히 "인간에 대한 믿음과 구별되는 보이지 않는 하나님과의 관계에 대한 믿음의 주요 요소들"[8]을 드러낸다.

신약성경에서 믿음은 대부분 하나님을 믿고 신뢰하는 맥락 속에서 사용된다.[9] 동사 형태로 요한복음에만 98번 등장하는 피스튜오는 믿음에 이르는 과정을 뜻한다.

---

5  Dieter Lührmann, "Faith: New Testament," in Freedman, *Anchor Bible Dictionary*, 2:750-51.

6  O. Michel, "NT *pistis*," in *The New International Dictionary of New Testament Theology*, vol. 1, ed. Colin Brown (Grand Rapids: Zondervan, 1975), 599-605.

7  Cf. W. E. Vines, "Belief, Believe, Believers," in *Expository Dictionary of New Testament Terms* (Old Tappan, NJ: Revell, 1971), 116-17.

8  W. E. Vines, "Faith," in Vine, Unger, and White, *Expository Dictionary of Biblical Words*, 71.

9  Handley Dunelm, "Faith," in *International Standard Bible Encyclopedia*, vol. 2 (Grand Rapids: Eerdmans, 1939), 1088.

> 예수께서 제자들 앞에서 이 책에 기록되지 아니한 다른 표적도 많이 행하셨으나 오직 이것을 기록함은 너희로 예수께서 하나님의 아들 그리스도이심을 믿게 하려 함이요 또 너희로 믿고 그 이름을 힘입어 생명을 얻게 하려 함이니라(요 20:30-31).[10]

## 3. 신앙의 성경적 모형

신구약 성경에 나오는 믿음의 개념을 바탕으로 신앙의 그림을 그릴 수 있다. 수 세기에 걸쳐 사용된 믿음의 공통된 개념은 마음, 의지, 행위를 통한 그리스도 중심의 삼중적 신앙이었다. 믿음은 단순한 인간의 성과물이 아닌 실제적인 하나님의 선물이다(요 3:3; 고전 2:14; 고후 4:4-6; 엡 2:1-4).

다음 장에서 논의하겠지만, 성경의 증거는 믿음이 세 가지 차원을 가지고 있음을 보여 준다. 이 견해를 뒷받침하는 많은 자료가 있지만, 그 자료들 중 가장 최신 자료는 그렉 앨리슨(Gregg R. Allison)이 제시한 것이다.

앨리슨은 성경 속에 나타나는 믿음을 철저하게 다루면서 믿음 안에서 하나님에 대한 우리의 "전인적 반응"(holistic response)을 "진리를 올바르게 확인하고(orthodoxy), 진리를 올바로 느끼고(orthopatheia), 믿음을 올바로 실천하는(orthopraxis)" 문제라고 설명한다.[11] 그림 1.1은 앨리슨의 생각을 보여 준다.

---

10  Cf. Dennis R. Lindsay; "Believing in Jesus: John's Provocative Theology of Faith," *Restoration Quarterly* 58, no. 4 (2016): 193-209.
11  Gregg R. Allison, "Salvation and Christian Education," in *A Theology for Christian Education*, ed. James Riley Estep Jr., Gregg R. Allison, and Michael J. Anthony (Nashville: B&H, 2008), 227. Cf. also Klaus Issler, "Faith," in *Evangelical Dictionary of Christian Education*, ed. Michael J. Anthony, Warren Benson, Daryl Eldridge, and Julie Gorman (Grand Rapids: Baker Academic, 2001), 283-85.

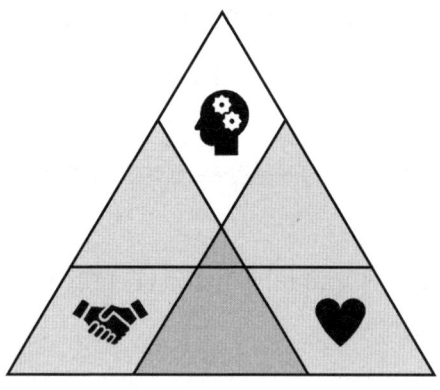

[그림 1.1]

같은 맥락에서 힐리는 구약성경에서 믿음은 기억(인지), 두려움 극복(애정), 행동(의욕)과 연결되어 있음에 주목한다.[12]

신약성경에서 바울은 디모데에게 쓴 편지(딤후 3:14-17)를 통해 성경의 형성적 영향력은 마음의 변혁("성경을 알았나니 성경은 능히 너로 하여금 구원에 이르는 지혜가 있게 하느니라", 15절), 의지의 변혁("모든 성경은 하나님의 감동으로 된 것으로", 16절), 삶의 변혁("교훈과 책망과 바르게 함과 의로 교육하기에 유익하니", 16절)을 포함하므로, "하나님의 사람으로 온전하게 하며 모든 선한 일을 행할 능력을 갖추게 하려 한다"(17절)는 점을 상기시킨다.

다음은 바울의 그리스도에 대한 믿음의 삼중 모델에 대한 분석이다.

### 1) "…라고 믿는다": 인식으로서의 믿음

때때로 명사 피스티스(*pistis*)는 우리 신앙의 내용이나 대상, 즉 우리가 믿는 것을 나타낸다(롬 1:5; 갈 1:23; 딤전 4:1, 6; 약 2:14-16; 유 1:3). 믿음은 명사의 개념, 즉 믿는다는 개념을 넘어 부분적으로 우리가 믿는 것, 그리고 알

---

**12** Healey, "Faith: Old Testament," in *Anchor Bible Dictionary*, 2:744-49.

수 있는 수단이기도 하다. 우리는 추론을 통해 진리를 알고 씨름하지만, 믿음을 갖는 것도 역시 우리가 아는 방법의 일부이다.

> 이는 우리가 믿음으로 행하고 보는 것으로 행하지 아니함이로라(고후 5:7).

마찬가지로 바울은 데살로니가후서 2장 11-12절에서 믿음의 인지적 차원을 다음과 같이 설명한다.

> 이러므로 하나님이 미혹의 역사를 그들에게 보내사 거짓 것을 믿게 하심은 진리를 믿지 않고 불의를 좋아하는 모든 자들로 하여금 심판을 받게 하려 하심이라 (살후 2:11-12).

믿음과 이성의 관계는 다음 장에서 보다 자세히 살펴보겠지만, 지금은 성경이 실제로 믿음의 중요한 측면으로 인식을 포함한다는 점에 주목하는 것이 중요하다. 믿음은 우리가 믿음을 두는 것과 분리되지 않기 때문에 믿음의 대상이나 주제는 대단히 중요하다.

### 2) "…을 믿는다": 신뢰로서의 믿음

로마서 1장 18-25절은 인간이 하나님의 존재와 능력을 지적으로 확인할 수 있는 능력을 가지고 있다고 설명하지만, 그 능력은 단지 믿음의 한 종류일 뿐이다. 성경의 믿음은 명제적 진리에 대한 단순한 확인이나 인정이 아니라 그 진리 안에 신뢰와 확실성을 두는 것이다.

앞서 언급한 바와 같이 구약성경에서 신뢰는 종종 신약성경의 믿음과 유사한 개념으로, 시편 31편 14절은 이 정서를 반영한다.

> 여호와여 그러하여도 나는 주께 의지하고 말하기를 주는 내 하나님이시라 하였나이다 (시 31:14).

믿음은 하나님을 신뢰함으로써 하나님과의 관계를 구축한다. 이것이 바로 요한이 다음과 같이 기록할 수 있는 이유이며 하나님에 대해 아는 것(knowing about God)과 하나님을 아는 것(knowing God)의 차이이다.

> 영접하는 자 곧 그 이름을 믿는 자들에게는 하나님의 자녀가 되는 권세를 주셨으니 (요 1:12).

### 3) "신실한": 섬기게 하는 믿음

믿음은 행위와 동등하지는 않지만, 믿음의 삶은 섬김의 행위로 나타나야 한다. 바울은 에베소서 2장 10절에서 다음과 같이 언급한다.

> 우리는 그가 만드신 바라 그리스도 예수 안에서 선한 일을 위하여 지으심을 받은 자니 이 일은 하나님이 전에 예비하사 우리로 그 가운데서 행하게 하려 하심이니라(엡 2:10).

야고보 사도 역시 야고보서 2장 22절에서 다음과 같이 말한다.

> 네가 보거니와 믿음이 그의 행함과 함께 일하고 행함으로 믿음이 온전하게 되었느니라(약 2:22).

진정한 믿음은 진정한 삶의 변화에 반영되며 열매, 봉사, 선한 일로 나타나는데, 이는 구원을 위한 목적이 아니라 믿음으로 인한 결과이다.

## 4. 신앙 형성에 대한 성경적 통찰

신앙 형성과 신앙 발달을 구별하는 것은 중요하다. 이것은 단지 의미론의 문제가 아니다. 형성 과정과 발달 과정의 구별은 중요하다.

종종 '신앙 발달'이라는 용어는 신앙이라는 인간적 현상을 강조하는 제임스 파울러(James W. Fowler)와 프리츠 오저(Fritz Oser)[13]의 이론처럼 보다 심리학적 성격 이론과 관련이 있는 반면, '신앙 형성'은 심리학과 인간 발달 이론보다는 제임스 로더(James E. Loder)가 선천적이고 순수한 인간의 경험이 아닌 신성한 만남으로 묘사한 변화의 순간에 더 의존한다.[14]

성경은 성숙(예: 고전 2:6; 엡 4:12-13; 빌 3:15; 골 4:12; 히 5:14; 약 1:4), 열매 맺기(예: 사 5장; 요 15:1-16; 갈 5:19-23), 성장 과정(예: 고전 3:6-7; 고후 10:15; 엡 2:21; 4:14-16; 골 1:10; 3:10; 벧후 3:18)과 같은 신앙 형성에 대한 수많은 은유를 포함하고 있다.

그러나 성경은 은유처럼 가치가 있을 수 있지만 실제 신앙 형성 과정이나 신앙 형성에 기여하는 것에 대한 구체적인 세부 사항을 전달하는 경우는 거의 없다. 이 장의 뒷부분에서 설명하겠지만 성경의 여러 구절은 신자의 신앙 형성에 대한 보다 구체적인 통찰력을 제공하여 신앙 형성 과정에 방향과 실체를 제시한다.

바울은 고린도 성도들에게 다음과 같이 충고한다.

> 우리는 남의 수고를 가지고 분수 이상의 자랑을 하는 것이 아니라 오직 너희 믿음이 자랄수록 우리의 규범을 따라 너희 가운데서 더욱 풍성하여지기를 바라노라 (고후 1:15).

---

[13] Cf. Perry Downs, "Faith Development," in Anthony et al., *Evangelical Dictionary of Christian Education*, 285-88.
[14] James E. Loder, *The Transforming Moment* (Colorado Springs: Helmers & Howard, 1989).

믿음은 종종 100퍼센트가 아닌 신앙과 불신앙 사이의 균형이다. 예수님께 자신의 아이를 고쳐 달라고 부탁한 아버지의 속마음은 이를 보여 준다.

> 곧 그 아이의 아버지가 소리를 질러 이르되 내가 믿나이다 나의 믿음 없는 것을 도와주소서 하더라(막 9:24).

믿음은 출발점이 있을 수 있지만, 우리의 삶을 특징짓기 위해 불신앙을 극복하면서 증가하기 위한 것이기도 하다. 이런 관점은 바울이 다른 사람들과 비교해 "믿음이 연약한" 사람들에 대한 글을 쓸 때 반영되었다(롬 14:1-4).

## 1) 신앙과 관련된 용어

성경에서 믿음과 관련된 용어들의 사용을 근거하여 신앙 형성이라는 주제에 초점을 맞출 때 이 용어들 사이의 관계가 나타나기 시작한다. 일반적으로 믿음(*pistis*)은 믿어지며(*pisteuō*) 신실함(*pistos*)으로 인식되는 삶의 특성으로 성장하는 확신/믿음을 만들어 낸다.

### (1) 믿음(*pistis*)

우리가 믿는 것의 내용을 언급하는 믿음은 유다서 3절에서 강조된다.

> 사랑하는 자들아 우리가 일반으로 받은 구원에 관하여 내가 너희에게 편지하려는 생각이 간절하던 차에 성도에게 단번에 주신 믿음의 도를 위하여 힘써 싸우라는 편지로 너희를 권하여야 할 필요를 느꼈노니(유 1:3).

기독교 신앙은 고립된 채 존재하지 않으며 스스로를 입증할 수도 없다. 믿음은 믿음이 위치하는 핵심, 중심, 또는 우리 자신을 초월하는 무언가를 필요로 한다. 이런 점에서 믿음의 중심은 그리스도, 복음, 하나님의 말씀 또는 진리이다.

### (2) 믿다(*pisteuō*)

동사 믿다(believe)는 예를 들어 Believe *that, in, into, on*처럼 보통 그 대상과 전치사를 필요로 하는데 이는 믿음이 자기를 기반으로 하는 것이 아니라 다른 것에 기반을 두고 있음을 보여 준다.[15]

제임스 패커(James I. Packer)는 이 사실을 다음과 같이 인정한다.

> 이 개념[믿음은 대상을 필요로 한다]의 복잡성은 동사[*pisteuō*]와 함께 사용되는 다양한 구조에 반영된다.[16]

- Believe *that, pisteuein hoti*(히 11:6; 비교. 요 2:22; 살후 2:12)는 믿는 것을 강조한다.
- Believe *in, pisteuein ev*(막 1:15; 요 3:15; 엡 1:13), *believe into, pisteuein eis*(요 1:12; 행 10:43; 요일 5:10), 때때로 *believe on, pisteuein epi*(딤전 1:16)는 믿음의 대상, 즉 예수님에 대한 확신을 나타낸다.
- Belief *unto, pisteuein eis*(요 2:11; 3:16; 4:39; 14:1; 갈 2:16; 빌 1:29)는 믿음의 대상, 가장 일반적으로 그리스도에 대한 행동을 의미한다.[17]

---

15  L. L. Morris, "Faith," in *Illustrated Bible Dictionary*, vol. 1 (Nashville: Tyndale, 1986), 496.
16  J. I. Packer, "Faith," in *Evangelical Dictionary of Theology*, 3rd ed., ed. Daniel J. Treier and Walter A. Elwell (Grand Rapids: Baker Academic, 2017), 303.
17  Louis Berkhof, *Systematic Theology* (Grand Rapids: Eerdmans, 1941), 494-95.

동사 믿다(believe)와 함께 쓰이는 전치사는 중요한 의미를 가지고 있다!

### (3) 확신/믿음(pistis)
히브리서 11장 1-3절은 말한다.

> 믿음은 바라는 것들의 실상이요 보이지 않는 것들의 증거니 선진들이 이로써 증거를 얻었느니라 믿음으로 모든 세계가 하나님의 말씀으로 지어진 줄을 우리가 아나니 보이는 것은 나타난 것으로 말미암아 된 것이 아니니라(히 11:1-3).

믿음은 이제 우리가 소유하고 있는 것으로, 믿는(believing) 과정을 통해 믿음의 근원에서 얻게 된 것이다. 믿는다는 것(believing)은 믿음의 흔적을 남긴다.

- Belief that은 예를 들어 어떤 것이 진실임을 "나는 믿는다"처럼 확고한 믿음을 의미한다.
- Belief in, into, 또는 on은 확고한 믿음 이상의 것을 내포하고 있다. 시간이 지남에 따라 자신의 정체성과 성격에 영향을 미치기 시작할 것이라는 개인적인 신뢰, 헌신, 확신이다.[18]

신약성경에서 발견되는 가장 일반적인 구조(대격과 함께 쓰이는 pisteuein eis 또는 epi)는 사실 70인역에는 존재하지 않고 고전 그리스 문학에도 등장하지 않는 구조인데, 신뢰를 가지고 나가고, 믿음의 대상을 포용하며, 믿음에서 얻은 확신을 가지고 전진하는 과정을 표현한다.[19] 믿는다는 것

---

[18] Craig R. Dykstra, "Faith," in *Encyclopedia of Religious Education* (New York: Harper & Row, 1990), 245-46.
[19] Packer, "Faith," 303. 이것은 James Riley Estep이 그의 글 "Childhood Transformation:

(believing)은 믿음으로 이어진다.

### (4) 신실함(*pistos*)

이 단어는 일관되고 신뢰할 수 있는 관계적 특성을 말한다.

예를 들어, 두 사람 사이의 관계 또는 신약성경에서 더 자주 나타나는 하나님과 사람 또는 하나님과 성도들 사이의 관계적 특성을 말한다. 디모데(딤전 4:17), 오네시모(골 4:9), 에바브라(골 1:7), 두기고(엡 6:21; 골 4:7), 에베소와 골로새의 교회들(엡 1:1; 골 1:2)이 이런 관계를 보여 준다.

신실함은 전달 가능한 속성인 도덕성과 함께 하나님과 모든 인간이 공유하는 특성이다. 하나님의 절대적 신실함과 그에 대한 인간의 상대적 신실함은 특별히 구약성경에서 주목할 만하지만, 신약성경에서도 역시 주목할 만하다.[20]

신실함은 신자의 삶에 있는 성숙하고 일관되며 고르게 스며 있는 믿음의 특성으로 오랜 기간 동안 믿음을 가졌던 결과이거나 유진 피터슨(Eugene H. Peterson)이 묘사한 그리스도인의 삶처럼 "같은 방향으로의 오랜 순종"(a long obedience in the same direction)을 의미한다.[21]

---

Toward an Educational Theology of Childhood Conversion and Spiritual Formation," *Stone-Campbell Journal* 5, no. 2 (2002): 183-206에서 설명한 정서적 학습 과정과 유사하다.

20  Caspar Wistar Hodge, "Faithful, Faithfulness," in *International Standard Bible Encyclopedia*, vol. 2 (Grand Rapids: Eerdmans, 1939), 1088-91.

21  이것은 InterVarsity 출판사가 2000년에 출판한 제자도에 관한 유진 피터슨의 통찰력 있는 책의 제목이다(국내에서는 『한 길 가는 순례자』라는 제목으로 2001년 IVP를 통해 소개되었다-역자 주).

## 2) 믿음을 더하라

성경은 믿음을 선물로 묘사하는데, 우리가 선물을 받기 위해서는 다른 사람에게 의지해야 한다. 신학자들은 이 점을 거듭 강조했다. 그러나 동시에 신약성경은 믿음을 순간적인 것 또는 충만함 속에서 즉시 얻어지는 것으로 여기지 않는다. 오히려 신약성경의 몇몇 구절은 믿음의 성장과 성숙을 위해서는 우리의 관심이 필요하다고 주장한다.

베드로는 다음과 같이 기록하고 있다.

> 예수 그리스도의 종이며 사도인 시몬 베드로는 우리 하나님과 구주 예수 그리스도의 의를 힘입어 동일하게 보배로운 믿음을 우리와 함께 받은 자들에게 편지하노니 … 그의 신기한 능력으로 생명과 경건에 속한 모든 것을 우리에게 주셨으니 이는 자기의 영광과 덕으로써 우리를 부르신 이를 앎으로 말미암음이라 이로써 그 보배롭고 지극히 큰 약속을 우리에게 주사 이 약속으로 말미암아 너희가 정욕 때문에 세상에서 썩어질 것을 피하여 신성한 성품에 참여하는 자가 되게 하려 하셨느니라 그러므로 너희가 더욱 힘써 너희 믿음에 덕을, 덕에 지식을, 지식에 절제를, 절제에 인내를, 인내에 경건을, 경건에 형제 우애를, 형제 우애에 사랑을 더하라 이런 것이 너희에게 있어 흡족한즉 너희로 우리 주 예수 그리스도를 알기에 게으르지 않고 열매 없는 자가 되지 않게 하려니와 이런 것이 없는 자는 맹인이라 멀리 보지 못하고 그의 옛 죄가 깨끗하게 된 것을 잊었느니라 그러므로 형제들아 더욱 힘써 너희 부르심과 택하심을 굳게 하라 너희가 이것을 행한즉 언제든지 실족하지 아니하리라 이같이 하면 우리 주 곧 구주 예수 그리스도의 영원한 나라에 들어감을 넉넉히 너희에게 주시리라(벧후 1:1, 3-11).

분명 믿음이 하나님의 선물이라고 할지라도, 우리는 믿음을 보호하고 우리 삶에 믿음이 계속 존속할 수 있도록 하는 자질을 더함으로 믿음을 보살피라는 명령을 받았다. 마찬가지로 신약성경에서 가장 논란이 많은 구절 중 하나에서 야고보는 디아스포라 그리스도인들에게 그들의 믿음을 더 구체적으로 표현하도록 요구한다.

> 어떤 사람은 말하기를 너는 믿음이 있고 나는 행함이 있으니 행함이 없는 네 믿음을 내게 보이라 나는 행함으로 내 믿음을 네게 보이리라 하리라 네가 하나님은 한 분이신 줄을 믿느냐 잘하는도다 귀신들도 믿고 떠느니라 아아 허탄한 사람아 행함이 없는 믿음이 헛것인 줄을 알고자 하느냐 우리 조상 아브라함이 그 아들 이삭을 제단에 바칠 때에 행함으로 의롭다 하심을 받은 것이 아니냐 네가 보거니와 믿음이 그의 행함과 함께 일하고 행함으로 믿음이 온전하게 되었느니라 이에 성경에 이른 바 아브라함이 하나님을 믿으니 이것을 의로 여기셨다는 말씀이 이루어졌고 그는 하나님의 벗이라 칭함을 받았나니 이로 보건대 사람이 행함으로 의롭다 하심을 받고 믿음으로만은 아니니라 또 이와 같이 기생 라합이 사자들을 접대하여 다른 길로 나가게 할 때에 행함으로 의롭다 하심을 받은 것이 아니냐 영혼 없는 몸이 죽은 것 같이 행함이 없는 믿음은 죽은 것이니라(약 2:18-26).

이 구절은 그리스도인의 견고한 행보를 위해 신자가 가지고 있어야 하거나 가져야 한다고 야고보가 주장하는 믿음은 증가하지 않거나, 성장하지 않거나, 지적으로만 남아 있거나, 삶 가운데서 그저 타성에 젖은 상태로 남아 있는 믿음이 아니라는 것을 손쉽게 보여 준다.

## 5. 믿음과 영성

현대 언어에서 '믿음'과 '영성', 이 두 용어는 너무 흔하게 거의 동의어처럼 상호 교환적으로 사용되고 있다. 성경의 개념을 설명하는 용어를 만드는 것이 잘못된 일은 아니지만, 그 용어를 성경의 개념과 혼동하면 왜곡을 초래할 수 있다.

사실 성경에는 '영성'(spirituality)이라는 말이 없다. 이렇게 말하는 이유는 성경을 번역하는 데 있어서 선호나 성향의 문제 때문이 아니라 그냥 성경 원어에 영성이라는 단어가 없기 때문이다. 영성이라는 용어는 17세기에 프랑스 가톨릭 신학에 의해 처음 소개되었고, 19세기에 개신교 신학으로 이어졌으며, 후에는 복음주의적 담론으로 발전했다.[22]

사실 '영'(*pneuma*)과 '영적'(*pneumatikos*)이라는 단어는 신약성경에서 여러 차례 사용되었다. 그러나 이 용어의 사용은 '믿음'의 사용과는 분명 다르다.

이 용어들을 구분하는 또 다른 차이는 무엇일까?

첫째, '영적'(spiritual)이라는 단어는 전적으로 신약성경에서만 사용된다. 성령의 역사는 신구약 성경 모두에 존재하지만, 신약성경에서 훨씬 더 두드러진다.[23] 따라서 영어 성구사전을 검토한 결과 '영적'이라는 단어가 구약성경에 없다는 사실이 밝혀진 것은 놀라운 일이 아니다.

'영'에 해당하는 신약성경의 헬라어 '프뉴마'(πνεῦμα)는 구약성경의 히브리어 '루아흐'(רוּחַ)와 같다고 보지만, 헬라어 '프뉴마티코스'(πνευματικός, 영적)와 일치하는 단어가 히브리어 성경에는 존재하지 않는다. 다시 말하지만, 이것은 번역의 선호나 성향의 문제가 아니다. 고대 히브리어 성경에 '영적'이라는 단어는 없다.

둘째, '영적'(spiritual)과 '신실한'(faithful)은 모두 형용사이기 때문에 꾸며야 할 대상이 필요하지만, 그 적용은 분명 다르다. 신약성경에서 '영적'이라는 용어는 다양한 생물 및 무생물과 관련되어 사용되며, 이 세상에서 비

---

22  D. A. Carson, *Gagging of God* (Grand Rapids: Zondervan, 1996), 555-56.
23  Leon J. Wood, *The Holy Spirit in the Old Testament* (Grand Rapids: Zondervan, 1981)를 참조하라.

롯되거나 제한되지 않고, 일시적인 것이 아닌 다른 것을 목적으로 하는 천상의 존재상태 또는 특성을 나타낸다.

표1.1은 성경에서 영적으로 묘사된 것들의 목록을 보여 준다.

[표 1.1] 성경에 나오는 영적인 것들

| | |
|---|---|
| 은사(롬 1:11; 고전 1:7; 12:1; 14:1, 12, 37) | 신령한 씨(고전 9:11) |
| 율법(롬 7:14) | 신령한 음식(고전 10:3; 벧전 2:2) |
| 예배(롬 12:1; 벧전 2:5) | 신령한 반석(고전 10:4) |
| 열심(롬 12:11) | 신령한 몸(고전 15:44) |
| 신령한 복(롬 15:27; 엡 1:3) | 신령한 사람(고전 15:46) |
| 영적인 일(고전 2:13) | 신령한 노래(엡 5:19; 골 3:16) |
| 분별(고전 2:14) | 반기독교 세력(엡 6:12) |
| 말(고전 2:13) | 지혜(골 1:9) |
| 신령한 자(고전 2:15) | 신령한 집(벧전 2:5) |
| 지위(고전 3;1; 갈 6:1) | |

그러나 '신실한'은 가장 일반적으로 사람과 사람의 사역 또는 우리를 향하신 하나님/예수님의 신실하심 같은 더 좁은 주제에 적용된다. 목회서신(딤전 1:15; 4:9; 딤후 2:11-13; 딛 3:8)에서 "신실한 말"(*pistos ho logos*)을 제외하고는 무생물에 대해 사용되지 않는다.

'영적'과 '신실한', 이 두 용어는 서로 관련이 있을 수는 있지만 서로 바꿔 사용할 수 없으며, '영적'의 개념이 '신실한'보다 더 광범위하고 포괄적인 것으로 보인다.

끝으로 영성과 믿음은 상호 배타적인 것이 아니라 상호 보완적 의미이다. 영성과 믿음은 동의어는 아니지만, 그 둘은 신자의 삶에서 서로의 중요성을 부정하지 않는다. 영성은 인식이나 근거와의 제한된 연결과 함께 보다 경험적인 차원을 가지고 있는 것으로 보이며, 이 연결은 종종 믿음으

로 격하되어 보다 가볍게 취급된다.[24]


## 6. 결론

성경에서 정의하는 믿음은 처음 깨달은 것보다 더 많은 것이 있다. 신구약 성경은 서로 모순되지도 않고 동일하지도 않은 분명하게 구별되는 믿음을 묘사하고 있다. 이와 마찬가지로 믿음의 차원과 깊이를 부여하기 위해 사용되는 어휘는 영성의 개념과 관련되어 있지만 동일하지는 않은 차이를 비롯해 그 의미를 연구하는 데 도움이 된다. 믿음의 핵심은 정확하지만 믿음이 신자에게 미치는 영향은 훨씬 더 광범위해 보인다.


## 7. 토론을 위한 질문

1. 성경적 믿음의 세 가지 차원(마음, 의지, 행위)과 관련하여, 당신의 삶에서 가장 최고의 차원은 무엇인가?
2. 당신의 믿음을 증가시킬 수 있는 일이나 영적 성장에 도움이 될 다음 단계를 찾을 수 있는가?(벧후 1:1, 3-11 참조)
3. 믿음과 영성의 관계를 어떻게 묘사할 것인가? 당신에게 영향을 미친 요인은 무엇인가?

---

[24] Issler, "Faith," 285.

## 8. 추가 도서 목록

Estep, James Riley, Jr., Gregg R. Allison, and Michael J. Anthony, eds. *A Theology for Christian Education*. Nashville: B & H Academic, 2008.
Leclerc, Diane, and Mark A. Maddix. *Spiritual Formation: A Wesleyan Paradigm*. Kansas City, MO: Beacon Hill, 2011.
Loder, James E. *Transforming Moment*. Colorado Springs: Helmers & Howard, 1989.

# 제2장

## 기독교 전통에서의 신앙 형성

신학적 관점에서 신앙 형성이라는 주제를 다루는 것은 다소 벅찬 일이다. 어디서부터 시작해서 어떻게 진행해야 할까?

성경, 역사, 교리, 주경, 교파 등 그리스도인의 신앙 형성 문제를 다루기 위해 어떤 종류의 신학을 선택해야 할까?

신앙과 신앙 형성을 연구할 때, 기독교 신학의 배경이 되는 기독교 전통이 신앙 형성에 관한 기본적인 질문에 대한 답을 준다는 것은 쉽게 알 수 있다. 기독교 전통들 중 다수는 필연적으로 당대의 상황에서 신앙 형성의 필요성을 해결하기 위해 생겨난 것이다.

이 장은 먼저 신앙과 신앙 형성에 관한 근본적인 질문을 제기함으로써 신앙 형성에 관여한 다음, 성경과 기독교 전통에 근거하여 그 질문에 가장 적절한 신학적 응답을 제시한다.

이 장에서는 신앙 형성이라는 주제를 심리학적 생각이나 완전히 인간적인 현상이 아닌 신학적으로 정의된 현실로 다룬다. 어떤 신학적 전통도 그 한 가지만으로는 신앙 형성을 설명할 수 없기 때문에 이 장에서는 과거와 현재의 기독교 전통을 광범위하게 다룬다.

## 1. 신앙의 시작, 선물인가? 획득인가?

"천리길도 한 걸음부터"라는 속담이 있다. 모든 것에는, 심지어 신앙에도 시작과 출발점이 있다. 아마도 신앙의 형성과 관련된 가장 근본적인 질문들 중 하나는 '어떻게 믿음이 시작되느냐'일 것이다.

믿음은 하나님의 선물일까?
아니면 우리 자신을 위해 우리가 획득한 것일까?
이도 저도 아니면 선물과 획득 사이에 있는 어떤 것일까?

"믿기만 하면 된다"는 말은 문제를 혼란스럽게 한다.
믿음은 우리가 하는 일인가?
마찬가지로 공로라는 관점에서 우리가 하는 일인가?
바울은 우리에게 이렇게 상기시킨다.

> 믿음은 모든 사람의 것이 아니니라 주는 미쁘사 … (살후 3:2-3).

정확히 어떻게 해야 믿음이 생기는 것일까?
성경은 믿음이 선물임을 단언한다(롬 12:3; 엡 2:4-8; 빌 1:29).
바울은 믿음에 대해 보다 자세하게 설명한다.

> 너희는 그 은혜에 의하여 믿음으로 말미암아 구원을 받았으니 이것은 너희에게서 난 것이 아니요 하나님의 선물이라. 행위에서 난 것이 아니니 이는 누구든지 자랑하지 못하게 함이라(엡 2:8-9).

왜 믿음은 선물이어야 할까?

하나님의 도우심이 없으면 우리는 죽었고 우리 스스로 믿음을 우리 것으로 만들 수 없기 때문이다(요 3:3; 고전 2:14; 고후 4:4; 엡 2:1-3; 4:18). 선물로서 믿음은 신앙 형성의 시작, 즉 누군가를 믿음으로 인도하는 촉매제인 성령의 사역을 필요로 한다.

> 그가 와서 죄에 대하여, 의에 대하여, 심판에 대하여 세상을 책망하시리라 죄에 대하여라 함은 그들이 나를 믿지 아니함이요(요 16:8-9).

멋대로 하도록 내버려두면 우리는 결코 믿음을 얻지 못할 것이다. 믿음은 하나님 말씀의 결과이다(요 5:47; 행 4:4).

> 그런즉 그들이 믿지 아니하는 이를 어찌 부르리요 듣지도 못한 이를 어찌 믿으리요 전파하는 자가 없이 어찌 들으리요 … 그러므로 믿음은 들음에서 나며 들음은 그리스도의 말씀으로 말미암았느니라(롬 10:14, 17).

그러므로 "허물과 죄로 죽은"(엡 2:1) 우리는 하나님의 일을 분별할 수 없을 정도로 망가졌지만, 하나님은 우리가 그리스도를 믿는 믿음에 이르도록 허락하신다.

그러나 신앙의 형성에는 인간의 차원 역시 존재한다.

예를 들어, 베드로는 두 번째 편지를 "우리 하나님과 구주 예수 그리스도의 의를 힘입어 동일하게 보배로운 믿음을 우리와 함께 받은 자들"에게 보내지만, 그들에게 "믿음을 보완하기 위해 더욱 힘쓰도록"(벧후 1:1, 5) 지시한다.

하나님이 주신 선물은 믿음이라는 초자연적 변화, 순간적 성숙이 아니다. 결론적으로 바울은 구원받는 믿음에 대해 이야기하고, 베드로는 성숙한 믿음에 대해 이야기한다고 말할 수 있다. 신앙 형성과 관련해서는 두 가지 모두를 이해하는 것이 중요하다.

성경은 깨지고 어두운 상태에 있는 우리가 성령을 통한 하나님의 속삭임 없이 스스로의 힘으로는 믿음에 이를 수 없다고 단언한다.

그러나 만약 믿음이 인간의 반응이 필요 없는 전적으로 하나님의 거룩한 선물이라고 주장한다면 이는 잘못된 견해이다. 마찬가지로 만약 우리가 하나님의 신성한 도움 없이 자신의 확신 아래 스스로 믿음에 이를 수 있다고 믿는다면 이 역시 잘못된 견해이다. 믿음은 하나님이 시작하시고 우리는 받아들인다.

그렇다면 이 관계는 교회 역사를 통해 어떻게 표현되었을까?

### 1) 로마가톨릭 전통

로마가톨릭교회는 믿음을 가장 중요한 신학적 미덕으로 표현했고 그다음이 소망과 자선/사랑이다(고전 13:13 참조). 기본 미덕(지혜, 절제, 정의, 용기)은 누구나 실천할 수 있는 반면, 신학적 덕(믿음, 소망, 사랑)은 하나님의 은혜로 부여된 선물이다.

> 신학적 덕은 인간의 힘에 의해 얻어지는 것이 아니라 하나님에게서 나오기 때문에 기본 미덕과는 다르다. 하나님이 부여하신 [신학적 덕]은 … 자연인의 능력을 넘어서는 것이다.[1]

타락한 본성으로 인해 믿음은 인간에 의해 시작될 수 없다. 인간이 믿음을 얻기 위해 노력할 수는 있지만, 하나님의 역사가 없다면 그런 일은 결코 일어나지 않는다. 게다가 가톨릭 사상은 믿음을 신학적 덕으로 여기기

---

1　Karen Swallow Prior, *On Reading Well* (Grand Rapids: Brazos, 2018), 107.

때문에 믿음의 대상이 중요하다.[2]

"그러므로 믿음의 성격은 하나님을 우리의 목표로 삼는 방식으로 행동할 수 있도록 하는 하나님의 선물이다. 마음의 기질로서 믿음은 우리로 하여금 하나님을 첫 번째 진리로 이해하는 지적 행위로 향하도록 한다."[3]

### 2) 종교개혁 전통과 개혁 이후의 전통

16세기 종교개혁은 당시 로마가톨릭교회에 만연된 행함을 강조하는 신학사조에 맞서기 위해 믿음을 하나님의 선물로 강조했다.[4]

루터에 따르면, 이 믿음은 지식을 넘어 마음까지 도달한다.

> 믿음은 마음의 긍정이며(the yes of the heart), 사람의 인생을 좌우하는 확신이다. 믿음은 그리스도께 달려 있다.[5]

루터는 더 나아가 다음과 같이 설명한다.

> 아직 존재하지 않는 것을 다루고 믿는 것이 믿음의 독특한 본성이다. 사람이 느끼고 보는 현재 존재하는 것을 믿을 필요는 없다. … 그런 믿음은 실패할 수 없다. 왜냐하면, 우리가 그의 나라를 먼저 구한 뒤 계속 일한다면 이 모든 것을 더할 것이라고 우리와 약속하신 전능하신 하나님의 말씀에

---

2   Frederick Christian Bauerschmidt and James J. Buckley, *Catholic Theology: An Introduction* (Malden, MA: Wiley & Sons, 2017), 335-39.

3   Frederick Christian Bauerschmidt, *Thomas Aquinas: Faith, Reason, and Following Christ* (Oxford: Oxford University Press, 2013), 145.

4   Geoffrey W. Bromiley, *Historical Theology: An Introduction* (Grand Rapids: Eerdmans, 1978), 230-37; Justo L. González, *A History of Christian Thought*, vol. 3 (Nashville: Abingdon, 1975), 50-51.

5   Ewald M. Plass, *What Luther Says: An Anthology*, vol. 1 (St. Louis: Concordia, 1959), 466.

기초하기 때문이다(마 6:33 인용).⁶

칼빈은 보다 직접적으로 말한다.

> 그러므로 사람은 믿음으로 인해 하나님께 자신을 비우고, 그 비운 자리는 그리스도의 축복으로 가득 차게 된다. 그래서 사람은 자신을 위해 아무것도 주장하지 않고, 자기 자신이 아닌 오직 하나님만을 구원의 주체로 인정할 수 있다.⁷

그러나 개혁주의 전통이 지배적인 로마가톨릭 전통에서 멀어짐에 따라, 제이콥 아르미니우스(Jacob Arminius)는 로마가톨릭의 입장 중 일부를 다시 취하는 것처럼 보였다. 루터와 칼빈의 개혁주의 전통은 믿음이 일차적으로는 하나님의 선물, 이차적으로는 하나님에 대한 인간의 적극적인 의존이라고 단언하지만,⁸ 아르미니우스는 믿음의 지적 개념이 인간을 구원한다는 데 동의한다.⁹

믿음의 신적 본질과 인간적 본질 사이의 갈등 조정은 다음 세대까지 계속 이어졌다.

믿음과 신앙 형성에 대해 보다 알미니안적 접근방식을 옹호하는 존 웨슬리(John Wesley)는 모든 사람이 값없는 은총(free grace)과 구원을 받을 수 있다고 선언하면서, 믿음의 시작을 이해하는 데 있어 선택과 예정이라는 개혁주의 사상을 선호하는 자기 동료 조지 휫필드(George Whitefield)와 거

---

6   Plass, *What Luther Says*, 466.
7   John Calvin, *Commentary on St. Pauls Epistle to the Galatians and Ephesians* (Grand Rapids: Eerdmans, 1957), 에베소서 2:8 주석.
8   Louis Berkhof, *Systematic Theology* (Grand Rapids: Eerdmans, 1941), 497.
9   Richard A. Muller, "The Priority of the Intellect in the Soteriology of Jacob Arminius," *Wesleyan Theological Journal* 55 (1993): 55-72.

리를 둘 수밖에 없다고 느꼈다.[10]

웨슬리의 견해는 믿음은 하나님의 선물이지만 그리스도를 닮아 가려면 "은총의 수단"(신자들이 하나님의 은혜를 경험하도록 도와주지만 하나님의 은혜는 아닌 실천)에 참여함으로써 인간의 협력이 필요하다는 것이었다. 즉, 신앙 형성에는 하나님과 인간 사이의 역동적인 공동작용이나 협력이 포함된다. 그러나 웨슬리와 휫필드는 신앙 형성에 중점을 두고 18세기 영국에서 감리교 운동을 확립하기 위한 공통된 합의 근거를 찾기 위해 노력했다.[11]

### 3) 현대 교회

19세기에서 20세기는 고전적 자유주의, 신정통주의, 기독교 심리학 등과 같은 새로운 신학적 전통이 대두되었다. 그 결과 믿음은 하나님의 선물이라는 개념에서 벗어나 인간적 차원, 즉 믿음을 주어진 것이 아닌 얻거나 성취한 것으로 여기게 되었다.

"슐라이어마허(Friedrich Schleiermacher)와 리츨(Albrecht Ritschl)의 견해는 현대 자유주의 신학의 특징을 상당 부분 보여 주고 있다. 자유주의 신학에서 믿음은 하늘이 일으키는 경험이 아니라 인간의 업적으로, 단순히 선물을 받아들이는 행위가 아닌 공로 행위이다."[12]

제임스 패커(James I. Packer) 역시 다음과 같이 말한다.

---

10　Susan E Harrington, "Friendship Under Fire: George Whitefield and John Wesley, 1739-1741," *Andover Newton Quarterly* 15, no. 3 (1975): 167-81.
11　James L. Schwenk, *Catholic Spirit: Wesley, Whitefield, and the Quest for Evangelical Unity in Eighteenth-Century British Methodism* (Lanham, MD: Scarecrow, 2008).
12　Berkhof, *Systematic Theology*, 498.

자유주의는 믿음을 심리학적으로 해석하여 그리스도를 통한 무한자(the Infinite)와의 만족스러운 조화(슐라이어마허) 또는 그리스도의 가르침을 따르겠다는 확고한 결심(리츨)으로 축소시키거나, 둘 모두를 함께 했다. 현재 널리 퍼진 가정이 자유주의의 영향을 보여 주고 있다. 즉, '믿음'은 어떤 특정한 교리와 분리되어 경험 세계의 친근함에 대한 낙관적 확신으로 이해되는 독특한 '영적' 마음 상태이다.[13]

루돌프 불트만(Rudolf Bultmann)은 논란의 여지가 있기는 하지만 믿음을 의인화하여 인간성에 엄격하게 내재시켜 순전히 인간적인 현상으로 만들었다.[14]

20세기 후반, 사신신학(the Death of God theology)에 직면한 라인홀드 니버(Reinhold Niebuhr)는 믿음을 주로 인간 존재에 의미를 부여하고 과학의 현대적 진보에도 불구하고 유의미함을 유지하는 정체성의 감각으로 이해했다.[15]

### 4) 기독교 전통 요약

문제를 지나치게 단순화하지 않는다면 기독교 전통에 대한 견해는 믿음의 발달과 신앙 형성을 구별하는 것으로 요약할 수 있다. 믿음을 좀 더 인간적인 시각으로 보는 사람들을 비롯하여 심지어 믿음을 심리적 현상으로

---

13  J. I. Packer, "Faith," in *Evangelical Dictionary of Theology*, 3rd ed., ed. Daniel J. Treier and Walter A. Elwell (Grand Rapids: Baker Academic, 2017), 304.
14  For an alternative perspective, see Benjamin Myers, "Faith as Self-Understanding: Towards a Post-Barthian Appreciation of Rudolf Bultmann," *International Journal of Systematic Theology* 10, no. 1 (2008): 21-35.
15  Reinhold Niebuhr, "Faith as the Sense of Meaning in Human Existence," *Christianity and Crisis*, June 13, 1966, 121-29.

접근하는 사람들(예: 신앙 발달 이론의 제임스 파울러)조차도 발전주의(developmentalism)라는 어휘를 사용하는 경향이 있다. 로마가톨릭과 종교개혁의 전통을 통해 믿음을 이해하는 사람들은 믿음을 하나님의 선물로 강조하는 경향이 있다. 따라서 믿음의 범위는 하나님의 선물에서부터 인간의 발달에 의해 얻게 된 결과까지 다양하다(그림 2.1 참조).

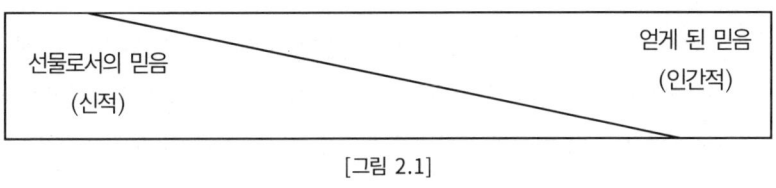

[그림 2.1]

## 2. 이성과 믿음의 관계

경험적 사건이나 주관적 성향에 기초한 많은 종교와 달리 기독교는 개인의 믿음이 지성과 협력하여 존재한다는 것을 역사적으로 이해해 왔다. 다시 말해, 믿음은 초대 교회가 묘사한 것처럼 인지적 요소인 '노티티아'(*notitia*, 하나님을 아는 지식)를 가지고 있다.

믿음은 비록 불완전하더라도 하나님에 대한 올바른 믿음을 요구하며(마 9:2, 22, 29; 15:28; 눅 7:50; 행 19:1-7), 이는 '내용'이 그리스도인의 믿음에 중요하다는 것을 의미한다. 내용 자체가 합리적이고, 이성적이어야만 지적으로 파악할 수 있다. 이것이 신자들이 진실을 알고, 긍정하고, 순종할 수 있도록 하는 성경의 역할에 대한 근거이다(갈 1:8-9; 살후 2:13; 딛 1:1; 벧전 1:22).

이런 점에서 성경은 우리의 믿음을 위해 유익한 것 이상이며, 또한 변혁적이다.[16] 성경은 우리를 변화시키고, 우리의 믿음을 형성하기 위한 "교훈"(롬 15:4)을 위해 주어졌다.[17]

크리스토퍼 벤 심슨(Christopher Ben Simpson)은 믿음과 이성의 관계를 다음과 같이 정의한다.

> 믿음과 이성 사이에는 공동체 의식이 있다. 믿음은 이성을 넘어서는 것과 관련이 있지만 이성과 조화로운 관계에 있다. 믿음은 우리가 하나님을 인식할 수 있는 확실성과 불확실성 모두를 수반하지만, 우리는 궁극적으로 하나님을 알 수 없다. 하나님은 초월적이지만, 동시에 내재적이다.[18]

믿음과 이성 또는 믿음과 지성은 정반대의 개념이 아니다.

오히려 믿음과 이성 '모두'는 열린 마음으로 살면서 참된 것을 알고 선한 것을 사랑하려는 열망을 추구하는 우리 자신이다.[19]

교회 역사 전반에 걸쳐 하나님의 선물인 믿음과 인간의 지적 능력 사이의 이런 관계는 논의의 주제가 되어 왔다. 그러나 초기 변증가들과 그리스-로마 철학과 기독교 신앙을 통합하려는 사람들은 교회에 믿음과 이성

---

[16] Mark A. Maddix and Richard P. Thompson, "Scripture as Formation: The Role of Scripture in Christian Formation," *Wesleyan Theological Journal* 46, no. 1 (2011): 134-49.

[17] Mark A. Maddix and Richard P. Thompson, "Scripture as Formation: The Role of Scripture in Christian Formation," Christian Education Journal, 3rd series supplement, 9 (2012): S79-S93.

[18] Christopher Ben Simpson, *Modern Christian Theology* (New York: Bloomsbury T&T Clark, 2016), 19.

[19] Steven D. Cone, *Theology from the Great Tradition* (New York: Bloomsbury T&T Clark, 2018), 92 (emphasis added).

의 유산을 최초로 제공했다.

### 1) 교부 전통

초대 교회 안에 합리적 믿음이 생겨난 이유 중 하나는 영지주의의 위협이었다. 교회는 영지주의에 반대하여 종교적 신념의 궁극적 권위 또는 표준인 '레굴라 피데이'(*regula fidei*), 즉 '신앙 규범'을 확인할 필요가 있었다. "영지주의와의 논쟁에서 믿음은 주로 하나님, 세상, 인간과의 관계 전체의 일부분인 믿음의 내적 결정으로 다루어졌다."[20]

교회가 영지주의 이단을 물리치려고 노력함에 따라 믿음의 삼중 모델은 인지적, 지적 차원을 선호하기 시작했다. "당시 널리 퍼진 개념은 단지 진리에 대한 지적 동의에 불과한 것처럼 보이지만, 어떤 경우에는 '노바 렉스'(*nova lex*, 새로운 법)로서 복음의 뒤를 잇는 스토아적 도덕주의로 전락한 자기 포기의 개념을 포함하고 있는 것이 분명하다."[21]

알렉산드리아 전통은 그리스도인들의 지적 추구와 그리스-로마 세계의 지적 추구의 통합, 즉 철학과 관련된 믿음의 통합을 추구했다.

본질적으로 믿음은 인식론에 어떻게 부합할까?

이 질문에 적절한 답을 할 수만 있다면 그 대답은 믿음과 지식 어느 쪽도 포기하지 않고 균형을 이룰 것이다. 클레멘트(Clement)와 그의 후계자 오리겐(Origen)은 믿음(*pistis*)과 지식(*gnosis*)이 분리되어 있으면, 믿음은 지식의 상대가 되지 않는다고 보았다. 믿음은 지식을 향한 발걸음이어야 한다.

---

20  Dieter Lührmann, "Faith: New Testament," in *Anchor Bible Dictionary*, vol. 2, ed. David Noel Freedman (New York: Doubleday, 1992), 756.
21  Louis Berkhof, *The History of Christian Doctrine* (Grand Rapids: Eerdmans, 1937), 204.

"그러므로 클레멘트는 그리스도인의 경험을 삼중 회심 중 하나로 묘사했다. 첫 번째는 이교에서 믿음으로의 전환이 있고 그다음은 믿음에서 지식으로의 전환이 이어진다. 그러나 클레멘트는 지적 추상화를 피한다. 왜냐하면, 지식으로부터 '알고 있는 자(the knower)와 알려진 자(the known) 사이의 상호 우정'이 확립되는 사랑으로의 최종적 전환이 있어야 하기 때문이다."[22]

그러나 교회의 처음 몇 세기 동안 지성이 다른 어떤 것보다 더 높은 가치를 갖게 되면서 본질적으로 마음, 의지, 행동과 관련된 통합된 믿음이라는 성경적 초상은 서서히 붕괴되었다.

훗날 어거스틴은 다음과 같이 이에 관한 추가적 설명을 한다.

> 그러므로 그리스도인은 이런 진리[정통 기독교 교리와 일치하지만 비기독교적 출처에서 나온 진리]를 자신의 불행한 연합(unfortunate association)에서 분리하여 취하고, 복음 선포를 위해 그 진리를 적절하게 사용할 수 있다. … 우리 가운데 있는 선하고 신실한 많은 사람이 그밖에 또 무슨 일을 했을까? …
> [키프리나누스(Cyprian), 락탄티우스(Lactantius), 마리우스 빅토리누스(Marius Victorinus), 옵타투스(Optatus), 푸아티에의 힐라리(Hilary of Poitiers)의 저술에 경의를 표한다.]
> 그리고 그리스인들이 얼마나 많은 것을 참고했는지 보라!
> 그리고 이 모든 것 이전에, 하나님의 가장 신실한 종 모세도 그와 같은 일을 했다는 것을 발견하게 된다. 성경에는 모세가 "애굽 사람의 모든 지혜를 배웠다"(행 7:22)라고 기록되어 있다.[23]

---

**22** Bromiley, *Historical Theology*, 39-40.
**23** Augustine, *De doctrina Christiana* 40.60, cited in Alister E. McGrath, ed., *The Christian Theology Reader*, 3rd ed. (Malden, MA: Blackwell, 2007), 8.

## 2) 중세 시대

믿음과 지성의 관계는 중세 교회, 특히 스콜라주의 전통에서도 계속되었다. 11세기 안셀름(Anselm)은 믿음과 이성의 필요성을 설명하면서 "이해를 추구하는 신앙"(*fides quaerens intellectum*)과 "나는 이해하기 위해 믿는다"(*credo ut intelligam*)는 주장을 펼쳤다.

"안셀름의 기본적 통찰력은 신앙이 이해보다 앞서기는 하지만 그럼에도 불구하고 그 신앙의 내용은 합리적이라는 것이다. 이 결정적 공식은 신앙의 완전한 합리성을 주장한 것처럼 이성보다 신앙이 우선하는 신앙 우선순위를 확립했다."[24]

그러나 그리스도인에게는 어떤 믿음이 필요한가?

스콜라 철학은 또다시 대답했다.

클로체(E. H. Klotche)는 다음과 같이 요약했다.

> 학자들은 '단순한 믿음'(*fides informis*)과 '사랑으로 형성된 믿음'(*fides format caritate*)을 구별했다. '비형성적 믿음'(*fides informis*)은 교회의 교리에 대한 정확한 지식을 가진 '명백한 믿음'(*fides explicata*) 또는 교회가 가르치는 것은 무엇이든 믿을 준비가 되어 있는 '맹목적 믿음'(*fides implicita*)을 가질 수 있다. 그러나 공로를 인정받고 구원을 가져오는 것은 오직 '형성된 믿음'(*fides formata*)뿐이다.[25]

---

24  Alister E. McGrath, *Historical Theology: An Introduction in the History of Christian Thought* (Oxford: Blackwell, 1999), 118-19.
25  E. H. Klotsche, *The History of Christian Doctrine*, rev. ed. (Grand Rapids: Baker, 1979), 145.

그러나 언어적 유희를 통해 삼중 믿음, '크레데레 데움'(*credere Deum*, 하나님에 대한 진리를 믿음), '크레데레 데오'(*credere Deo*, 하나님과 관계를 맺음), '크레데레 인 데움'(*credere in Deum*, 하나님께 헌신하고 하나님을 신뢰하는 것)을 묘사한 사람은 토마스 아퀴나스(Thomas Aquinas)이다.

"이것은 세 가지 '믿음'이 아니라 우리가 믿음을 가지고 있다는 것이 무엇을 의미하는지에 대한 세 가지 설명이다. 믿음은 진리와 신뢰의 관계이며, 우리는 살아 계신 하나님을 통해서만이 유일하고 합당한 안식을 얻을 수 있다. 믿음 안에서 모든 이성적 자아는 우리를 이끄시고 부르시는 하나님께 헌신한다."[26]

### 3) 종교개혁 그리고 그 이후

종교개혁 초기의 목소리는 이런 정서의 많은 부분을 반영하여 믿음은 이성적 요소를 가지고 있으며 이성적 요소가 없는 믿음은 부족한 믿음으로 여겼다.

예를 들어, 칼빈은 "믿음은 무지가 아니라 하나님에 대한 지식과 하나님의 뜻에 달려 있다"[27]고 주장하면서, 후에 하나님에 대한 지식은 성경에 달려 있다고 설명한다.

> 말씀을 제거하면 어떤 믿음도 남아 있지 않을 것이다. … 그러므로 이제 우리는 말씀에서 인식된 우리를 향한 하나님의 뜻을 아는 믿음을 가지고 있다.[28]

---

26  Cone, *Theology from the Great Tradition*, 92.
27  Calvin, *Institutes* 3.2.2.
28  Calvin, *Institutes* 3.2.6.

성경은 믿음을 형성하기 위한 자원이 되었으며, 이는 루터가 성경을 일반 대중의 언어로 번역하여 설교하고 교리문답을 통해 가르치는 이유 중 하나였다.[29]

보다 현대에 와서 존 스택하우스(John G. Stackhouse)는 신앙 형성을 위한 성경과 신학의 필요성을 지적하면서 지식/이성과 신앙의 관계를 논한다.

> 하나님이 말씀하신 것을 배우고 기독교 공동체 안에서 자신을 위해 말하는 법을 배우는 것은 신학의 일이며, 모든 그리스도인이 해야 할 일이다. 기독교 신앙의 근본에 대한 일반 대중의 무지는 유감스러운 일이다. 그러나 기독교 신앙의 근본에 대한 교회 신자들의 무지는 가증스러운 일이다. 그리스도인들은 기본 어휘 문법과 기독교의 개념을 모른 채 어떻게든 예수님을 따르는 사람들로서 독특하게 생각하고, 느끼고, 살아가기를 기대한다.[30]

믿음과 이성은 인식론적으로 대립하는 것이 아니라 그리스도인의 삶에서 합쳐진다. 믿음은 합리적이고 이성적이어야 하며, 믿음의 형성은 성경 공부를 통해 탁월한 기독교 세계관을 발전시킨다.

실질적으로 "살아 있는 믿음은 맹목적 믿음이 아니다. 우리의 머리와 연관된다는 것은 우리의 믿음이 지적 수준에서 이치에 맞아야 한다는 것을 의미한다. … 즉, 우리가 믿는지 여부와 씨름하는 것을 넘어 우리가 믿는 바를 명확히 하는 것이다."[31]

---

[29] David C. Steinmetz, "Luther and Formation in Faith," in *Educating the People of Faith*, ed. John Van Engen (Grand Rapids: Eerdmans, 2004), 253-69.

[30] John G. Stackhouse, *Evangelical Landscapes: Facing Critical Issues of the Day* (Grand Rapids: Baker Academic, 2002), 193.

[31] Christopher Gehrz and Mark Pattie III, *The Pietist Option* (Wheaton: IVP Academic, 2017), 69.

## 3. 신앙 형성에서 경험의 역할은 무엇인가?

교회의 역사 전반에 걸쳐 신학은 지성과 경험 중 어느 쪽의 배제가 아니라 둘 모두를 강조하는 측면에서 진자처럼 양 극단 사이를 왔다 갔다 했다. 그 이유는 부분적으로 믿음은 단순한 믿음(*fides*)이 아니라 신뢰(*fiducia*)이기 때문이다. 믿음은 동의(*assensus*) 이상이어야 한다. 믿음은 단지 인지적인 것만이 아니기 때문에 "필요한 것은 마음의 동의뿐만 아니라 마음의 회심이다."[32]

그러나 사람이 믿음과 신앙 형성에서 경험을 중요시하기 시작하면 초대교회에서 발생한 신비주의 사상인 신플라톤주의(Neoplatonism)로 회기할 위험성이 커진다. 믿음을 통한 은혜로 말미암은 칭의를 위해 종교개혁은 신비주의적 황홀경을 거부하는 것을 포함하여 대부분의 중세 기독교 교리의 반전을 도모했다.

그러나 루터교는 믿음의 경험적 차원을 완전히 수용하지 못하여 메마른 정통주의 신앙으로 전락하면서 경건주의로 접어들었다.[33]

### 1) 경건주의 전통

16세기 후반 독일에서 시작된 경건주의는 기독교 역사상 가장 영향력 있지만, 동시에 가장 오해를 받는 전통 중 하나이다. 경건주의는 종종 경건한 성경 연구, 소그룹, 경험적 신앙에 헌신하는 운동으로 특징지어진다. 예를 들어, 존 엘리아스(John L. Elias)는 다음과 같이 말한다.

---

32   Gehrz and Pattie, *The Pietist Option*, 71.
33   For more on Pietism, see James Riley Estep Jr., "Scripture and Spiritual Formation in German Pietism," *Christian Education Journal 9* (Spring 2012): S94-S109.

> 경건주의자들은 성경을 개인의 영혼을 향한 하나님의 계시로 연구했다. …
> 경건주의자들은 지적 믿음보다는 살아 있는 믿음을 선호했다.[34]

그러나 경건주의의 깊이와 넓이에 주의를 기울이지 않는 엘리아스의 설명은 아무리 정확한 설명이라 해도 불완전하고 지나치게 단순하다.
경건주의는 루터의 개혁적 유산 위에 세워졌다.
어니스트 스토플러(F. Ernest Stoeffler)는 다음과 같이 말한다.

> 영적 갈급함은 개신교 국가 교회의 냉랭함과 형식주의에 대한 반작용으로 높아져 갔다. 다양한 근원에서 나온 경건주의는 개인생활에 개혁주의 교리를 적용하고자 하는 탐구로 등장했다.

그는 "그리스도의 영이 동기가 된 성경적 모델"을 포착함으로 새로운 삶을 촉진하려는 경건주의자들의 열망에 주목한다.[35]
예를 들어, 아우구스트 헤르만 프랑케(August Hermann Francke, 1663-1727)와 할레(Halle)대학은 교리를 통한 간접적 성경 공부 대신 보다 직접적인 성경 공부 방식을 발전시켰다. 루터의 개혁을 거부하지 않고 긍정한 경건주의는 실상 루터의 개혁으로부터 성장하고 성숙했으며, 영국에서는 웨슬리의 사역을 통해 독일 경건주의의 영국식 버전인 감리교가 태동했다.

---

34 John L. Elias, *A History of Christian Education* (Malabar, FL: Krieger, 2020), 111-12.
35 F. Ernest Stoeffler, "Can These Bones Live?," *Church History* 5, no. 2 (n.d.): 9.

## 2) 말씀과 성령 사이의 역동성

경건주의가 가지는 특별한 요소는 성령의 영감을 받은 말씀과 신자의 삶과 정신, 그리고 심령 가운데 역사하는 성령의 사역 사이의 역동성이다. 성경을 읽는 모든 수단은 성령의 깨우침이나 조명 없이는 신앙 형성에 도움이 되지 않는다.

17세기 독일의 신학자이자 경건주의의 창시자인 필리프 야코프 슈페너(Philipp Jakob Spener, 1635-1705)는 성경을 "성령의 조명, 증인, 인치심"으로 연구하는 사람들과 "성령의 역사 없이 인간적 노력으로 자신의 연구 분야에서 지식을 습득한 사람들"을 비교한다.[36]

슈페너는 성령을 떠난 성경 읽기는 무의미하다고 말하면서 다음과 같이 결론짓는다.

> 그런 성경 읽기는 아무런 효과가 없다. 그들은 성령의 내적 능력 없이 성경의 글자에 대한 자연스러운 지식만을 얻으므로 하나님의 심판으로 말미암아 더욱 완고하게 되어 진리에 대해 더 무능해질 수 있다(본서에는 수록되어 있지 않으나 1차 자료에는 수록되어 있는 성경 구절 딤후 3:7-9; 딛 1:15-16; 유 1:10을 참조하라-역자 주).[37]

스토플러는 "예배하는 신자는 성경을 읽거나 설교를 들으면서 성령의 계시적 활동을 마주하게 되는데, 이는 수용적 인간에게 하나님의 율법과 복음을 전달하는 하나님의 수단이 바로 말씀이기 때문"이라고 말한다.[38]

---

36 Philipp Jakob Spener, *Pia Desideria*, trans, and ed. Theodore G. Tappert (Philadelphia: Fortress, 1964), 46.
37 Peter C. Erb, ed., *Pietists: Selected Writings* (New York: Paulist Press, 1983), 58.
38 F. Ernest Stoeffler, *German Pietism during the Eighteenth Century*, Studies in the History of Religions 24 (Leiden: Brill, 1973), 22.

경건주의에 따르면 성경은 (루터교 신학에서 묘사된 바와 같이) 하나님의 계시이며, 성령은 성경을 통해 신자의 삶을 조명하고 깨우치신다. 즉, 그리스도인들에게 성경은 계시인 동시에 계시의 수단인 것이다. 그러나 초기 경건주의는 성경을 계시의 수단이자 영적 경험에 대한 지침으로 간주하면서 성경과는 별개로 계시라는 극단적 견해를 피했다.

결국, 일부 경건주의자들은 신비주의에 빠져들었지만, 이것은 결단코 경건주의 전통이 의도한 바가 아니었다. 학문적 연구와 경건한 연구 사이의 균형을 유지한 사람들은 신비주의에 빠지지 않았지만, 슈페너의 루터 신학적 배경을 갖추지 못한 후대 경건주의자들인 프랑케(Franke), 뱅겔(Bengel), 외팅어(Oetinger)는 그들이 생각한 대로 "열광주의자"가 되었다.

슈페너는 〈신학연구의 장애요인에 관하여〉(On Hindrances to Theological Studies, 1680)라는 글에서 그가 "열광주의자", "신비주의자", "급진주의자"라고 묘사한 사람들과 경건주의 전통 사이의 차이점을 분석한다.[39]

슈페너의 비판은 성령을 체험하는 방법에서 비롯되는데, 그는 "역사하는 성령의 현존, 인치심, 조명 … 성령의 위로, 영원한 것에 대한 사랑의 마음"을 단언하면서 한 가지 경고를 덧붙인다.

> 이 모든 것은 거룩한 성경에 나타나 있으며 신자들에게 약속된 것이기에 공허한 이름과 환상이 아니다.[40]

슈페너에 따르면 열정적 신비주의자들은 성령 체험을 원했지만 성령 체험을 위해 하나님이 주신 도구, 즉 성경을 사용하지 않는 사람들로, 하나님의 계시된 말씀보다 "자신의 계시에 의존"[41]하기를 바라는 사람들이다.

---

39  Erb, *Pietists*, 69-70.
40  Erb, *Pietists*, 69.
41  Erb, *Pietists*, 69.

슈페너는 더 나아가 이렇게 단언한다.

> 신비주의자들은 이상한 말과 말버릇을 사용하며, 그들 중 많은 사람이 명확하고 정확한 사고방식을 가지고 있지 못하다. 내가 아는 한 누구든지 그런 말들을 별개로 제쳐 놓을 수 있고, 성경에 나타난 보다 명확하고, 경건한 사람들의 경험으로 더 잘 표현되는 말들에 주의를 기울일 수 있다.[42]

기본적으로 슈페너 시대의 신비주의자들은 개인적 계시와 조명, 즉 말씀의 인도가 없는 영적 체험을 원한 반면, 경건주의자들은 하나님의 계시가 개인적 조명보다 우선한다는 것을 인식하고 진정한 영적 체험은 말씀을 통해서 일어난다고 단언했다.

경건주의는 신학 교육을 "교리적이고 제도적인 관심에서 인간의 개인 및 공동체적 삶의 실존적 문제로 전환시켰다."[43] 그러나 이것은 신학 교육이 학문적 관심과 신학적 깊이를 추구하는 것을 중단했음을 의미하는 것이 아니다.

슈페너는 그의 명저 『경건한 소원』(Pia Desideria)에서 많은 "학교와 대학"에 만연한 "비기독교적인 학문적 삶"을 비판하면서도 학교가 개혁될 가능성과 더불어 "학생들의 외적 생활에서 모든 영역을 위한 교회의 보육원이자 성령의 작업장으로 인정받을 수 있는" 가능성이 있다고 단언한다.[44]

성경과 계시에 대한 이해와 루터교 정통 교리와 신비주의의 양극화에 대한 대안을 고려할 때, 경건주의는 신비주의에 빠지지 않으면서 경험적 신앙의 정당성을 수용하고, 종교개혁의 정통성을 확증하는 신자의 중간 선택지가 되었다. 경건주의는 학문적으로 치우친 루터교 전통과 경험을

---

42   Erb, *Pietists*, 70.
43   Stoeffler, "Can These Bones Live?," 16.
44   Spener, *Pia Desideria*, 103.

중시하는 신비주의/열광주의의 중간에 자리하고 있다.

## 4. 신앙 형성에서 믿음과 행함 사이의 관계는 무엇인가?

일반적으로 새롭게 만들어진 단어들은 영어 어휘에 포함된다. '슬랙티비즘'(slactivism)은 최근에 새롭게 추가된 단어 중 하나로 "소셜 미디어에 글을 올리거나 '좋아요'를 표시하는 것처럼 실제로는 특정 목적을 위해 아무 일도 하지 않으면서 마치 무언가를 하는 것처럼 보이기를 원하는 사람들을 위한 이념"을 의미한다.[45]

아마도 디트리히 본회퍼(Dietrich Bonhoeffer)가 오늘 여기에 있었다면, 그는 제자도에는 관심 없이 구원에만 초점을 맞춘 "값싼 은혜"라는 널리 만연한 지배적 개념에 대한 우려를 명백하게 드러낸 『제자도의 대가』(*The Cost of Discipleship*, 1937)를 집필할 때 필경 슬랙티비즘이라는 용어를 사용했을 것이다. 미국 교회는 값싼 은혜가 만연해 있었고 지금도 계속되고 있다.

슬랙티비즘과 값싼 은혜가 잘못된 것은 무엇인가?

즉, 신앙 형성에 있어서 특히 믿음과 행함의 관계는 무엇인가?

믿음은 행함과 동등하지 않으며, 심지어 일부 복음주의자들의 노력에도 불구하고 어쨌든 구원받는 믿음에 대한 정의는 절대로 행함을 포함하지 않는다.[46]

---

45 "Slactivism," Urban Dictionary, accessed May 15, 2018, https://www.urbandictionary.com/define.php?term=slacktivism.
46 그런 생각에 대한 잭 코트렐(Jack Cottrell)의 비판은 *The Faith Once for All* (Joplin, MO: College Press, 2002), 326-27을 참조하라.

복음 전도자가 "믿기만 하면 된다"고 말할 때 이것은 그야말로 문제를 혼란스럽게 만드는 것이다. 많은 사람이 오직 믿음에 의한 칭의(로마서와 갈라디아서의 바울)와 행함에 의한 칭의(야고보서 2장)에 대해 토론해 왔다.

야고보서 2장 14-26절은 "믿음"(*pistis*)과 "믿는다"(*pisteuō*)를 모두 사용하는데, 이는 바울의 글에 대한 야고보의 명백한 대안을 이해하는 열쇠이다. 야고보는 단순히 믿음의 내용을 확증하기보다는 "믿는"(*pisteuō*, believing), 그리고 적극적인 믿음의 본질에 초점을 맞추고 있다.

이 구절에서 야고보는 신명기 6장 4절의 쉐마와 유사한 믿음에 관한 고백을 믿는 것으로는 불충분하다고 말하고 있다. 믿음에는 반드시 행함이 뒤따라야 한다.

그렇다면 우리는 믿음으로만 의롭게 되는가?
아니면 믿음의 행함으로 의롭게 되는가?
행함이 있는 믿음을 통한 야고보의 칭의와 바울이 말한 행함과는 관련이 없는 믿음을 통한 은혜의 선물을 어떻게 조화시킬 수 있을까?

잭 코트렐(Jack Cottrell)은 다음과 같은 해법을 제시한다.

> 바울은 믿음이 오직 예수 그리스도의 사역을 통해서만 얻을 수 있는 거저 받는 선물로 칭의와 양립할 수 있는 유일한 수단이기 때문에 칭의와 즉각적이고 직접적인 관계가 있다고 말한다.
> 그러나 야고보의 요점은 진정한 구원받는 믿음은 본질적으로 행함을 낳기 때문에 행함과 칭의 사이에 불가피한 간접적 관계가 있다는 것이다. 즉, 믿음은 하나님의 율법에 순종하기를 갈망하고 순종하려고 노력한다. 따라서 야고보는 칭의는 행함에 의한 것이라고 말할 수 있지만, 행함은 오직 이차적이고 간접적인 의미에서만 믿음의 필수적 표현이며 증거가 될 수 있다.

요약하면, 바울의 우려는 칭의가 믿음과 행함 모두와 똑같이 관련되어 있다는 사실을 부인하는 것이고, 야고보는 행함은 믿음의 필연적 결과이기 때문에 배제될 수 없다는 것을 우리에게 상기시켜 준다. 이 점이 바로 바울 자신이 로마서 6장 1절 이하에서 밝힌 것이다.[47]

바울과 야고보 모두가 예수 그리스도 안에 있는 구원받는 믿음, 즉 행함을 낳는 믿음의 자연스런 결과라는 관점에서 행함의 가치와 중요성을 단언한다(엡 2:8-10).

믿음과 행함의 관계 문제는 교회 역사 전반에 걸쳐 계속됐다. 로마가톨릭교회는 "신뢰"(*fiducia*)라는 용어로 이 문제를 이해했다. "이것이 바로 믿음의 가장 중요한 요소이다. 믿음은 단순히 지성의 문제도 아니고 지성과 감정이 결합된 문제도 아니다. 반면에 믿음은 의지의 문제이기도 하다."[48] 스콜라 시대에 행함의 개념이 확립되기는 했지만, 구원받는 믿음과는 별개로 유지되었다.[49]

16세기에 믿음(그리고 칭의)에서 행함을 멀리하려는 루터의 열망은 종종 그리스도인의 삶에서 선한 행실이 아무런 가치가 없다는 개념으로 이어졌고, 필립 멜랑히톤(Philip Melanchthon)은 칭의를 위한 것은 아니지만 그리스도인의 삶에서 선한 행실의 가치를 확인함으로 루터의 입장을 명확히 했다.[50] 즉, 믿음은 변화의 가시적 증거로서 항상 행함이라는 열매를 낳아야 한다.

현대 작가 크리스토퍼 게르츠(Christopher Gehrz)와 마크 패티(Mark Pattie)에 따르면 섬김은 신앙 형성에 중요하며, "머리로 이해가 되고, 심지어 가

---

47  Cottrell, *The Faith Once for All*, 329-30.
48  Berkhof, *Systematic Theology*, 505.
49  Klotsche, *History of Christian Doctrine*, 145.
50  McGrath, *Christian Theology Reader*, 441-45.

슴에 따뜻한 정서를 가져다주는 믿음이라 할지라도 삶에 변화를 가져오지 않는 한 여전히 살아 있는 믿음이 아니다."[51]

## 5. 믿음과 신앙 형성은 개인적인가, 공동체적인가, 아니면 둘 모두인가?

믿음은 수직적 차원과 수평적 차원을 가지고 있다. 믿음의 수직적 차원에는 구원받는 믿음의 본질에 관한 갈라디아서의 해석학적 문제가 포함된다.

> 그러나 성경이 모든 것을 죄 아래에 가두었으니 이는 예수 그리스도를 믿음으로 말미암는 약속을 믿는 자들에게 주려 함이라… 너희가 다 믿음으로 말미암아 그리스도 예수 안에서 하나님의 아들이 되었으니(갈 3:22, 26).

바울서신에 등장하는 피스테오 크리스투($\pi\iota\sigma\tau\epsilon\omega\varsigma\ X\rho\iota\sigma\tau\text{o}\upsilon$, 롬 3:22, 26; 갈 3:22; 빌 3:9)의 의미는 바울 신학 연구에서 여전히 논쟁거리이다.

속격 구조는 객관적으로 '그리스도에 대한 믿음'으로 이해되어야 하는가, 아니면 주관적으로 '그리스도의 믿음(충만함)'으로 이해되어야 하는가?[52]

믿음의 수평적 차원은 교회를 포함한다.

믿음과 관련하여 교회, 신앙공동체, 그리스도의 몸의 가치는 무엇인가? 또는 믿음에 어떤 영향을 미치는가?

---

51 Gehrz and Pattie, *Pietist Option*, 71.
52 Richard B. Hughes, *The Faith of Jesus Christ*, 2nd ed. (Grand Rapids: Eerdmans, 2002)을 참조하라.

이 문제를 보여 주는 가장 좋은 방법은 아마도 그림일 것이다. 일반적으로 우리는 믿음에 대해 다음과 같은 순서로 생각한다.

그리스도 → 개인 → 교회 또는 그리스도 → 교회 → 개인

그러나 사실 믿음의 순서는 그림 2.2에서 보는 것처럼 그리스도가 맨 위에 있고 개인과 교회가 아래에 있는 삼각형 구조로 더 잘 설명할 수 있다.

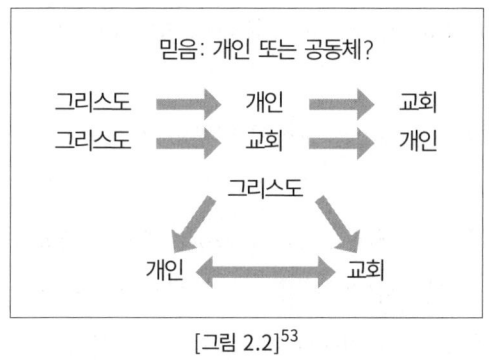

[그림 2.2][53]

교회공동체 안에서 개인의 믿음과 신앙 형성 사이에는 부인할 수 없는 연결고리가 있는 것 같다. 예를 들어, 신약성경에서 "서로"로 번역된 헬라어 "알렐론"(αλληλων)의 사용은 기독교 공동체 안의 역동성을 묘사하는데, 여기서 믿음은 "그리스도 몸의 지체들 사이의 상호 작용"을 통해 형성된다.[54] 심지어 성경도 본질적으로 믿음의 성장은 단독 행동으로 계획된 것이 아니라 공동체 안에서 이루어져야 한다는 개념을 강화하는 것 같다.

---

[53] George Gordh, "The Concept of Corporate Faith," *Review and Expositor* 54, no. 1 (1957): 67-78.

[54] Stephen D. Lowe and Mary E. Lowe, "Allēlōn: Reciprocal Commands and Christian Development," *Christian Education Journal*, 3rd series, 7, no. 2 (2010): 281.

"성경은 정경화 과정의 시작에서부터 형성적인 것으로 이해되어 왔기 때문에, 성도들은 그런 형성 과정을 반영하는 성경 읽기, 성경 공부, 설교, 예배의 관행을 개발해야 한다. 이런 강조의 변화가 일어나면 교회는 성경이 사람을 하나님의 백성으로 형성시키고 변화시키는 기능을 하는 최고의 환경이 된다."[55]

바울은 디모데에게 다음과 같이 상기시킨다.

> 이는 네 속에 거짓이 없는 믿음이 있음을 생각함이라 이 믿음은 먼저 네 외조모 로이스와 네 어머니 유니게 속에 있더니 네 속에도 있는 줄을 확신하노라(딤후 1:5).

청교도 전통의 지도자들은 교회의 일부인 가정이 믿음 형성의 주된 환경임을 이해했다.

청교도 목사인 코튼 매더(Cotton Mather)는 개인적 책임을 포기하지 않으면서 기독교 가정 안에서 믿음이라는 공동체적 본성을 강조했다.[56]

호레이스 부쉬넬(Horace Bushnell)은 그의 책 『기독교적 양육』(*Christian Nurture*, 1846)에서 믿음은 가정 안에서 공유되는 유기적 관계의 일부, 즉 믿음은 부모에게서 시작되며 훈련을 통해 자녀에게 전달된다고 주장한다.

최근에 제임스 윌호이트(James Wilhoit)의 기념비적 작품인 『교회가 중요하게 여기는 것 같은 영성 형성』(*Spiritual Formation as if the Church Mattered*, 2008)은 신앙 형성을 위한 기독교 공동체의 필요성을 강조한다.

믿음은 개인적 차원과 공동체적 차원 모두를 가지고 있다.

---

[55] Maddix and Thompson, "Scripture as Formation" (*Christian Education Journal*), S90-S91.
[56] David Setran, "Igniting the 'Family Sacrifice': Cotton Mather and Familial Christian Education in Puritan New England," *Christian Education Journal*, 3rd series, 11, no. 2 (2014): 350-66.

## 6. 결론

신앙 형성에 관한 기본적인 질문은 실제로 기독교 신앙을 구성하는 위대한 전통에 의해 다루어진다. 믿음의 기원과 지성, 경험, 의지적 측면에서 믿음이 어떻게 성장하는가에 대한 질문, 그리고 믿음의 개인 및 공동체적 본질에 대한 질문은 모두 신앙의 2천년 역사에서 다루어진다.

21세기에 기독교 전통에 의지하고 교회를 위해 기독교 전통을 다시 사용하는 것은 오늘날 신앙 형성에 대한 논의를 위한 건전한 신학적 근거를 제시한다.

## 7. 토론을 위한 질문

1. 당신의 기독교 전통을 근거로 믿음과 신앙 형성을 설명해 보라.
2. 당신의 신앙 형성에 대한 이해가 가지는 실질적/목회적 의미는 무엇인가?
3. 당신의 신학적 전통 교리가 신앙 형성 촉진을 위해 할 수 있는 일을 제한하는가?
4. 당신과(또는) 당신의 전통은 믿음을 선물로 보는가? 아니면 획득한 것으로 보는가?

    당신과(또는) 당신의 전통은 지성, 경험, 또는 자유 의지를 강조하는가?

    개인적 믿음을 강조하는가 아니면 공동제적 믿음을 강조하는가?

## 8. 추가 도서 목록

Bauerschmidt, Frederick Christian. *Thomas Aquinas: Faith, Reason, and Following Christ*. Oxford: Oxford University Press, 2013.

Cone, Steven D. *Theology from the Great Tradition*. New York: Bloomsbury T&T Clark, 2018.

Simpson, Christopher Ben. *Modern Christian Theology*. New York: Bloomsbury T&T Clark, 2016.

Stoeffler, F. Ernest. *German Pietism during the Eighteenth Century*. Studies in the History of Religions 24. Leiden: Brill, 1973.

# 제3장

## 신앙 형성 이론의 개정

신앙 형성에 대한 연구는 그리스도인의 삶에서 그 기능을 폭넓게 이해하려는 실천가들과 연구자들 사이에 많은 관심을 불러일으킨 사역의 한 분야이다. 전 세계적으로 이 주제에 대한 수많은 연구가 이루어졌다. 많은 연구가 가치 있지만 그중에서도 1981년 제임스 파울러(James W. Fowler)가 발표한 연구는 참으로 획기적이었다.

파울러는 그의 책 『신앙의 발달 단계: 인간 발달의 심리학과 의미의 탐색』(*Stages of Faith: The Psychology of Human Development and the Quest for Meaning*)[1] 에서 사람들이 신앙으로 성장하는 과정을 보여 준다. 파울러는 장 피아제(Jean Piaget)의 인지 이론[2]을 핵심 분석 방법으로 사용하여 신앙이 발달 체계에 따라 설명할 수 있는 구조를 가지고 있다고 주장한다.

파울러의 이론은 신앙 형성을 연구하기 위한 보편적 체계로 널리 받아들여지고 있지만, 신앙에 대한 파울러의 설명은 복음주의 그리스도인들이 영적 삶에서 경험할 수 있는 것과는 성격과 내용 면에서 상당한 차이가 있음을 인정하는 것이 중요하다.

파울러의 이론은 그리스도인의 신앙 성장에 대한 설명으로는 부족하다. 성경을 믿고 예수 그리스도를 주님이자 구세주로 고백하는 그리스도인들

---

1   James W Fowler, *Stages of Faith: The Psychological Human Development and the Quest for Meaning* (San Francisco: Harper & Row, 1995).

2   Jean Piaget, *Genetic Epistemology* (New York: Columbia University Press, 1970).

의 신앙 형성을 이해하기 위해서는 새로운 체계가 필요하다.

따라서 이 장에서는 파울러의 이론에 대한 비판적 검토와 더불어 복음주의 그리스도인들에 대한 질적 연구[3]로부터 구축된 신앙의 틀에 기초한 새로운 신앙 형성 모델을 제시한다.[4]

이 새로운 관점은 신앙 형성이 성경적 진리에 대한 합리적(또는 도식적, schematic), 관계적(또는 주제적, thematic) 지식에 의해 촉진되는 영적 회심, 갱신, 성장을 포함하는 그리스도인의 성화라는 점진적 차원을 포함한다는 주장에 근거한다.

신앙 형성 과정에서 합리적(또는 도식적) 지식은 믿음의 '선험적'(*a priori*) 범주를 형성하고, 관계적(또는 주제적) 지식은 믿음의 '사후적'(*a posteriori*) 범주를 형성한다. 이 장에서 라틴어 용어 '아 프리오리'(*a priori*, '처음에 오는 것' 또는 '앞에')와 '아 포스테리오리'(*a posteriori*, '이후에 있는 것' 또는 '이후에')의 사용은 인식론적 특성에 한정된다. '아 프리오리'라는 용어는 독립적으로 습득한 신앙 형성 지식을 나타내고 '아 포스테리오리'라는 용어는 경험에서 파생된 신앙 형성 지식을 나타낸다.

본격적인 논의에 앞서 인간 마음의 합리적 차원과 관계적 차원 사이의 구분을 명확히 하는 것이 중요하다(그림 3.1 참조). 이런 이해는 신앙 형성에 대한 이 연구에서 중요한 역할을 했다.

---

3　Jonathan H. Kim, "Thema and Faith Formation," 2018 (unpublished raw data). 이 질적 연구는 신학대학원협의회(the Association of Theological Schools) 지원 프로그램의 일환으로 재단 릴리인다우먼트(Lilly Endowment)의 후원으로 진행되었다.

4　이 장에서 복음주의라는 용어의 사용은 성경적 의미로 제한된다. '복음주의'라는 단어는 '복음', '좋은 소식', '메시지'를 의미하는 헬라어 '유앙겔리온'(εὐαγγέλιον)에서 유래했다. 성경적 개념으로서 복음주의라는 용어는 그리스도의 성육신, 고난, 죽음, 부활에 관한 구원의 메시지를 말한다(마 4:23; 행 20:24; 롬 16:25; 갈 3:8; 엡 1:13; 히 4:2,6). 신학적으로 복음주의자는 일반적으로 예수 그리스도의 인격과 사역을 믿고, 중생이라는 새로운 삶을 경험하고, 성령이 인도하는 순종의 삶을 살고, 성경이 삶과 믿음의 모든 문제에 대한 궁극적 권위임을 확증하는 사람을 말한다.

일반적으로 '스키마'(σχήμα)의 개념은 분석적 지식의 개념에서 생성적이고 규범적 힘을 가진 합리적 마음의 원형을 나타낸다. 이는 학습의 시작점이자 촉매 역할을 하는 마음의 분석적-합리적 구조를 말한다.

스키마는 고트프리드 빌헬름 라이프니츠(Gottfried Wilhelm Leibniz), 임마누엘 칸트(Immanuel Kant), 프레데릭 바틀릿(Frederic Bartlett), 장 피아제(Jean Piaget), 리처드 앤더슨(Richard Anderson)이 자신의 인식론에서 논의한 높은 합리주의 사상 체계를 의미한다. 그들의 주장 중심에는 인간 관념의 객관적 성격이 놓여 있다.

반면에 '테마'(θέμα)의 개념은 지각적(또는 경험적) 지식을 이해하는 데 건설적이고 정당한 힘을 가진 경험적 마음의 분석적-관계적 구조를 나타낸다.

테마는 아리스토텔레스(Aristotle), 임마누엘 칸트(Immanuel Kant), 윌리엄 제임스(William James), 레프 비고츠키(Lev S. Vygotsky), 찰스 퍼스(Charles P. Peirce)가 자신의 인식론에서 논의한 깊은 경험주의 사상 체계를 의미한다. 테마 이론의 핵심은 인간의 지각 또는 감각 경험의 객관적 본질이다.

본 연구에서는 인간 마음의 도식적 관점과 주제적 관점이 모두 복음주의 그리스도인들이 어떻게 지식을 습득하고 신앙 안에서 성장하는지를 이해하는 기본 체계가 된다.

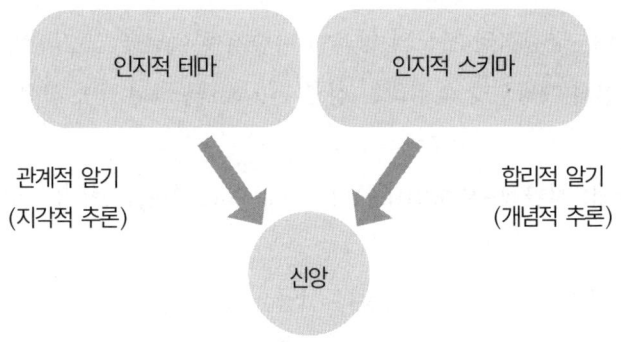

[그림 3.1] 인간의 마음의 차원

## 1. 파울러의 신앙 형성 이론 재고

파울러의 이론에 대한 일부 평가는 새로운 신앙 형성의 모델을 도입하는 단계를 설정하는 데 도움이 될 것이다. 명심할 것은 파울러의 이론에 대한 이 비판적 평가가 그의 놀라운 업적에 누를 끼치지 않는다는 것이다. 파울러의 이론은 그 학문적 우수성으로 인해 높은 평가를 받는다. 그 누구도 파울러의 위대한 업적을 부정하지 않을 것이다.

그러나 그의 접근방식은 복음주의 그리스도인들에게는 신학 및 이론적으로 부적절하기에 신앙 형성에 대한 그리스도인들의 논의는 다른 방향으로 가야 한다.

파울러는 인간 발달의 구조적 모델과 유사한 신앙 형성 체계를 제안한다. 연령과 관계가 있는 그의 신앙 단계는 다음과 같다(표 3.1 참조).

### 1) 0단계: 미분화된(undifferentiated) 신앙/신앙 이전 단계(출생 후 2살까지)

부모와 주보호자가 제공하는 따뜻한 양육 환경은 유아들에게 하나님을 신뢰하는 개방성을 심어 준다. 파울러는 에릭 에릭슨(Erik Erikson)의 심리사회적 이론(1959)에 의존하여 유아들의 신앙 이전 경향은 초기 발달 경험의 부산물이라고 주장한다. 기독교 가정에서 자란 아이들에게 미분화된 신앙 단계는 긍정적인 부모의 양육이 나중에 하나님을 믿는 신앙 이전 경향 또는 영적 개방성을 형성하는 전환 전(preconversion) 가족 경험과 같다.

### 2) 1단계: 직관적-투사적(Intuitive-Projective) 신앙(초기 유아기)

파울러에 따르면, 미취학 아동의 신앙은 초기 학습에서 얻은 일련의 느낌과 상상력으로 가득 차 있다는 점에서 매우 직관적이 된다. 파울러는 아이들이 성장함에 따라 그들의 감정과 직관이 신앙에 특별한 영향을 미친다고 믿는다. 파울러는 또한 미취학 아동은 여전히 신앙의 내용을 신앙의 상황, 즉 믿음이 경험되는 곳과 분리할 수 없다고 말한다. 아이들은 단순히 부모와 보호자로부터 받은 긍정적인 양육과 관련해서 신앙을 인식한다. 직관적-투사적 신앙은 대부분 경험을 기반으로 한다.

### 3) 2단계: 신화적-문자적(Mythic-Literal) 신앙(아동기)

일반적으로 이 단계는 초등학생들과 관련이 있다. 추상적 사고가 형성되기 시작함에 따라 그들은 구체적 신앙(신화적-문자적 신앙)을 가질 수 있다. 추론 능력을 통해 제한된 자기 이해와 다른 사람들의 관점으로 자신의 영적 경험을 분류할 수 있게 된다.

어린이들은 인과관계, 환상과 현실에 대한 생각을 바탕으로 신앙 이야기와 경험을 정리할 수 있다. 그러나 신화적-문화적 신앙은 여전히 부모, 신뢰할 수 있는 성인, 그리고 친구와 같이 아이들이 중요하다고 여기는 사람들에 의해 형성된다. 2단계에서 아이들의 영적 이야기, 신념, 태도는 아이들의 신앙에 깊은 영향을 미친다.

### 4) 3단계: 종합적-인습적(Synthetic-Conventional) 신앙(청소년기)

이 단계는 일반적으로 청소년기에 나타난다. 신앙은 추상적 사고에 의해 형성되고, 확신으로 성장한다. 신체적, 정서적 문제가 일부 발생하고 종종 청소년들의 논리적 사고력을 방해하지만, 청소년의 추상적 사고 능력은 그들의 신앙을 이전보다 훨씬 더 합리적으로 만든다. 청소년의 관점과 가치관이 개인적 신앙 역량을 형성하지만, 그들은 여전히 자신이 속한 교회나 공동체와 자신의 신앙을 연결한다.

## 5) 4단계: 개별적-반성적(Individuative-Reflective) 신앙(초기 성인기)

이 단계는 신앙을 비판적으로 검토하고 내면화하는 단계이다. 젊은 성년 그리스도인들은 자신의 영적 경험을 둘러싸고 있는 과거에 확립된 가정(assumption)과 전통을 비판적으로 검토하고 자신의 개인적 신념과 가치에 근거하여 자신의 신앙을 정당화하려고 노력한다. 전반적으로 개별적-반성적 신앙은 그 구성과 현실에 대한 적용 가능성 측면에서 논리적이다.

## 6) 5단계: 결합적(Conjunctive) 신앙(중년)

이 단계의 특징은 신앙의 복잡성과 모호성을 포용하는 능력이다. 삶의 의미에 대한 개인적 성찰은 중년의 신앙에 더 깊은 목적 의식을 가져다준다. 신앙 형성에 있어서 공동체와 타인의 가치를 높이 평가하면서, 중년기의 성인은 개인의 자기 성찰을 바탕으로 자신의 신앙을 개인화하고, 자신이 진정으로 믿는 것에 대해 더 큰 책임을 지는 법을 배운다.

## 7) 6단계: 보편적(universalizing) 신앙(노년)

이 단계의 신앙이 보여 주는 특징은 겸손한 이타심, 정의, 사랑, 연민과 같은 경건한 미덕이다. 파울러가 비록 이 단계를 노년기와 연관시키기는 하지만, 그는 사람들이 이 마지막 단계에 도달하는 경우는 거의 없다고 믿는다. 우리가 6단계를 이해하기 위해 성경적 원리를 사용한다면 이 마지막 단계는 그리스도인들이 예수 그리스도 안에서 완전한 성숙을 얻는 신앙 형성의 완성(*telos*)에 도달하는 것과 같다.

[표 3.1] 파울러의 신앙 형성의 구조적 모델

| 단계 | 특징 |
| --- | --- |
| 0. 미분화된 신앙/신앙 이전 단계 (출생 후 2살까지). | 부모, 그리고 주보호자의 긍정적 양육은 유아들이 나중에 하나님을 믿는 경향을 만든다. |
| 1. 직관적-투사적 신앙 (초기 유아기) | 신앙은 직관, 느낌, 이미지들로 가득 차 있다. |
| 2. 신화적-문자적 신앙(아동기) | 신앙은 어린이의 구체적이고 문자적인 지식의 영향을 받는다. |
| 3. 종합적-인습적 신앙(청소년기) | 신앙은 추상적 지식에 의해 형성된다(예: 논리, 가설). |
| 4. 개별적-반성적 신앙 (초기 성인기) | 신앙은 비판적 지식과 연결되어 있다 (예: 신념, 가치, 제3자의 관점, 논문 등). |
| 5. 결합적 신앙(중년) | 신앙은 그 복잡성과 모호성으로 수용된다 (예: 미지의 것, 신비, 역설, 양면성 등). |
| 6. 보편적 신앙(노년) | 신앙은 경건한 미덕을 포함한다 (예: 사랑, 자선, 정의, 사려 분별, 이타심, 친절, 불굴의 용기 등). |

## 2. 파울러의 이론에 대한 검토

파울러가 끼친 학문적 영향에 비해 그의 이론은 복음주의 교회에서는 널리 받아들여지지 않았다. 많은 복음주의 그리스도인은 파울러의 신앙 형성 이론이 비성경적이고 너무 기계적이라고 생각한다. 파울러의 이론은 실제로 신학적, 이론적 결함을 가지고 있다. 다음에 이어지는 내용은 바로 이 결함에 대한 비판이다.

파울러가 신앙 형성을 설명하기 위해 개발한 신학적 체계는 비성경적이며 심각한 문제를 가지고 있다. 신학적으로 볼 때 파울러의 신앙관은 성경이 가르치는 신앙관과는 근본적으로 다르다.

파울러는 신앙을 사람들이 삶을 정의하고 유지하기 위한 "의미 체계"(system of meaning)로 이해했고, 더 나아가 그런 신앙은 형식은 있지만 대상 지칭(objective reference)은 없다고 주장한다. 파울러는 그야말로 믿음은 성경이 가르치는 구원받는 믿음이 아니라 실존적 인간의 믿음이라고 가정하면서 기독교 신앙을 구성하고 특징짓는 중요한 신학적 원칙을 무시한다.

신앙 형성을 연구할 때 성경이 믿음을 어떻게 정의하는지 기억하는 것이 중요하다. 성경이 말하는 믿음이란 예수 그리스도에 대한 지식, 신념, 신뢰에서 주어진 하나님의 은혜와 성령의 능력으로 인한 동의이다(마 19:11; 눅 1:16; 7:43; 요 3:3-8; 16:8,13; 행 4:32; 롬 1:28; 8:14; 갈 5:10; 엡 2:8; 딤후 2:25; 히 3:14; 11:1; 약 2:19).

이런 관점에서 예수님은 믿음이 잉태되고 검증되고 발전되는 내용이자 기준점이 된다. 예수님은 신앙의 객관적 원천이다(요 8:32; 12:44; 14:6; 히 12:1-2). 파울러가 믿음의 신학적 기준을 간과하고 기독교 신앙이 어떻게 형성되고 성장하는지 설명하지 못하는 것은 분명하다.

더욱이 이론적 체계로서 신앙이 합리적 마음(또는 스키마)과 이분법적 관계에 있다는 파울러의 구조적 해석은 복음주의 그리스도인들의 신앙 여정 경험에 적용될 때 너무 제한적이다. 다음의 평가에 근거하여 파울러의 체계에서 신앙에 안정성과 회복력을 부여하는 관계적 지식(또는 테마)의 역동적 차원은 대체로 무시되고 신앙은 단순한 정적 지식(static knowledge)으로 전락한다고 주장해도 과언이 아니다.

정당화하는 수단으로서 인지라는 피아제(Piaget)의 도식적 관점에 크게 의존하는 파울러는 합리적 의식을 신앙 형성의 주요 수단으로 본다. 그 결과 신앙은 인간 마음의 분석적 차원에 국한되고, 합리적 지식은 신앙 형성의 단일 결정요인으로 자리잡게 된다.

이런 관점에서 우리는 자연스럽게 우리가 그리스도와 함께 동행하고, 교회를 섬기고, 선교 사역을 하고, 신앙을 실천하면서 얻는 경험적 지식의 유형인 관계적 지식(또는 테마)이 신앙 형성에 어떤 역할을 하는지 궁금해 할 것이다. 우리의 신앙은 합리적 이해를 통해 성장하는 만큼 관계적 이해를 통해 성장한다. 경험을 통해 우리의 마음(또는 인지적 주제)에 넘쳐나는 지각적 지식이 없다면 우리의 신앙은 부분적일 뿐이다.

파울러는 그리스도인의 삶에 대한 신앙을 정당화하는 데 있어 인간 마음의 관계적 차원을 제대로 다루지 못했다(그림 3.1 참조).

## 3. 신앙 형성 이론의 개정: 이론적 근거와 탐구 영역

파울러의 이론에 대한 검토에서 알 수 있듯이 결론은 신앙 형성 이론의 수정이 불가피하다는 것이다. 파울러의 이론에서 지적된 신학적, 이론적 결함을 해결하기 위해 복음주의 그리스도인들의 질적 연구를 통해 구축된 성경적이고 이론적인 신앙의 기준은 합리적(또는 도식적) 지식과 관계적(또는 주제적) 지식이 신앙의 형성에 미치는 역할을 검토하기 위한 기본 체계로 사용된다.

저자 조나단(Jonathan)의 연구는 18세에서 66세까지의 미국 복음주의 그리스도인 429명을 대상으로 한 질적 조사를 기반으로 한다. 다른 많은 질적 연구와 마찬가지로 자료의 분석은 복잡했고 연구 시작부터 끝까지 예기치 못한 변수들의 연속이었다.

자료를 분석하기 위해 몇 가지 해석학적 기법을 사용했지만, 대부분의 분석은 신앙 형성 지식과 경험 뒤에 숨어 있는 도식적, 주제적 구조를 식별하기 위한 기초 이론을 포함했다. 자료에서 신앙의 속성이 분명하게 관찰되면 관련 속성의 양식을 분석하여 코드화하고 '선험적, 사후적' 신앙 범주로 분류했다.

일련의 분석에 따라 '이론적 포화'(theoretical saturation, 자료 분석을 통해 각 범주에서 더 이상 새로운 결과가 밝혀지지 않거나, 범주하의 속성과 차원이 충분히 발전되었거나, 범주 간 관계가 충분히 설명된 상태[포화 상태]까지 자료 수집을 진행한 것을 말한다-역자 주)는 신앙의 28가지 특성(또는 개념)을 식별하는 결과를 가져왔다.

이어서 귀납적 분류를 통해 28가지 특성을 12가지 신앙 요소(또는 범주)로 정리했으며, 추가 분석을 토대로 12개의 요소를 다음 네 가지 신앙적 주제(또는 단계)로 분류하였다.

(1) 수렴하는 신앙(converging faith): 지각적 인식과 직관적 신념은 신앙의 선험적 범주를 형성하고, 자기 포기는 신앙의 사후적 범주를 형성한다.
(2) 공고히 하는 신앙(consolidating faith): 개념적 지식과 관념적 신념은 신앙의 선험적 범주를 형성하고, 자기 개혁은 신앙의 사후적 범주를 형성한다.
(3) 순응하는 신앙(conforming faith): 규범적인 지식과 조직적 신념은 신앙의 선험적 범주를 형성하고, 자기 회복은 신앙의 사후적 범주를 형성한다.
(4) 전파하는 신앙(contagious faith): 평가적 지식과 변화시키는 신념은 신앙의 선험적 범주를 형성하고, 이타적인 섬김은 신앙의 사후적 범주를 형성한다.

전반적으로 이 연구 결과는 복음주의 그리스도인들의 신앙 형성 경로가 양 방향과 단 방향의 움직임을 동시에 가지고 있음을 보여 준다(그림 3.2).[5]

신앙 형성의 전조로 간주되는 1단계와 2단계 사이의 움직임은 서로 시너지 효과를 내며 3단계와 4단계로 단 방향적으로 이어진다는 점에서 양 방향적이다. 한 사람이 구원의 초청에 반응할 경우 하나님의 일반은총의 결과로 인해 기적적으로 시작되는 첫 번째 단계를 제외한 나머지 각 단계는 이전 단

---

5   이 장은 철저한 연구 보고서가 아니기 때문에 연구 결과에 대한 편집과 토론은 다른 곳에서 진행될 것이다. 따라서 이 장은 내 연구 결과를 바탕으로 신앙의 네 단계를 설명하는 데 중점을 둔다.

계를 기반으로 구축된다. 또한, 이전 단계에 존재했던 신앙의 자질과 특성은 다음 단계에서 구체화되고 더 높은 신앙의 속성으로 더욱 개선된다.

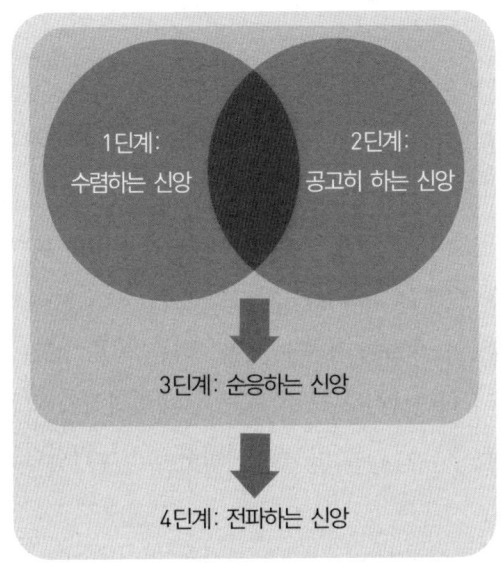

[그림 3.2] 신앙 형성의 복음주의적 모델

## 4. 수정된 신앙 형성 이론: 복음주의적 신앙 형성 모델을 향하여

지금부터 제안하는 모델은 복음주의 그리스도인의 영적 생활을 뒷받침하는 신앙의 단계를 설명한다. 연령과 무관한 이 체계는 분명한 네 가지 신앙 단계를 포함하며 각 단계는 내용적, 정신적, 의지적 요소로 구성된다. 내용적 요소와 정신적 요소는 앎의 합리적(또는 도식적) 차원에 속하고, 의지적 요소는 앎의 관계적(또는 주제적) 차원에 속한다(표 3.2 참조).

사람들은 성경적 개념(즉, 추상적 생각)을 이해함으로써 합리적 지식을 얻는 반면, 성경적 지각(즉, 경험적 생각)을 이해함으로써 관계적 지식을 얻는다. 신앙은 파울러의 주장처럼 합리적(또는 도식적) 지식을 통해서만이 아니라 합리적 지식과 관계적 지식의 통합을 통해 성장한다.

### 1) 1단계: 수렴하는 신앙

수렴하는 신앙[6]은 복음주의적 신앙 형성의 첫 번째 단계를 말한다. 하나님은 일반은총을 바탕으로 구원받지 못한 사람에게 자신의 진리를 지각할 수 있는 인식을 제공하고, 그런 인식은 개인이 직관적 신념을 통해 하나님께 자신의 삶을 내맡길 때 구원받는 믿음의 온상이 된다(롬 1:20).

수렴하는 신앙 단계는 하나님의 계시를 제한적으로 이해하고 있는 사람에게 믿음의 씨앗이 싹트는 기독교 제자도라는 복음 전도(또는 회심 전) 단계에 속한다. 수렴하는 신앙은 결국 복음을 내면화하는 법을 배우고 그리스도로 말미암는 새로운 삶의 방식을 채택하려고 노력한다는 점에서 내부 지향적이다.

다음에서 설명하겠지만 이 단계는 지각적 인식을 내용으로, 직관적 신념을 명제적 태도로, 자기 포기를 하나님을 신뢰하는 자발적 행동으로 가지는 것이 특징이다. 지각적 인식과 직관적 신념은 하나님을 아는 합리적(또는 도식적) 수단을 나타내고, 자기 포기는 하나님을 아는 관계적(또는 주제적) 수단을 나타낸다. 이 두 가지 앎의 수단의 결합은 앞으로 나아가기 위해 수렴되는 신앙을 시작한다.

#### (1) 내용적 요소: 지각적 인식

하나님의 진리에 대한 지각적 인식은 수렴하는 신앙의 내용적 요소를 나타낸다. 지각적 인식은 사람이 의식적으로 인식하는 감각적 지식의 한

---

6 1단계에서 사용된 '신앙'이라는 단어는 믿음 이전 또는 믿음의 씨앗을 의미한다. 달리 설명하지 않는 한, 이 장의 다른 섹션에서 사용된 '신앙'이라는 단어는 이전에 파울러의 이론에 따라 정의된 기독교 신앙을 나타낸다.

형태이다. 이 영적 인식은 새로운 영적 본성을 포함하지 않는 하나님의 선하심에 대한 자연스러운 지식이다.

이 인식은 구원받지 못한 사람들 사이에서 확신을 불러일으키고, 나중에 인생에서 구원받는 믿음의 온상이 되는 합리적 인식이다. 일반적으로 지각적 인식은 기독교 신앙(예: 지각적 사실)의 내용을 인지하거나 경험하는 것과 관련된 지식의 한 형태이다.

수렴하는 신앙에서 하나님의 진리에 대한 지각적 인식은 외부로부터 구원받지 못한 자에게 주어진 지식의 한 유형을 나타낸다. 하나님은 일반은총에 기초해 직간접적 지각의 형태로 분별 있는 지식을 제공하여 구원받지 못한 사람들이 하나님의 진리와 현존의 실재를 인식할 수 있도록 하신다(롬 1:19-20).

여기서 독자들은 성경이 믿음보다 중생의 논리적 우선 순위를 명시적으로 언급하고 있기 때문에 "감각적 지식"(sensible knowledge)이 무엇을 의미하는지 궁금할 것이다(마 11:25-27; 16:17; 요 3:3; 5:21; 6:44, 65; 엡 1:4-5; 2:4-10; 약1:18).

제한적 의미에서 우리는 하나님에 대한 믿음 이전 지식에 대해 이야기하고 있다. 구원받지 못한 자들은 자신의 맨 이성으로 하나님의 계시를 이해할 수 없지만, 성령은 순간적으로 그들의 영적 무지를 제거하고 마음으로 하나님의 진리를 인식할 수 있도록 하신다. 앞서 말한 것처럼 지각적 인식은 주관적 지식의 형태로 나타나며, 구원을 위해서는 성경에 대한 추가적 이해가 필요하다(롬 10:14-15).

### (2) 정신적 요소: 직관적 신념

직관적 신념은 수렴하는 신앙의 정신적 요소를 나타낸다. 지각적 인식이 합리적으로 정당하다는 타당성을 발견하면 그것은 개인적으로 정당한 직관적 신념이 된다. 이것은 구원받지 못한 자들이 하나님에 대해 가지고 있는 지각적 인식에 해당하는 자연스러운 해석이다.

직관적 신념은 하나님에 대한 경험적 이해에서 나오는 중요한 감각적 입력을 기반으로 형성된다. 이런 형태의 신념은 주관적이고 매우 상징적이지만, 여전히 하나님을 믿는 신념에 관한 의미 있는 확신의 기능을 한다.

그리스도인의 삶에서 직관적 신념은 구원받지 못한 사람이 하나님의 진리를 인식하게 될 때 확신의 예비적 형태가 된다(요 1:9; 14:26; 16:13). 직관적 신념은 영적 확신의 형태로 나타나는 믿음의 한 종류이다(예: 영적 감동, 촉발, 조명). 직관적 신념은 지각의 정신적 처리 과정을 통해 수립되고, 감각적 지식이 그 내용이기 때문에 설득력 있는 인식적 정당성이 부족할 수 있지만, 여전히 하나님을 신뢰하는 신앙 이전의 성향(pre-faith tendency)을 형성한다.

### (3) 결과: 자기 포기

자기 포기는 수렴하는 신앙의 자발적 요소를 나타낸다. 자기 포기는 헌신의 방식으로 나타나는 구원받지 못한 사람의 내면적 성향이다(요 3:3-8; 16:8; 딤후 2:25). 자기 포기는 성령의 사역에 대한 내적 반응에 바탕을 둔 하나님에 대한 의식적 인정이다(요 16:8).

신학적으로 말하면, 자기 포기는 회개와 같다. 자기 포기는 죄와 옛 삶의 방식을 거부하는 마음의 변화를 나타낸다. 수렴하는 신앙에서는 성령을 통한 하나님의 포괄적 행위와 개인적 결정을 통한 인간의 적극적 참여가 모두 요구된다(롬 10:9).

인간에게 작용하는 성령의 역사는 자기 포기의 근본 원인이지만, 불신자들은 개인의 결정으로 하나님께 응답해야 한다. 구원받지 못한 사람이 자신의 삶을 하나님께 완전히 내어 드리도록 하는 것은 성령으로 가능한 인간의 의지이다. 회개의 형태로 나타나는 하나님에 대한 인간 영혼의 이 충성은 구원받지 못한 사람을 창조주와 연합시키는 인간 의지의 가장 높은 표현이다(롬 10:9).

## 2) 2단계: 공고히 하는 신앙

공고히 하는 신앙은 복음주의적 신앙 형성의 두 번째 단계를 나타낸다. 이 단계는 신앙의 견고한 토대가 마련되는 기독교 제자도의 확립 단계에 속한다. 공고히 하는 신앙은 사람이 그리스도의 형상을 닮아 구원의 확신과 신앙의 소유에 깊은 영적 뿌리를 둔다는 점에서 하향 지향적이다.

아래에서 설명하겠지만 이 단계는 개념적 지식을 내용으로, 관념적 신념을 명제적 태도로, 자기 개혁을 자발적 동의의 결과로 가지는 것이 특징이다. 신앙의 삶에서 개념적 지식과 관념적 신념은 하나님을 아는 합리적(또는 도식적) 수단을 나타내고, 자아의 개혁은 하나님을 아는 관계적(또는 주제적) 수단을 나타낸다. 이 두 가지 앎의 수단의 통합은 공고히 하는 신앙을 가져온다.

### (1) 내용적 요소: 개념적 지식

하나님의 진리에 대한 개념적 지식은 공고히 하는 신앙의 내용적 요소를 나타낸다. 개념적 지식은 관념(idea)의 의미에서 체계적 관계를 파악하는 것과 관련된 서술적 지식의 한 형태이다. 배움에서는 의미가 군집화되어 중요한 사고 단위를 형성한다.

신앙 형성에서 개념적 지식은 성경적 관념의 의미에서 체계적 관계를 이해하는 것과 관련이 있다. 이 과정은 추론의 선험적 필요성을 포함하는데, 이는 의미론적 분석과 귀납적 일반화를 기반으로 한 일련의 상호 관련된 성경적 관념을 이해하는 것을 의미한다.

예를 들어, 사람이 하나님의 거룩함, 하나님의 완전한 공의를 만족시키지 못하는 인간의 무능, 인류를 위해 십자가에 못 박힌 그리스도의 희생적 죽음에 대한 성경적 관념을 배우게 되면 그 마음속에 하나님의 완전한 공의가 요구하는 유화(appeasement)의 개념을 설명하는 단어(롬 3:24-26; 히 2:17)인 속죄(propitiation)에 대한 개념적 지식이 생긴다. 이 과정을 통해 성경적 사상의 내용(예: 추측적 사실)을 알게 된다.

### (2) 정신적 요소: 관념적 신념

관념적 신념은 공고히 하는 신앙의 정신적 요소를 나타낸다. 개념적 지식군(clusters of conceptual knowledge)이 정당화된 신념의 내용으로 바뀔 때, 생각의 네트워크가 관념적 신념이라고 불리는 개인적 신조(credos) 체계로 나타난다. 특별하고 주관적인 이 신념 체계는 그 형성 과정에서 믿음을 안내하는 설명의 원칙 역할을 한다.

현실적으로 말하면 관념적 신념은 사람이 고수하는 가치 체계 또는 신앙의 내적 기준과 같다. 관념적 신념은 규범적 교리의 모음으로서 개인적 이해와 확신을 바탕으로 확립된 합리적 행동을 설명한다. 가장 기본적인 형태의 수렴하는 신앙은 관념적 신념을 포함하지 않을 수도 있지만, 공고히 하는 신앙은 영적 삶을 위한 믿음 체계를 형성하는 관념적 신념 체계 없이는 기능할 수 없다. 전반적으로 관념적 신념은 신앙과 삶을 연결하는 길을 제공한다(고후 5:7; 딛 2:2).

### (3) 결과: 자기 개혁

자기 개혁은 공고히 하는 신앙의 의지적 요소를 나타낸다. 자기 개혁은 개념적 지식과 관념적 신념을 신자의 삶에 동화시키는 외적 증거이다. 이런 변화는 단순한 행동 수정에 국한되지 않으며, 점진적 혁신 과정이 뒤따르는 갑작스러운 회심 사건 또한 수반한다. 이 과정에서 사람은 성령을 통해 알게 된 진리에 자신의 존재 전체를 교정하는 법을 배운다. 그 결과 현실, 진실, 가치를 보는 방식이 바뀌게 된다.

신학적으로 말하면, 자기 개혁은 성경의 진리에 따라 전체 자아가 재구성되고 재형성되는 회심과 같다. 자기 개혁은 다음과 같은 인간 본성의 변화를 수반한다.

첫째, 자기 개혁은 마음의 변화를 수반한다. 마음은 이 땅의 것이 아닌 하나님의 것을 향하고 있으며(롬 8:5-6; 빌 3:19; 골 3:2), 하나님의 말씀으로 가득 차고 성령의 깨달음이 주입되며 그리스도 안에서 새롭게 된다(롬 8:5-6; 12:2).

둘째, 자기 개혁은 감정의 변화를 수반한다. 즉, 하나님, 다른 사람, 그리고 자기 자신에 대해 느끼는 방식이 변한다.

셋째, 자기 개혁은 의지의 변화를 수반한다. 사람의 성향, 열망, 계획은 그리스도 중심으로 바뀌어 삶 속에서 하나님이 제시하는 방향을 따르게 된다.

### 3) 3단계: 순응하는 신앙

순응하는 신앙은 복음주의적 신앙 형성의 세 번째 단계로 기독교 제자도가 갖춰진(equipping) 단계를 나타낸다. 순응하는 신앙은 사람을 수직적 나선형의 영적 성숙으로 몰고 간다는 점에서 상향 지향적이다.

아래에서 설명하겠지만 이 단계는 규범적 지식을 내용으로, 조직적 신념을 명제적 태도로, 자기 회복을 자발적 동의의 결과로 가지는 것이 특징이다. 그리스도인의 삶에서 규범적 지식과 조직적 신념은 하나님을 아는 합리적(또는 도식적) 수단을 나타내고, 자기 회복은 하나님을 아는 관계적(또는 주제적) 수단을 나타낸다. 이 두 가지 앎의 수단의 적절한 통합은 순응하는 신앙을 낳는다.

### (1) 내용적 요소: 규범적 지식

하나님의 진리에 대한 규범적 지식은 순응하는 신앙의 내용적 요소를 나타낸다. 이런 형태의 지식은 개념의 본질적 부분들 사이의 관계를 이해하고 본질적으로 기능적인 합법적 기준에 근거하여 개념들의 연관성을 설명하는 것과 관련이 있다.

순응하는 신앙에서 규범적 지식은 절차적 결과 또는 앎의 방법에 초점을 맞춘다. 규범적 지식은 그리스도인의 삶에서 '무엇인지' 보다는 '무엇이 되어야 하는지'를 아는 것을 더 가치 있게 여긴다.

이론적으로 말해서 규범적 지식은 행동을 통해 신앙을 정당화한다는 점에서 외향적이다. 지각적이고 개념적인 지식의 이면에 있는 교리가 학습에 수용될 때, 교리들은 다양한 일반적 수준에서 조직화된 일련의 교훈이 된다. 이런 종류의 지식은 결국 그리스도인의 삶에 대한 믿음을 인도하는 행동 규칙의 역할을 한다.

규범적 지식에는 관계 내적(intrarelational) 지식과 상호 관계적(interrelational) 지식, 두 가지 형태가 있다. 두 가지 형태 모두 명령적 방식으로 나타나고 신앙의 삶을 인도하기 때문에 그 의미를 구별하기는 어렵다. 그러나 기본적 차이점은 그 목표에 있다.

관계 내적 교훈은 하나님과의 내적 삶에 질서를 주입하는 데 초점을 맞추는 반면 상호 관계적 교훈은 다른 사람과의 관계적 조화를 이루는 데 초점을 맞추고 있다. 예를 들어, 성경에서 신성한 조언(시 16:7-8; 73:24; 잠 19:20; 요 14:26; 16:13; 약 3:17)과 신성한 명령(출 20:3-17; 마 22:34-40; 요 14:15, 21; 15:10, 14; 롬 2:15; 7:7-11; 갈 2:21; 요일 2:3-5; 요이 1:6)은 각각 이 두 가지 형태의 규범적 지식을 나타낸다.

신성한 조언은 하나님과의 관계를 강화하기 위해 관계 내적으로 향하는 반면, 신성한 명령은 다른 사람과의 관계를 강화하기 위해 상호 관계적으로 향한다. 전반적으로 규범적 지식은 올바른 신앙의 삶에 필수적으로 은혜로운 품성을 낳으며 실행 가능하다. 규범적 지식은 개인에게 영향을 미치고 그들이 예수 그리스도 안에서 알고 있는 것을 실행할 수 있도록 한다.

**(2) 정신적 요소: 조직적 신념**

조직적 신념은 순응하는 신앙의 정신적 요소로 신앙에 인식론적 규범을 제공하는 일관된 교리 체계이다. 조직적 신념은 규범적 구성의 기초가 되는 명제들이 생각의 체계로 외삽될(extrapolated) 때 수렴되는 근본적 추측의 한 형태이다. 그런 신념은 더 높은 수준의 추론적 정당성이 그 신념을 대체할 때까지 초기 추론에 의한 정당화를 의미하는 일단의(prima facie) 신념이다.

이런 유형의 추측은 믿음에 관한 결정을 포함하며 일련의 암묵적 추론으로 자리하고 그리스도인의 삶에서 철학적, 신학적 교리로 발전한다. 구체적이고 주관적인 관념적 신념에 비해 조직적 신념은 체계적이고 객관적인 구성을 보이는 경향이 있다.

신학적으로 말하면, 조직적 신념은 신앙 형성을 안내하는 일련의 원칙을 나타낸다. 조직적 신념은 개인이 규범적 지식으로부터 이론화하는 개인적 교리와 동일하다. 그런 일련의 신념은 암묵적이거나 혹은 명시적으로 신앙에 규범을 제공하는 인식 및 행동의 표준으로 기능한다. 그렇게 되면 생성된 일련의 규범에 따라 신앙은 인식능력과 일관성을 가지고 진화하여 성경적 기준에 맞게 성장할 수 있다.

### (3) 결과: 자기 회복(Self-Reinvigoration)

자기 회복은 순응하는 신앙의 의지적 요소를 나타낸다. 자기 회복은 그리스도인의 삶에 대한 규범적 지식과 조직적 신념을 수용하는 카타르시스적 영향을 말한다. 이 과정은 신앙을 굳건히 하고 영혼에 신선한 활력을 제공하며 활기찬 그리스도인의 생활에 대한 의지를 증가시킨다는 점에서 매우 변혁적이다. 이런 내적 변화는 신자가 하나님과 더 깊은 관계를 맺고 자기 회생(self-rejuvenation)을 경험할 수 있도록 한다.

그리스도인의 삶에 대한 규범적 지식과 조직적 신념을 수용하는 효과는 오순절 성령 강림 현상과 같다(행 2:1-47). 이는 단순히 새로운 정보를 배우거나 설득력 있는 신념을 갖는 것 이상으로 성령의 능력을 받은 지식과 신념, 그리고 정의로운 삶을 위한 능력을 받는 것을 나타낸다.

바로 여기서 성령은 겸손한 마음으로 순종하고자 하는 신자를 찾으시고, 그들의 마음을 밝히시며, 그들의 행동을 인도하신다. 그 결과 믿음은 내면 깊은 곳에서 새로워지고 활기를 되찾는다.

### 4) 4단계: 전파하는 신앙

전파하는 신앙은 복음주의적 신앙 형성의 네 번째이자 마지막 단계를 말한다. 이 단계는 기독교 제자도의 위임 또는 섬김 단계에 속한다. 전파하는 신앙은 사람이 앞을 향해 전진하고 선교적 삶을 살도록 한다는 점에서 외부 지향적이다.

아래에서 설명하겠지만 이 단계는 평가적 지식(evaluative knowledge)을 내용으로, 변혁적 신념을 명제적 태도로, 이타적 섬김을 자발적 동의의 결과로 가지는 것이 특징이다. 평가적 지식과 변혁적 신념은 하나님을 아는 합리적(또는 도식적) 수단을 나타내고, 이타적 섬김은 하나님을 아는 관계적(또는 주제적) 수단을 나타낸다. 이 두 가지 앎의 수단이 통합되어 전파하는 신앙을 초래한다.

### (1) 내용적 요소: 평가적 지식

하나님의 진리에 대한 평가적 지식은 전파하는 신앙의 내용적 요소를 나타낸다. 평가적 지식은 사고의 근본적 확실성으로 귀납적 연구의 말뭉치(corpus, 연구를 위한 자료나 정보의 모음-역자 주)와 성경적 원칙을 마음에 수용하는 것에 기반을 두고 있다.

외향적이며 그 결과를 통해 신앙을 정당화하는 규범적 지식과 달리 평가적 지식은 내향적이며 신앙의 기본적 속성으로서 원칙에 기초한 기준을 확립함으로 신앙을 정당화한다. 일반적으로 평가적 지식은 기독교 신앙의 이유를 아는 것과 관련이 있다(요 14:6; 행 4:12; 고전 15:14,17; 엡 2:8-9; 딤후 1:12; 히 6:19).

그리스도인의 삶에서 평가적 지식은 새로 획득한 정보를 받아들일 것인가 배제할 것인가를 결정할 수 있는 사전에 정당화된(pre-justified) 지식의 기능을 한다. 만일 새로운 관념이 기존의 평가적 지식의 구조와 일관성이 있고 일치한다면 받아들여져 기존의 신앙 내용을 재구성하게 된다.

이론적으로 평가적 지식은 신앙의 기본 내용 또는 소위 메타지식(meta-knowledge, 지식에 관한 지식으로 내가 아는 것은 무엇이고 또 모르는 것은 무엇인지를 아는 것이다-역자 주)과 동일하다. 평가적 지식은 새로운 지식을 신앙에 동화시키고 수용하기 위한 중요한 기준으로 작용한다.

### (2) 정신적 요소: 변혁적 신념

변혁적 신념은 전파하는 신앙의 정신적 요소를 말한다. 한 개인이 직관적이고 이념적이며 조직적인 신념을 의미 있는 사고 구조에 수용할 때 이런 동화된 신념은 신념의 유기적 통합 체계(meta-system)를 생성한다. 새롭게 형성된 이 신념 체계가 바로 변혁적 신념이다. 변혁적 신념은 신념에 대한 신념을 갖는 것과 같다. 변혁적 신념은 다른 신념의 작용을 인도하는 뿌리 깊은 관념적 지도(ideological map) 역할을 한다.

지식 이론으로서 변혁적 신념은 모든 신념의 기초를 나타낸다. 변혁적 신념은 의식의 중심에서 완전히 정당화된 확실성의 메타수준(meta-level, 대상수준보다 상위에 있는 수준으로, 대상을 파악하고 조절하는 포괄적 활동에 관련되는 수준-역자 주) 구조를 의미한다.

다른 세 가지 신념과 달리, 변혁적 신념은 모든 신념의 초월 체계(ultra-system) 역할을 한다. 직관적, 관념적, 조직적 신념은 외적 수준에서 신앙의 정신적 표현으로 작용하지만 변혁적 신념은 의식의 내적 핵심에서 작용한다. 일반적으로 변혁적 신념은 사람이 오직 심오한 패러다임의 변화를 겪을 때에만 바뀌는 근본적인 사고 체계를 나타낸다. 인생에서 변혁적 신념은 모든 생각의 중추적 역할을 하는데 우리의 일상적 생각을 초월해서 작용한다.

### (3) 결과: 이타적 섬김

이타적 섬김은 전파하는 신앙의 의지적 요소를 나타낸다. 예수 그리스도에 대한 완전한 믿음을 경험한 사람은 이 영적 성장의 단계에서 이타적 섬김의 열망을 갖게 된다. 이타적 섬김은 그리스도에 의해 완전히 변화되어 성령의 능력으로 살아가고 있는 신앙을 의미한다. 이 신앙 단계에 도달하기 위해서는 예수 그리스도의 성품과 사명을 구체화해야 한다.

비록 멀리 있는 하늘나라가 아닌 이 땅에서 완벽한 신앙 형성을 이룰 수는 없지만, 신앙 형성의 적절성과 완성 가능성은 여전히 존재한다. 이 가능성은 이타적 섬김으로 구현된 하나님 사랑의 영원한 확장으로 해석된다. 일반적으로 이타적 섬김은 행위를 통해 전파하는 신앙을 정당화하기 때문에 전파하는 신앙은 이타적 섬김을 촉발한다.

전파하는 신앙의 의지적 요소는 행동에서 서로를 보완하는 두 가지 특성을 가지고 있다. 전파하는 신앙의 내적 특성은 예수 그리스도의 아가페 사랑을 구현하는 것이 특징이다(롬 4:25; 고후 5:15). 이는 예수 그리스도의 이타적 성품과 섬기는 종(servanthood)의 의미를 깊이 깨달은 결과이다.

전파하는 신앙을 가진 사람은 그리스도의 성품, 희생, 자비의 영향을 받고 있기 때문에 자연스럽게 그리스도를 닮는 데서 내적 즐거움을 찾는다. 전파하는 신앙의 외적 특성은 선교의 삶을 사는 것이다. 전파하는 신앙을 가진 사람은 신앙이 단순히 하나님의 진리를 아는 것이나 이타적이 되는 것의 문제가 아님을 안다.

그들에게 신앙은 그리스도와 다른 사람들을 섬김으로써 그리스도와 함께 있는 상태를 의미한다. 이런 관계는 신자에게 하나님 나라의 군사가 되어 복음을 전파하고 선교의 삶을 살 것을 요구한다(마 28:18-20; 막 12:30-31; 요 15:12-14; 갈 2:20; 빌 2:4). 그리스도인의 삶은 선교적 본성에 뿌리를 두고 있기 때문에(막 10:45; 빌 2:5-8; 딤전 2:6) 전파하는 신앙을 가진 사람은 전적으로 대위임 명령에 순종함으로써 그리스도를 위해 세상에 영향을 끼치는 법을 배운다. 이것이 그리스도에게 영광을 돌리는 길을 통한 신앙 형성의 완성이다.

[표 3.2] 복음주의적 신앙 형성 단계

| 신앙의 단계 | 앎의 영역 | 신앙의 요소 | 질/특성 |
|---|---|---|---|
| 1단계:<br>수렴하는<br>신앙 | 합리적<br>영역 | 지각적<br>인식 | 지각 인식이 주입된다(예: 영적 지각, 개인적 상황과 관련된 주관적 관념).<br>기독교 신앙의 지각적인 것을 아는 것을 포함한다. |
| | | 직관적<br>신념 | 내부 지향적이다.<br>영적 지각의 동화(assimilation)를 기반으로 한다.<br>신념 구조에 있어 주로 직관적이다. |
| | 관계적<br>영역 | 자기 포기 | 제자도라는 복음 전도(또는 회심 전) 단계에 속한다.<br>자기 포기로 이어진다. |
| 2단계:<br>공고히<br>하는<br>신앙 | 합리적<br>영역 | 개념적<br>지식 | 본질적으로 설명적인 개념적 지식이 주입된다(개인적 상황과 관련된 낮은 수준의 관념).<br>기독교 신앙의 개념을 아는 것을 포함한다. |
| | | 관념적<br>신념 | 하향 지향적이다.<br>성경적 개념의 동화(assimilation)를 기반으로 한다.<br>신념 구조에 있어 주로 범주형(categorical)이다. |
| | 관계적<br>영역 | 자기 개혁 | 제자도의 확립 단계에 속한다.<br>자기 개혁으로 이어진다. |
| 3단계:<br>순응하는<br>신앙 | 합리적<br>영역 | 규범적<br>지식 | 본질적으로 기능적인 규범적 지식이 주입된다(여러 상황과 관련된 높은 수준의 관념).<br>기독교 신앙의 방법을 아는 것을 포함한다. |
| | | 조직적<br>신념 | 상향 지향적이다.<br>성경적 교훈의 수용을 기반으로 한다.<br>신념 구조에 있어 주로 교훈 중심적이다. |
| | 관계적<br>영역 | 자기 회복 | 제자도가 갖춰진(equipping) 단계에 속한다.<br>자기 회복으로 이어진다. |
| 4단계:<br>전파하는<br>신앙 | 합리적<br>영역 | 평가적<br>지식 | 원칙을 기반으로 한 평가적 지식이 주입된다(메타수준의 관념, 초월적 상황).<br>기독교 신앙의 이유를 아는 것을 포함한다. |
| | | 변혁적<br>신념 | 외부 지향적이다.<br>성경적 원칙의 수용(또는 확산)을 기반으로 한다.<br>신념 구조에 있어 주로 원칙에 기초한다(예: 메타 이론). |
| | 관계적<br>영역 | 이타적<br>섬김 | 제자도의 위임(즉, 섬김) 단계에 속한다.<br>섬김의 선교적 삶으로 이어진다. |

## 5. 결론

파울러의 신앙 형성 이론 신학과 이론적 결함으로 인한 새로운 신앙 형성 모델을 소개하기 위해 기획된 이 장은 합리적(또는 도식적) 지식과 관계적(또는 주제적) 지식의 적절한 통합이 신앙을 형성하고 성장시킨다는 것을 밝혀냈다.

이 장의 내용에 근거하여 신앙 형성에 대한 결론은 다음과 같다.

첫째, 신앙 형성의 도구적 원인(instrumental cause)은 하나님을 알고, 믿고, 신뢰하는 데 있다. 그러나 복음주의 그리스도인들이 지적한 바와 같이 신앙 형성의 주된 원인(primary cause)은 예수 그리스도의 사역을 통해 인류에게 속죄를 가져다주시는 하나님이다. 도구적 원인과 주된 원인 모두 복음주의적 그리스도인들 사이의 신앙의 시작과 발전에 해당된다.

둘째, 신앙 형성은 성령과 합리적 마음(즉, 인식적 도식)과 관계적 마음(즉, 인식적 내용)의 복잡한 상호 작용에 첨부된 영적 현상이다. 개인이 그리스도 안에서 하나님께 반응할 때 신앙을 일으키는 것은 이런 영적-지적 힘의 결합이다(요 6:44; 롬 1:8; 8:14; 엡 2:8-10; 빌 3:10-11; 히 11:1; 12:2; 약 2:26; 요일 2:14; 유 1:3).

셋째, 복음주의 그리스도인은 하나님의 은혜로 가능해진 인간 영혼의 의식적 각성에서 비롯된 첫 번째 단계를 제외하고, 이전 단계에서 발전된 신앙의 내용적, 정신적, 의지적 요소에 기반을 둔 각 단계를 비기계적 방식으로 거친다. 각 단계에서 신앙의 내용과 정신적 요소는 하나님을 아는 합리적(또는 도식적) 수단으로 작용하고, 의지적 요소는 하나님을 아는 관계적(또는 주제적) 수단으로 작용한다.

이 장에서 제안된 신앙 형성 모델은 아직 초기 단계에 있으며 많은 보완이 필요하다. 그러나 연구의 맥락에서 이 중요한 주제를 다룰 필요가 있다는 것이 중요하다. 가까운 장래에 다른 그리스도인들을 대상으로 동일한 연구를 반복하여 신앙을 형성하는 지식과 경험이 이 장에 설명한 네 단계와 어떻게 일치하는지 확인하는 것이 중요할 것이다. 그런 연구는 이 장에서 제안한 모델을 검증하는 데 유용할 것이다.

## 6. 토론을 위한 질문

1. 신앙을 정의해 보라. 신앙은 어떻게 성장하는가?
2. 파울러의 신앙 형성 이론에 대한 견해는 무엇인가?
    당신의 신학적 신념을 바탕으로 파울러의 신앙 단계를 평가하라.
3. 지식과 신앙 형성 사이의 관계는 무엇인가?
    성경에 대한 당신의 지식은 어떻게 당신의 신앙을 형성시켰는가?
4. 경험과 신앙 형성 사이에는 어떤 관계가 존재하는가?
5. 이 장에서 제안한 신앙 형성의 복음적 모델을 평가하라.
    동의하는 점은 무엇이고, 동의하지 않는 점은 무엇인가?
6. 교회는 당신의 신앙에 영향을 끼쳤고 당신의 신앙을 변화시켰는가?
7. 당신에게 기독교 신앙을 전한 사람은 누구인가?
    그 사람은 어떤 측면에서 효과적으로 기독교 신앙을 전했나?

## 7. 추가 도서 목록

Estep, James R., and Jonathan H. Kim. *Christian Formation: Integrating Theology and Human Development*. Nashville: B&H Academic, 2010.

Fowler, James W. *Stages of Faith: The Psychology of Human Development and the Quest for Meaning*. New York: HarperCollins, 1981.

Hagberg, Janet O., and Robert A. Guelich. *The Critical Journey: Stages in the Life of Faith*. Salem, WI: Sheffield, 1995.

Saucy Robert L. *Minding the Heart: The Way of Spiritual Transformation*. Grand Rapids: Kregel, 2013.

Wilcox, Mary M. *Developmental Journey: A Guide to the Development of Logical and Moral Reasoning of Social Perspective*. Nashville: Abingdon, 1979.

Wilhoit, James C. *Spiritual Formation as if the Church Mattered: Growing in Christ through Community*. Grand Rapids: Baker Academic, 2008.

# 제4장

## 신앙 발달 이론 비평

　제임스 파울러(James W. Fowler)의 신앙 발달 이론은 그의 책 『신앙의 발달 단계』(Stages of Faith, 1981)에서 설명한 바와 같이 널리 알려졌고 미국을 비롯해 전 세계적으로 신앙 발달에 관한 연구의 토대를 형성했다. 신앙 발달에 대한 실증적 연구를 제공하고자 하는 에모리대학교(Emory University)의 '신앙과 도덕 발달 연구센터'(The Center for Research in Faith and Moral Development)는 신앙 발달에 관한 연구 영역을 넓히는 데 도움을 주었다.

　『신앙의 발달 단계』가 출판된 지 거의 40년이 되었다. 파울러의 이론은 80년대와 90년대에 실천신학, 목회상담, 예배 분야의 연구에 영향을 미쳤다.

　예를 들어, 제프 애스틀리(Jeff Astley)와 레슬리 프랜시스(Leslie Francis)는 『신앙 발달에 대한 기독교적 관점』(Christian Perspectives on Faith Development)이라는 책을 편집 출간하면서 파울러의 이론이 교회에 사역과 선교의 측면을 재개념화(reconceptualize)하는 강력한 동기를 부여한다고 주장했다.[1]

　파울러의 최근 책인 『신앙 발달과 목회적 돌봄』(Faith Development and Pastoral Care, 1987)과 『새로운 창조: 신앙의 단계와 공교회』(Weaving the New Creation: Stages of Faith and the Public Church, 1991)는 신앙 발달의 구체적 측면을 다룬다. 이 책들을 비롯해 파울러의 다른 책들은 특히 기독교 종교 교육 분야에서 신앙 발달 이론과 실제 사역 간의 연관성을 계속 이어 가고 있다.

---

1　Jeff Astley and Leslie Francis, eds., *Christian Perspectives on Faith Development: A Reader* (Grand Rapids: Eerdmans, 1992), vii.

본서 전반에 걸쳐 표현한 바와 같이 파울러의 신앙 발달 이론은 기독교적 종교 교육자들이 신앙 형성의 심리적 측면을 이해하는 방법에 상당한 영향을 지속적으로 끼치고 있다.

파울러의 신앙 발달 이론이 주는 이점은 분명 존재한다. 그러나 지난 수십 년 동안 많은 비판이 등장했다. 앞서 제3장에서는 신앙 형성에 대한 복음주의적 관점을 바탕으로 파울러의 신앙 발달 이론에 대한 수정된 견해를 제시하고자 했다.

제3장은 성경적 진리에 대한 개념적 이해에서 오는 '선험적'(*a priori*) 정당성이 없는 신앙은 공허하며, 성경적 진리에 대한 경험적 이해에서 비롯된 '사후적'(*a posteriori*) 정당성이 없는 신앙은 맹목적임을 보여 주었다. 합리적(또는 도식적) 지식과 관계적(또는 주체적) 지식의 적절한 통합은 신앙을 형성하고 성장시킨다.

본 장은 제3장을 토대로 파울러의 이론에 대한 몇 가지 주요 비평에 대한 자세한 분석을 제시하는데, 이는 철저한 논의라고 하기보다는 오히려 신앙 형성의 다음 측면, 즉 신앙의 내용과 구조, 구조주의, 성별과 민족적 다양성에 특히 초점을 맞춘다.

## 1. 파울러의 신앙 발달 이론에 대한 비판

### 1) 신앙의 내용과 구조

기독교 종교 교육 분야에서 파울러의 신앙 내용 이론은 복음주의자, 주류 그리스도인, 심지어 보편주의자들에게 비판을 받았다.[2]

---

[2] Edward Piper, "Faith Development: A Critique of Fowler's Model and a Proposed Alternative," unpublished paper, accessed March 1,2020, http://www.meadville.edu/files/resources/v3nl-piper-faith-development-a-critique-of-fowlers.pdf.

티모시 폴 존스(Timothy Paul Jones)는 복음주의 기독교 교육자들이 파울러의 신앙에 대한 이해와 신앙에 대한 복음주의적 관점의 양립 가능성에 의문을 제기했다고 말한다. 존스에 따르면 이런 비판은 두 진영으로 나뉜다.

첫째, 기독교 신앙의 내용과 구조 사이의 관계에 관한 연구
둘째, 보편적 발달 구조로서의 신앙에 대한 파울러의 이해와 신성한 선물로서의 신앙에 대한 기독교적 이해 사이의 관계에 관한 연구[3]

신앙의 주요 내용과 관련하여 파울러는 종교적 신앙과 인간적 신앙을 구별한다.[4] 파울러의 인간적 신앙 이론을 종교적 신앙과 혼동해서는 안 된다. 신앙은 상호 작용적이며 사회적이고 공동체와 양육을 필요로 한다.
파울러에게 인간적 신앙은 의미를 찾는 정형화된 과정이다.[5] 따라서 파울러에게 신앙은 "예측 가능한 단계를 통해 사람들이 신앙을 이해하고 경험하는 방식"이다.[6] 다시 말해, 신앙은 삶에서 의미를 만드는 방법이다. 신앙을 이야기할 때 파울러는 종교적 신앙이 아닌 인간적 신앙에 대해 이야기하고 있다는 것을 인정하는 것이 중요하다.
파울러는 자신과 타인, 가치와 권력의 공통 중심을 포함하는 구조-발달적(structural-developmental) 신앙관을 제공한다.[7] 여기서 신앙은 특정한 지식

---

3   Timothy Paul Jones, "The Basis of James W. Fowler's Understanding of Faith in the Research of Wilfred Cantwell Smith: An Examination from an Evangelical Perspective," *Religious Education* 99, no.4 (2004): 345-46.
4   C. Ellis Nelson, "Does Faith Develop? An Evaluation of Fowler's Position," in Astley and Francis, *Christian Perspectives on Faith Development*, 63-64.
5   James W. Fowler, *Stages of Faith: The Psychological Human Development and the Quest for Meaning* (San Francisco: Harper & Row, 1995), 3.
6   Fowler, *Stages of Faith*, 3-4.
7   Fowler, *Stages of Faith*, 17.

에 대한 동의가 필요 없는 앎의 방식이다.⁸

파울러의 신앙에 대한 견해는 신앙과 신념을 분명하게 구분하는 윌프레드 캔트웰 스미스(Wilfred Cantwell Smith)의 영향을 받았다.

스미스에게 신념은 종교적 교리와 신조에 명시된 개념이나 명제에 지적으로 동의하는 것을 포함한다. 만약 신념에 집중한다면 다양한 종교적 전통들은 그 차이를 인정한다. 스미스는 전근대 세계에서 신념의 의미는 신념의 어떤 주장도 요구하지 않는 개인적 또는 주관적인 참여에 기반을 두었다고 말한다.⁹

신앙은 신앙 전통들 사이의 유사성에 관심을 기울이도록 하는 반면 신념은 신앙 전통들을 분열시킨다. 스미스에게 신앙은 "체계가 아닌 개인의 자질"이다.¹⁰

파울러에게 신앙은 "사람의 희망과 노력, 생각, 행동에 목적과 목표를 주는 개인 전체의 지향"을 포함한다.¹¹ 파울러는 다음과 같이 규정한다.

> 신념이나 종교보다는 신앙이 초월과의 관계를 추구하는 인간의 가장 근본적인 범주이다. … 신앙은 보편적인 것으로 놀랍도록 다양한 종교적 관습과 신념의 유형과 내용에도 불구하고 모든 곳에서 알아볼 수 있을 정도로 유사한 인간 생활의 보편적 특징으로 보인다.¹²

---

8   Perry Downs, *Teaching for Spiritual Growth* (Grand Rapids: Zondervan, 1995), 76; and Reinhold Niebuhr, *The Theology of Reinhold. Niebuhr, The Review of Politics* (Notre Dame, IN: University of Notre Dame Press, 1961), 93-102.
9   Wilfred Cantwell Smith, *Faith and Belief: The Difference Between Them* (Princeton: Princeton University Press, 1998), 5-6.
10  Smith, *Faith and Belief*, 12.
11  Fowler, *Stages of Faith*, 14.
12  Fowler, *Stages of Faith*, 14.

신앙은 신앙이 무엇을 하는지에 대한 현상학적 설명과 신앙이 무엇인지에 대한 개념적 모형을 결합한다. 신앙은 의미를 찾고 의미를 만들고자 하는 인간의 필요와 깊은 관련이 있으며, 그렇게 하기 위해서는 창조의 근원이 되는 신성한 존재와 영에 대한 신뢰 관계가 필요하다.[13]

파울러에게 개인이나 집단의 신앙은 신념의 일부에 불과하다. 신앙은 의식적 인식뿐만 아니라 무의식적 역학 관계를 포함하며, 깊은 감정과 인지 작용, 그리고 내용을 포함한다. 현대에 이해된 바와 같이 신앙은 신념보다 더 개인적이고 더 실존적이다.[14]

### (1) 기독교 신앙관

성경이 신앙과 실천을 위한 권위의 수단이라고 믿는 많은 그리스도인에게 파울러(그리고 스미스)의 신앙관은 우려를 불러일으킨다. 그리스도인들은 특히 예수 그리스도의 자기 계시에 반영된 신앙의 행위에 대한 구체적인 내용에 동의한다. 즉, 그리스도인을 정의하는 것은 역사적 신조와 거룩한 성경에 반영된 믿음에 대한 확증이다.

기독교 신앙관은 정교(orthodoxy), 정행(orthopraxis), 그리고 정감(orthopathy)을 포함한다. 스미스의 영향으로 인해 파울러의 신앙관은 신앙의 구체적 내용에 대한 동의를 포함하지 않는 결과를 낳았다.[15]

그리스도인들이 스미스의 논문에서 발전된 파울러의 신앙관에 대한 내용을 받아들이지 않을 수도 있다. 그러나 이것이 파울러의 신앙 발달 이론이

---

13 James W. Fowler, "Faith Development at 30: Naming the Challenges of Faith in a New Millennium," *Religious Education* 99, no.4 (2004): 412.
14 James W. Fowler, *Faithful Change: The Personal and Public Challenges of Postmodern Life* (Nashville: Abingdon, 1996), 57.
15 Jones, "Basis of James W. Fowler's Understanding of Faith," 349.

기독교적 종교 교육자들과 관련이 없다는 것을 의미하지는 않는다. 신앙 발달에 대한 파울러의 구조-발달적 관점은 기독교 신앙을 다루지는 않지만, 사람들이 신앙의 단계를 어떤 과정을 통해 거쳐 가는지를 다룰 수는 있다.

파울러는 신앙을 인간의 관점에서 바라보기 때문에 그리스도인들이 신앙의 의미 또는 신앙의 내용을 오해할 것을 우려한다. 그의 신앙관은 그리스도인이나 다른 종교인들이 주장하는 것처럼 신앙은 하나님의 은혜에 대한 인간의 반응이며 신앙은 하나님의 선물임을 부인하지 않는다.[16]

오히려 파울러는 신앙을 사람들이 궁극적 실재에 대한 자신들의 이미지에 비추어 그들의 이웃, 그들 자신, 그리고 그들의 세계와 관계를 맺는 방식을 형성하는 것으로 보고, 그런 신앙을 연구하기 위한 방법으로 자신의 신앙 단계를 발전시킨다.

파울러는 신앙을 신학적 관점이 아닌 심리학적 관점에서 보기 때문에[17] 사람의 성격 안에서 신앙의 작용을 촉진하는 심리적 요인(즉, 인지적, 정서적, 사회적 영역)과 신앙의 내용을 분리한다.[18] 그는 신앙의 '내용'보다는 사람들이 어떻게 신앙을 형성하고 그들의 세계관을 통합하는지에 대한 '구조'에 더 관심을 갖기 때문에 정통 신앙의 내용이 결정되는 것을 허용하지 않는다.[19]

파울러는 신앙이 타인과 초월자에게 열려 있을 수 있다는 것을 인정하고 있으며, 이는 신앙을 한 개인 또는 공동체의 "궁극적 환경에 대한 존재 방식"이라고 보는 그의 견해에 반영된다. 이 궁극적 실재가 기독교 신앙관과 일치하지는 않지만, 파울러가 초월적인 영역에 열려 있음을 보여 준다.

---

[16] Astley and Francis, *Christian Perspectives on Faith Development*, xiii.
[17] James E. Loder and James W. Fowler, "Conversations on Fowler's *Stages of Faith* and Loder's *Transforming Moment*," *Religious Education* 77, no.2 (1982): 133-48를 참조하라.
[18] Marlene M. Jardine and Henning G. Viljeon, "Fowler's Theory of Faith Development: An Evaluative Discussion," *Religious Education* 88, no.1 (1992): 75.
[19] Astley and Francis, *Christian Perspectives on Faith Development*, xiv.

기독교적 종교 교육자들은 파울러의 신앙 구조를 "기독교 신앙에 영향을 주지만 기독교 신앙 발달과 구별할 수 있는 정신적 맥락"으로 이해할 수 있다.[20] 파울러가 "정신적 맥락"으로 이해하는 것은 신앙의 심리적 차원이지만 기독교 신앙은 다르다.

### (2) 제임스 로더(James Loder): 확신의 인식(Convictional Knowing)

파울러와 동시대를 살면서 프린스턴신학교의 기독교 교육학 교수로 재직했던 제임스 로더는 그의 책 『삶이 변형되는 순간』(The Transforming Moment, 1981)에서 신앙 발달 이론에 대한 대안적 접근방식을 제시한다. 로더와 파울러는 각자의 책에 관한 대화를 통해 서로의 이론에 대해 신중한 비판을 제기한다.

로더의 일차적 관심은 성경과 교회의 역사에 반영된 신앙의 의미와 인간의 변혁에서 역사하는 성령의 역할에 초점을 맞추고 있다.[21] 로더는 모든 사람이 보여 주는 일련의 단계에 대해 논쟁하기보다는 그가 "확신의 인식"이라고 부르는 사건, 즉 알고, 믿고, 느끼고, 행동하는 방식이 근본적으로 바뀌는 삶을 변화시키는 사건에 집중한다.

『삶이 변형되는 순간』에서 로더는 인간정신의 5단계 "논리"에서 인간 변혁에 대한 신학적 근거를 제시한다. 변혁의 논리는 연속성과 불연속성이 있는 일련의 결과적 단계에서 발생하며, 다음과 같은 단계들이 포함된다.

---

20   Jones, "Basis of James W. Fowler's Understanding of Faith," 354.
21   Loder and Fowler, "Conversations," 144.

① 갈등 단계(Conflict)

갈등은 한 사람의 살아 있는 세계에 불연속성이 있을 때마다 발생한다. 불연속성은 사고, 질병, 사랑하는 사람을 잃는 것, 또는 공동체나 개인이 살고 있는 세계의 안정을 위협하는 불안감 같은 부정적인 사건일 수 있다. 갈등은 고통스러운 불안(painful anxiety)을 유발한다.

② 탐사를 위한 중간 단계(Interlude for scanning)

자아는 모르는 것이 편하지 않기 때문에 이 고통스러운 불안감을 안고 살 수 없다. 따라서 갈등을 해결하고 불안의 정도를 줄일 수 있는 가능한 방법을 찾기 시작한다. 탐사(scanning)에는 동시에 발생하는 의식적 행위와 무의식적 행위가 포함될 수 있으며, 이 기간은 잠시 또는 몇 년 동안 지속될 수 있다.

③ 통찰 단계(Insight)

논리적 추론이 아닌 건설적 상상력에 의한 해결책이 제시된다. 둘 이상의 호환되지 않는 해결책이 결합되어 갈등에 대한 실행 가능한 해결책을 만들 수 있다. 이 통찰 단계는 변혁의 핵심 과정이다.

④ 방출 단계(Release)

때때로 깨달음의 순간(aha moments)이라고도 알려진 해결책의 출현은 무의식의 반응인 에너지 방출을 동반하고 불안의 정도를 감소시킨다. 동시에 인식자(knower)의 새롭고 확장된 앎 또는 의식에 대한 개방이 있으며, 이 개방은 의식적인 마음의 반응이다. 인식(knowing)은 이 개방에 의해 확장되며, 사람이 이전보다 사물을 더 명확하게 볼 수 있는 변혁된 살아 있는 세계를 만들어 낸다. 방출 단계는 자아 정체성과 살아 있는 세계와의 관계의 갱신을 포함한다.

⑤ 해석 단계(Interpretation/verification)

이 마지막 단계에서 사람은 자신이 살아온 세계를 재건하거나 개선하기 위해 변형된 지식을 사용한다. 사람은 앞으로의 삶을 재조정(reworking)하면서 이제 새로운 정체성과 목적 의식을 가지고 살아가는데, 로더는 이 과정을 가리켜 "적합성"(correspondence)이라고 칭한다. 사람은 과거의 삶을 재조정할 때 자신의 새로운 이해로 말미암아 새로운 관점에서 과거 경험을 이해할 수 있으며, 이 과정이 바로 "일치"(congruence)이다.[22]

로더는 변혁이 인간의 삶 내부에서 일생에 걸쳐 일어나며, 이 변혁은 창조 안에 있는 성령의 사역과 구속적 참여를 통한 성령의 사역 모두를 위한 관계적 체계를 반영한다고 주장한다.

로더는 인간의 신앙에 대한 파울러의 일반적 이해를 초월하여 그리스도인의 변화 역동성에 초점을 맞춘다. 로더는 예수 그리스도의 신성과 인간적 측면을 강조하는 칼케돈 신조의 그리스도론에서 그의 신학을 발전시킨다. 그는 이런 변혁의 과정을 통해 인간의 정신은 성령의 사역에 의해 재구성된다고 믿는다. 확신적 인식의 논리는 변천 과정을 지배하는 양식으로서 인간 발달의 모든 측면에 배어 있다.[23]

이 변화의 과정은 다양한 삶의 경험 속에서 일어난다. 성령이 인간의 변화에 미치는 영향에 대한 로더의 설명은 기독교적 종교 교육자들에게 파울러의 신앙 발달의 내용과 구조를 대체할 수 있는 신뢰할 만한 대안을 제시한다.

---

22  Adapted from James E. Loder, *The Transforming Moment* (Colorado Springs: Helmers & Howard, 1989), 99-122. Dean G. Blevins and Mark A. Maddix, *Discovering Discipleship : Dynamics of Christian Education* (Kansas City, MO: Beacon Hill, 2010), 147 또한 참조하라.

23  James E. Loder, *The Transforming Moment* (Colorado Springs: Helmers & Howard, 1989), 128.

## 3. 구조주의

파울러의 신앙 발달은 장 피아제(Jean Piaget)의 인지 발달 이론과 특히 로렌스 콜버그(Lawrence Kohlberg)의 도덕 발달 이론의 건설적-발달 이론 계열에 속해 있다. 스위스의 발생 인식론자(genetic epistemologist)인 피아제는 논리적 능력을 개발하는 사람들은 유아기에서 초기 성인기로 설명할 수 있는 순차적 단계로 이동한다고 주장한다.

콜버그는 교육자들이 교육을 위한 도덕 발달의 의미를 인식하도록 하기 위해 도덕적 의사 결정의 논리를 연구한다.

또한, 에릭 에릭슨(Erik Erikson)의 심리사회적 발달 단계는 성인 심리사회적 발달의 단계적 모델에 초점을 두고 있는데, 이는 성인이 위기에 대처함에 따라 단계적으로 이동한다고 결론짓는다.

이런 모든 발달 이론에서 단계는 보편적이고 순차적인 것으로 간주된다. 개인은 다음 단계로 들어가기 전에 특정 단계를 거쳐야 한다. 초기 단계는 성숙에 초점을 맞춘 반면, 후기 단계는 환경과의 상호 작용에 초점을 맞춘다. 파울러의 신앙 발달 이론은 개인이 의미를 만들기 위해 신앙의 단계를 어떻게 거치는지 보여 주려는 시도이다.

파울러의 건설적-발달 관점은 그의 동료 콜버그에게서 영향을 받았다. 파울러는 다음과 같이 기록한다.

> 콜버그의 연구를 처음 접했을 때 경험한 학문적 희열은 신앙의 풍부한 개념을 의미 있게 사용하기 위해 노력하고 건설적-발달 관점에서 신앙을 보다 체계적으로 보기 시작하려는 자극제가 되었다.[24]

---

24　James W. Fowler, "Faith Development and the Postmodern Challenges," *International Journal for the Psychology of Religion* 11, no.3 (2001): 160.

파울러는 피아제와 콜버그의 건설적-발달 접근방식을 인지와 도덕적 추론에 초점을 맞춘 단계 발달에 적응시킨다. 건설적-발달 접근방식은 단계 발달 이론을 강조한다.

파울러의 구조주의적 접근방식은 혼란스러울 수 있다. 왜냐하면, 파울러는 한편으로 인지(앎의 구조)에 초점을 맞춤으로써 피아제의 구조주의적 접근방식을 따르는 반면, 다른 한편으로는 관계의 측면(자아/인격 발달)을 포함하도록 신앙의 보편화 범위를 넓히기 때문이다.[25]

파울러는 초월의 본질과 자아의 발달에 기반한 단계 이론을 발전시키는 것이 아니라 하나님에 대한 전통적인 견해를 위해 라인홀드 니버(Reinhold Niebuhr)의 신학에 의존한다. 파울러가 콜버그와 다른 점이 바로 여기에 있다.[26]

콜버그의 이론은 사실이나 지식을 바탕으로 하며 가치나 인간의 감정을 위한 공간을 제공하지 않는다.[27] 파울러의 우려는 도덕 발달을 위한 인지적 근거에 반대하고 도덕성의 정서적 측면에 집중하는 최근의 사회심리학 연구에 반영되어 있다.[28]

콜버그의 인지적 접근방식에 비해 보다 정서적인 면에 중점을 둔 파울러의 접근방식에 관한 이런 구별에도 불구하고 파울러의 이론은 단계 발달에 대한 구조주의적 접근방식에 기초하고 있음을 지적하는 것이 중요하다. 파울러는 신앙 발달의 정서적 영역에 관심을 기울이면서도 경험적 자

---

25　Romney J. Mischey, "Faith, Identity and Morality in Late Adolescence," in Astley and Francis, *Christian Perspectives on Faith Development*, 162.
26　Fowler, "Faith Development and the Postmodern Challenges," 160.
27　Mark A. Maddix, "Unite the Pair So Long Disjoined: Justice and Empathy in Moral Development Theory," *Christian Education Journal* 8, no.3 (2011): 46-63 를 참조하라.
28　Carol Gilligan, *In a Different Voice* (Cambridge: Harvard University Press, 1993); John C. Gibbs, *Moral Development and Reality: Beyond the Theories of Kohlberg and Hoffman* (Boston: Allyn and Bacon, 2009); and Maddix, "Unite the Pair So Long Disjoined"를 참조하라.

료에 관해서는 여전히 합리적 측면을 지나치게 강조한다.[29]

## 4. 성별 및 민족적 다양성

인지 구조주의 이론을 공식화하는 파울러의 연구에 참가한 사람들 대부분이 백인 남성이었고 여성은 소수에 불과하다는 사실은 당연히 파울러의 연구 표본에 성별 및 인종적 다양성이 결여되었다는 비판을 불러일으켰다. 성별과 인종적 다양성 부족은 신학 교육의 주된 관심사였으며, 그 관심은 지금도 계속되고 있다.

마리아 해리스(Maria Harris)는 기독교 종교 교육 분야에서 특히 라틴아메리카계와의 민족적 다양성과 관련하여 약간의 진전이 있었지만 갈 길이 멀다고 지적한다. 그녀는 계속해서 종교 교육자들이 동일한 종교적 이야기에 대해 사람들이 취하는 방대한 접근방식에 점점 더 주의를 기울이고 있다고 말한다.[30]

> 백인 종교 교육자들은 백인의 특권과 권력을 조사하고 있다. 백인인 우리는 우리 자신의 편견을 배우거나 배우려고 노력하고 있으며, 우리의 방식이 옳거나 유일한 방식이라고 가정하지 않도록 더 신중하게 노력하고 있다.[31]

---

29　Jardine and Viljeon, "Fowler's Theory of Faith Development," 76.
30　Maria Harris and Gabriel Moran, *Reshaping Religious Education: Conversations on Contemporary Practice* (Louisville: Westminster John Knox, 1998), 4.
31　Harris and Moran, *Reshaping Religious Education*, 4.

이런 다양성의 결여는 일반적으로 북미 신학 교육에 반영되고 있으며, 특히 파울러가 연구를 수행한 북미신학교협회(Association of Theological Schools: ATS)의 인증을 받은 신학교에 반영되어 있다.[32]

파울러는 자신의 신앙 발달 연구에 동일한 수의 여성과 남성으로 구성된 359명의 피실험자가 포함되어 있다고 주장하지만, 콜버그와 마찬가지로 파울러의 연구 역시 양성 평등이 결여되어 있다는 비판을 계속 받고 있다.[33]

콜버그의 동료인 캐롤 길리건(Carol Gilligan)은 그녀의 책 『다른 목소리로』(In a Different Voice, 1993)에서 여성은 "돌봄의 윤리"(ethic of care) 또는 관계를 기반으로 도덕적 결정을 내리는 반면 남성은 논리와 이성에 초점을 맞춰 결정을 내린다고 주장함으로써 인지-구조주의적 접근방식에 문제를 제기한다.[34]

도덕 발달 이론에서 콜버그는 하인츠가 약을 훔쳐야 하는지 여부를 결정하기 위해 하인츠 딜레마를 사용한다. 어린 소년들은 하인츠가 약을 훔치지 않으면 그의 아내가 죽을 것이기 때문에 약을 훔쳐야 한다고 말한 반면, 젊은 여성 에이미는 아내의 목숨을 구하더라도 잡히면 감옥에 가기 때문에 약을 훔쳐서는 안 된다고 말했다.[35] 즉, 남성은 공정성과 정의를 기반으로 도덕적 결정을 내리지만 여성은 책임감과 돌봄에 중점을 둔다.[36]

---

[32] Association of Theological Schools, "Racial/Ethnic Students Represent Largest Growth Area for Theological Schools," 2012, https://www.ats.edu/uploads/resources/publications-presentations/documents/racial-ethnic-growth.pdf.
[33] James W. Fowler, foreword to Astley and Francis, *Christian Perspectives on Faith Development*, xii.
[34] Gilligan, *In a Different Voice*, 29.
[35] Gilligan, *In a Different Voice*, 26.
[36] Joan M. Elifson and Katharine R. Stone, "Integrating Social, Moral, and Cognitive Development Theory: Implications of James Fowler's Epistemology Paradigm for Basic Writers," *Journal of Basic Writing* 4, no.2 (1985): 26.

길리건의 연구는 콜버그의 인터뷰 척도에서 여성들이 낮은 점수를 보이는 도덕적 추론의 다른 핵심에 초점을 맞추고 있다. 길리건에게 있어 돌봄의 윤리는 주어진 상황에서 돌봄과 책임이 어떻게 요구되는지를 결정함으로써 도덕적 딜레마를 해결한다.

길리건은 콜버그처럼 여성의 심리적 발달을 분리와 자율성의 성취보다는 연결을 위한 투쟁에 초점을 맞춘 것으로 재구성한다. 그녀는 권리의 계층구조를 관계망으로 대체하고 상호 연결에 대한 인식에서 비롯된 책임 윤리를 명확히 한다.

길리건과 장 베이커 밀러(Jean Baker Miller)[37]와 같은 계열에 있는 메리 벨렌키(Mary Belenky)는 여러 저자와 공동 저술한 『여성이 아는 방식: 자아, 목소리, 마음』(Women's Ways of Knowing: The Development of Self, Voice, and Mind, 1986)에서 여성의 경험과 여성의 말에 내재된 의미를 분명하게 표현하는 데 주의를 기울인다.[38]

벨렌키의 연구는 다양한 단계를 통해 여성의 목소리에 담겨 있는 의미가 발달했음을 보여 준다. 그녀는 가정과 교육 체계의 맥락 안에서 여성의 인식론적 발달이 정보에 노출되는 것만큼 아는 방식에 영향을 미치는 관계와 의사소통 양식을 제공한다는 것을 보여 준다.

벨렌키는 인간 발달 이론들이 남성들에 의해 쓰여 졌고, 개인적 의미, 자기 이해, 보다 완전한 대인 관계의 맥락에 대한 공감에 의존하면서 여성의 인식론을 무시하거나 평가절하하는 규범적 남성 경험에 중점을 두었다고 주장한다. 길리건, 밀러, 벨렌키의 연구는 남성 주도적인 인지-구조주의적 접근방식의 한계를 지적한다.

---

37   Jean Baker Miller, *Toward a New Psychology of Women* (Boston: Beacon Press, 1976)를 참조하라.
38   Mary Field Belenky, Blythe McVicker Clinchy, Nancy Rule Goldberger, and Jill Mattuck Tarule, *Women's Ways of Knowing: The Development of Self, Voice, and Mind*, 10th ann. ed. (New York: BasicBooks, 1997)를 참조하라.

일반적으로 인지-구조주의적 접근방식과 특히 신앙 발달 이론에 대한 또 다른 비판은 교회의 다양성이 부족하다는 것이다. 교회 소속과 관련해서는 개신교 신자가 약 50퍼센트, 로마가톨릭 또는 정교회 신자가 35퍼센트였다.

표본에서 유대인 응답자는 과잉 대표된 반면, '다른' 응답자들은 과소 대표되었다. '다른'의 범주에는 이슬람교도, 몰몬교도, 유니테리언 보편주의자(삼위일체론을 부정하고 신격의 단일성을 주장하는 기독교의 한 분파-역자 주)들과 같은 다른 전통을 따르는 사람들뿐만 아니라 자신들을 "어디에도 속하지 않는다"고 여기는 사람들도 포함되어 있다.[39]

파울러의 표본이 가지는 더 심각한 문제는 인종적 구성이다. 파울러의 인터뷰 대상자 중 아프리카계 미국인은 고작 2퍼센트에 불과했고, 심지어 히스패닉계는 몇 명인지 발표조차 없었다. 그러나 2018년 미국 인구의 30퍼센트는 아프리카계(12퍼센트)와 히스패닉계(18퍼센트)였다.[40]

바네사 워커(Vanessa Walker)와 존 스네리(John Snarey)는 아프리카계 미국인들이 독특한 방식으로 도덕적 판단을 내린다고 주장하면서 길리건의 논지를 유지했다. 그들이 말하는 돌봄의 윤리는 도덕적 의사 결정에 있어 가족의 영향과 관련이 있다.

워커와 스네리는 피아제와 콜버그의 이론에 반영된 정의의 영향을 받은 도덕성과 길리건의 주장에 반영된 돌봄의 윤리 사이의 논쟁을 아프리카계 미국인들과 기타 소수 민족의 목소리를 포함하여 확대해야 한다고 주장한다.[41]

---

**39** Piper, "Faith Development"
**40** "QuickFacts," United States Census Bureau, accessed March 1, 2020, https://www.census.gov/quickfacts/fact/table/US/PST045218.
**41** Vanessa Walker and John Snarey, *Race-ing Moral Formation: African American Perspectives on Care and Justice* (New York: Teachers College Press, 2004), 4-5.

또한, 로잘리 코헨(Rosalie Cohen)은 흑인 아이들이 백인 아이들과 다른 인지 유형을 가지고 있음을 지적한다. 코헨은 아이들이 두 가지 기본 인지 유형, 즉 분석적 유형과 관계적 유형으로 움직인다고 주장한다. 그녀는 일반적으로 백인 아이들은 분석적인 반면 흑인 아이들은 관계적임을 발견했다.[42]

흑인 아이들은 특정 상황과 관련해서만 사물과 사건에 중요성을 부여하는 경향이 있다. 단계 이론은 발달을 분석 기술 발전의 선형적 진보로 정의했고 성장의 측면에 관한 한 개인의 다양한 사회적, 문화적 맥락을 고려하지 않는다.[43]

지금까지 제시한 비평 중 일부는 보다 광범위한 구조주의적 접근방식에 대한 비판을 포함하지만, 연구에 여성의 목소리 또는 유색 인종을 많이 포함시키지 않음으로 인한 이론적 약점을 보여 준다. 또한, 인지-구조주의적 접근방식에 기반한 파울러의 이론에는 신앙 형성의 정서적 차원이 더 이상 포함되지 않는다.

## 5. 결론

파울러의 신앙 발달 이론은 많은 측면에서 비판을 받아 왔지만, 이 장은 파울러가 인간의 신앙과 기독교 신앙을 구별한다고 주장했다. 내용에 근거하여 파울러의 이론을 비판해 온 많은 그리스도인이 인간 신앙과 정통 기독교 신앙 사이의 차이를 오해했거나 파울러가 신앙과 신념의 차이를 묘사하듯이 오해해 왔다.

---

42 Rosalie A. Cohen, "Conceptual Styles, Culture Conflict and Nonverbal Tests of Intelligence," *American Anthropologist* 71 (1969): 828-29.
43 Elifson and Stone, "Integrating Social, Moral, and Cognitive," 25-26.

파울러의 신앙 발달 이론을 사용하려는 그리스도인들은 파울러의 신앙 내용을 거부하지만, 그의 이론 구조는 지지할 수 있다. 인간의 변혁을 성령 안에서 일어나는 확신의 인식능력으로 설명하는 제임스 로더의 확신의 인식 이론은 기독교적 종교 교육자들에게 파울러의 신앙 발달 내용과 구조에 대한 신뢰할 수 있는 대안을 제공한다.

## 6. 토론을 위한 질문

1. 신앙에 대한 제임스 파울러의 정의는 무엇이며, 복음주의적 관점과 다른 점은 무엇인가?
2. 신앙의 내용에 관한 복음주의자와 파울러의 차이점은 무엇인가?
3. 제임스 로더의 확신의 인식이라는 견해는 어떤 면에서 인간 변혁에 대한 기독교적 관점의 기초를 제공하는가?
4. 신앙 발달은 여성과 유색 인종의 관점과 어떻게 다를 수 있을까?
5. 성별과 민족적 다양성을 감안할 때 어떻게 신앙 형성을 교육해야 하는가?

## 7. 추가 도서 목록

Astley, Jeff, and Leslie Francis. *Christian Perspective on Faith Development*. Grand Rapids: Eerdmans, 1992.

Chamberlain, Gary L. *Fostering Faith: A Minister's Guide to Faith Development*. New York: Pauline Press, 1988.

Fowler, James W. *Faithful Change: The Personal and Public Challenges of Postmodern Life*. Nashville: Abingdon, 1996.

Jones, Timothy Paul. "The Basis of James W Fowler's Understanding of Faith in the Research of Wilfred Cantwell Smith: An Examination from an Evangelical Perspective." *Religious Education* 99, no.4 (2004): 345-57.

Loder, James E. *The Transforming Moment*. Colorado Springs: Helmers & Howard, 1989.

## 제2부

## 신앙 형성의 회중적 차원

제5장 신앙 형성에 대한 문화적 도전

제6장 공동체에서의 신앙 형성

제7장 신앙 형성에 있어서 성경의 역할

# 제5장

## 신앙 형성에 대한 문화적 도전

오늘의 미국 문화는 케이크에 집착하는 것처럼 보인다.

생각해 보라.

TV 채널은 〈패뷸러스 케이크〉(*Fabulous Cakes*), 〈케이크 보스〉〉(*Cake Boss*), 〈에이스 오브 케이크〉(*Ace of Cakes*), 〈익스트림 케이크 메이커〉(*Extreme Cake Makers*), 〈케이크 워〉(*Cake Wars*)는 말할 것도 없고 그 아류작들인 〈컵케이크 워〉(*Cupcake Wars*), 〈베스트 베이커〉(*Best Baker*)와 〈그레이트 브리티시 베이크 오프〉(*The Great British Bake Off*) 같은 케이크와 관련된 쇼들로 넘쳐난다.

사람들은 모양에 상관없이 모든 케이크는 다 똑같다고 생각하기 쉽다. 초콜릿 케이크는 번트 틀(Bundt mold, 홈이 파진 튜브형의 케이크 틀-역자 주)에 있건, 종이로 된 컵케이크 용기에 들어 있건, 직사각형 주석 케이스에 있건 초콜릿 케이크이다.

그러나 이 쇼들을 보면 이런 생각이 잘못되었음을 알게 된다. 제빵용기에 따라 빵의 화학적 성질이 약간씩 변하고 빵의 표면 역시 변한다(번트 틀은 더 바삭한 표면을 만들어 내지만 종이로 된 컵케이크 용기는 그런 성질을 거의 가지지 않는다). 처해 있는 상황은 영향력이 있다.

우리의 신앙이 형성되는 상황 역시 우리의 신앙에 지대한 영향을 미친다. 어떻게 신앙에 도달하는지, 문화가 장려하고 찬양하는 신앙의 유형, 그리고 용납되거나 확인되지 않는 신앙의 표현은 모두 진정한 기독교 신앙을 형성하는 데 어려움을 준다.

이 장에서는 신앙 형성과 문화 사이의 관계를 간략하게 살펴본 후 서구 문화에서 일어나는 기독교 신앙 형성에 대한 몇 가지 도전, 즉 성경적 문맹, '도덕적 치료 이신론'(Moral Therapeutic Deism), 그리고 최종적으로 비신자들 사이에서 일어나는 종교적 신앙의 거부에 대해 복음주의자들의 대응 방법과 보다 실질적인 대안을 제공할 수 있는지에 대해 설명한다.

## 1. 문화와 신앙 형성

리처드 니버(Richard Niebuhr)는 20세기 중반 교회와 문화의 관계에 대한 대표적 작품을 집필했다. 그의 책 『그리스도와 문화』(*Christ and Culture*)는 1세기부터 20세기 동안 교회사를 통해 동시에 존재하는 교회와 문화 사이의 다섯 가지 관계를 제시했다.[1] 표 5.1은 니버가 제시한 교회와 문화의 관계를 요약한 것이다.

[표 5.1] 교회와 문화에 대한 니버의 다섯 가지 접근방식

| 관계 | 지지자 | 정의 | 비평 |
| --- | --- | --- | --- |
| 문화와 대립하는 그리스도 | 요한1서 터툴리안 톨스토이 | 분리주의: 신앙의 문화화 또는 상황화에 대한 철저한 거부. | "필요하지만 부적절한 입장" (니버). 선교 복음 전도 거부. 근본주의자들의 반지성주의와 유사. |
| 문화 속의 그리스도 | 영지주의 아벨라르 칸트 리츨 | 수용: 문화는 규범적이며 신앙은 문화에 예속되어 있다 (즉, "문화적 개신교"). | 역사적으로, 묵시 복음서의 출현. 문화에서 기독교의 독특성 상실. 문화적 엘리트 의식. 정치적 올바름. |

---

1 Richard Niebuhr, *Christ and Culture* (New York: Harper & Row, 1951).

| | | | |
|---|---|---|---|
| 문화 위에 있는 그리스도 | 저스틴 마티르 클레멘트 오리겐 아퀴나스 | 종합: 문화의 무비판적 수용을 긍정하고, 문화를 기독교 신앙과 혼합한다. | 둘다/그리고의 접근방식. 문화에 대한 무비판적 수용. 죄의 긍정으로 이어질 수 있다(니버). |
| 문화와 역설적 관계에 있는 그리스도 | 바울 루터 마르시온 | 이원론: 그리스도인은 명확한 지시가 없는 규범의 근원들 간의 긴장 속에 존재한다. | 반율법주의(도덕률 폐기론)로 이어질 수 있다(니버). 문화적 보수주의로 이어질 수 있다(니버). 전체적 관점 부족. |
| 문화를 변혁하는 그리스도 | 요한복음 어거스틴 모리스 | 변혁: 문화는 하나님과의 상호 작용에 관한 표현으로써 선하다. 따라서 문화는 하나님의 임재를 반영해야 한다(예: 어거스틴의 『하나님의 도성』). | 진보주의보다 원시주의에 의존할 수 있다. 변혁 과정에 대한 명확한 방법론이 없다. |

이 관계를 연속선 상에 놓고 보면 한쪽 끝에는 자신의 문화를 거부함으로써 형성되는 신앙이 있고, 다른 한쪽 끝에는 전적으로 문화화된 신앙이 자리하고 있으며, 그 중심에는 신자들이 번성할 수 있는 기독교적 상황으로 문화를 전환시키는 변혁자이신 그리스도에 기초한 신앙이 있다.

문화는 단순히 신앙에 도움이 되거나 신앙을 업신여기는 것이 아니다. 모든 문화에는 신앙 형성을 위한 도전과 전망이 있다. 신앙과 신앙 형성은 문화에 따라 그 맥락이 정해진다.

카슨(D. A. Carson)은 2008년 『그리스도와 문화 재고』(*Christ and Culture Revisited*)를 통해 니버의 대표작 『그리스도와 문화』를 다시 논의한다. 이 책을 통해 카슨은 니버의 주장을 비판적으로 재평가할 뿐만 아니라 포스트모더니즘 시대에 신자들이 자신의 문화와 어떻게 연관되어 있는지를 보여준다.[2]

---

[2] D. A. Carson, *Christ and Culture Revisited* (Grand Rapids: Eerdmans, 2008).

카슨은 문화를 가리켜 개인의 신앙과 분리되어 있지 않으며 신앙이 표현되는 상황이라고 주장한다. 그는 다음과 같이 단언한다.

> 우리는 신약성경에 대한 기독교 신앙이 의심할 여지없이 매우 개인적이기는 하지만, 결코 사적인 것이 아니었음을 알고 있다. 불가피하게 더 큰 문화에 직면하게 될 것이고, 여기에는 국가가 포함되었다(빌 2:11; 계 11:15; 19:1-9 인용).[3]

후에 그는 그리스도인들은 자신이 살고 있는 문화적 상황에서 신앙을 실천한다고 설명한다.[4]

서구 문화는 지난 수 세기 동안 세속주의로 기울어져 왔고, 지난 수십 년 동안 그 속도가 더욱 빨라진 것으로 파악된다. 세속주의로 치닫는 이런 흐름은 기독교 신앙과 독특한 기독교 신앙 형성에 실제로 도전을 제기할 것이며, 이는 교회와 그리스도인 각자가 해결해야 할 도전 과제가 될 것이다.

앤드류 루트(Andrew Root)는 그의 책 『세속화 시대의 신앙 형성』(*Faith Formation in a Secular Age*)에서 "세속화"를 세 단계로 묘사한다. 세속화 1단계(신성한 면 대 세속적인 면)는 세속화 2단계(종교적인 공간 대 비종교적인 공간)가 발생할 수 있는 조건을 만들어 내고, 이는 다시 초자연적 믿음을 불가능하게 만드는 세속화 3단계(초월성의 부정)의 출현을 용이하게 한다.[5] 간단히 말해 우리는 종교, 특히 기독교의 신앙을 부수적인 것으로 하찮게 여기는 문화 속에 살고 있다.

---

3   Carson, *Christ and Culture Revisited*, 171.
4   Carson, *Christ and Culture Revisited*, 172.
5   Andrew Root, *Faith Formation in a Secular Age* (Grand Rapids: Baker Academic, 2017), 103-12.

스티븐 프로테로(Stephen Prothero)는 그의 책 『종교적 문맹』(*Religious Literacy*)에서 이런 세속주의로의 변화를 지적하면서 타인의 종교뿐만 아니라 자신의 신앙에 관한 대다수 미국인의 무지함을 강조한다.[6] 신앙을 정체성과 존재의 핵심으로 여기는 사람들은 자신을 이방인처럼 느끼고 우리가 살고 있는 문화 역시 그렇게 인식한다.

> 사랑하는 자들아 거류민과 나그네 같은 너희를 권하노니 영혼을 거슬러 싸우는 육체의 정욕을 제어하라 너희가 이방인 중에서 행실을 선하게 가져 너희를 악행한다고 비방하는 자들로 하여금 너희 선한 일을 보고 오시는 날에 하나님께 영광을 돌리게 하려 함이라(벧전 2:11-12).

이 장 전반에 걸쳐 말하겠지만, 세속화 시대에도 개인의 신앙, 즉 내용에 뿌리를 둔 제도화된 신앙보다 개인의 영성을 중시하는 영성의 확증이 여전히 남아 있다. 점점 더 세속적이고 포스트모던적인 문화의 맥락에서 형성된 이 새로운 '신앙' 개념은 기독교 신앙 형성에 영향을 미친다.

포스트모던 세속주의의 맥락에서 신앙은 흥미로운 빛깔을 띠고 있다. 즉, 신앙은 신앙의 대상이 아닌 개인에 초점을 맞추고 있으며, 주관성을 위해 논리와 이성을 거부하는 경향이 있다. 또한, 기독교 신앙의 문화적 초월성을 거부하고 기독교 신앙을 서구의 신앙으로만 간주한다. 이런 포스트모던 신앙은 신앙의 내용에 대한 대서사(meta-narrative)가 없는 상태에서 삶에 대한 일관된 접근방식을 구축하기 위해 노력한다.

---

**6** Stephen Prothero, *Religious Literacy* (New York: Harper & Collins, 2008).

## 2. 실체 없는 신앙: 성경적 문맹[7]

성경은 무엇인가?
성경에는 무엇이 있는가?
성경은 무엇을 의미하는가?
성경을 어떻게 사용해야 할까?

성경적 문맹은 다양한 형태를 취한다. 성경적 문맹은 내용에 대한 무지나 성경의 내용에 대한 오해를 의미할 수 있지만, 둘 다 성경 자체에 대한 인식의 오류를 초래한다.

대부분의 연구는 대다수 미국인이 성경을 높이 평가한다고 하지만 실제로 성경의 내용에 대해 점점 더 무지해지고 있음을 보여 준다.

조지 갤럽(George Gallup)과 짐 카스텔리(Jim Castelli)는 다음과 같이 결론 내렸다.

> 미국인들은 성경에 대해 경외심을 갖고는 있지만, 대체로 성경을 읽지 않는다. 그리고 대다수 미국인이 성경을 읽지 않기 때문에 미국은 성경적 문맹국가가 되었다.[8]

---

7  부분적으로는 이전에 발표된 다음의 글들을 기반으로 한다. "Form without Substance," *Christian Standard*, November 30, 2008, 4-5, 8; "Deep Impact: The Cultural Challenge of Biblical Illiteracy, 5, *Christian Standard*, February 2014, 12-15; and "What's Next in Biblical Literacy?," in What's Next? How Thinking Forward Moves the Church Forward (Indianapolis: e2 ministries, 2014), 121-32.

8  George Gallup Jr. and Jim Castelli, "Americans and the Bible," *Bible Review* 6, no.3 (June 1990), https://www; baslibrary.org/bible-review/6/3/18.

미국 성인의 50퍼센트만이 사복음서 중 하나의 이름을 말할 수 있고, 대다수는 성경의 첫 번째 책이 무엇인지 모른다.[9] 바나 리서치 그룹(Barna research group)은 미국인들의 성경 내용에 대한 이해와 성경에 대한 인식의 변화에 대해 또 다른 충격적인 조사 결과를 폭로했다.

스티븐 프로테로(Stephen Prothero)는 미국인들의 성경 지식이 부족하다는 것을 보여 주는 몇 가지 놀라운 통계 결과를 발표했다.

- 미국 성인의 절반만이 사복음서 중 하나의 이름을 말할 수 있다.
- 대부분의 미국인이 성경의 첫 번째 책 제목이 무엇인지 모른다.
- 미국인의 3분의 1만이 (빌리 그레이엄 목사가 아닌) 예수님이 산상수훈을 전했다는 것을 알고 있다.
- 대다수의 미국인이 성경에 예수님이 태어나신 곳은 예루살렘이라고 기록되어 있다고 알고 있다.
- 미국인의 4분의 1은 사도행전이 구약에 있다고 알고 있으며, 3분의 1 이상은 아예 모른다.
- 대부분의 미국인이 요나 이야기가 성경에 있다는 사실을 모른다.
- 미국인의 10퍼센트는 잔 다르크가 노아의 아내라고 믿고 있다.[10]

조지 바나(George Barna)는 고령의 비신자들이 오늘날의 젊은 비신자들, 심지어 젊은 신자들보다도 성경적인 글을 더 잘 읽고 쓸 줄 안다는 사실에 주목한다.[11] 과거 세대의 비신자들조차도 오늘날의 젊은 그리스도인들보다 성경에 관한 보다 중요한 지식을 지니고 있었다.

---

9   David Van Biema, "The Case for leaching the Bible," *Time*, April 2, 2007, 43.
10  Stephen Prothero, *Religious Literacy* (New York : Harper Collins, 2007), 30.
11  "Five Myths about Young Adult Church Dropouts," Barna Group, November 15,2011, https://www.barna.com/research/five-myths-about-young-adult-church-dropouts.

대부분의 미국인이 성경에 너무 익숙하지 않아서 성경 시대의 문화적 언어로 기록된 성경의 언급들을 이해하거나 인정하지 못하고 심지어 잘못 해석하며, 성경을 읽거나, 시각화하거나, 각색하거나, 말하더라도 그 내용과 의미를 제대로 이해하지 못한다.

성경에 대한 이런 친숙함이 없으면 우리 문화는 기독교가 끼친 영향을 제대로 평가하지 못하고 기독교가 이룩한 중요한 지적 공헌을 인식하지 못하며, 기독교 신앙을 문화의 부수적인 것으로 간주한다.

성경적 문해력의 부족은 미국 문화뿐만 아니라 미국 교회에도 도전 과제이며, 21세기 신앙 형성을 위한 독특한 도전을 제기한다.

글렌 포우(Glenn R. Paauw)는 그의 책 『우리에게서 성경을 구하라』(*Saving the Bible from Ourselves*)에 관한 인터뷰에서 다음과 같이 말했다.

> 성경은 중요한 역할을 하도록 되어 있는데, 만일 우리가 성경을 받지도, 알지도 못해서 그 역사(work)가 우리 삶에서 이루어지도록 하지 못하면 우리는 충분히 성숙한 그리스도인의 삶이 아닌 수준 이하의 그리스도인의 삶을 살고 있는 것이다.[12]
>
> 사람들은 성경 없는 기독교적 삶을 살기 위해 노력하고 있다.[13]

제이슨 노리스(Jason Norris)는 미국 교회의 성경적 문해력 저하를 추적해 왔다.[14] 교회 안에서 성경적 문해력의 붕괴는 너무나 극심해서 실제로 미

---

[12] Jason Daye, "Glenn Paauw: Pulling Back Bible Tradition in the Modern Era to Uncover God's Intention for the Scriptures," Church Leaders, April 5, 2017, http://churchleaders.com/podcast/301817-glenn-paauw-pulling-back-bible-tradition-modern-era-uncover-gods-intention-scriptures.html.

[13] Jason Daye, "Bible Literacy Experts Address the Problem of Bible-Less Christianity," Church Leaders, March 31, 2017, http://churchleaders.com/podcast/301605-bible-literacy-experts-address-problem-bible-less-christianity.html.

[14] Jason Norris, "Biblical Illiteracy: Sounding the Alarm," Medium, April 23, 2015, https://

국 일반 대중과 거의 비슷한 수준에까지 이르렀다. "놀랍게도 거듭났다고 하는 복음주의적 청소년들이 다른 일반 청소년들보다 성경의 문해력이 단지 약간 더 높았을 뿐이다."[15] 간단히 말하면, 성경적 문맹은 교회의 위기를 반영하는 문화적 현상으로 모든 사람의 신앙 형성에 영향을 미친다.

왜 성경적 문맹이 그토록 널리 퍼져 있고 갈수록 증가하는 것일까?

전체 인구 중에서 그리스도인의 수가 적고 따라서 성경을 읽는 사람이 적다. 다원주의 시대에 기독교적 목소리의 상실과 맞물려 아마도 교회가 그리스도인 형성과 제자도에서 보다 일반적인 영성 형성으로 전환했기 때문으로 이는 문화뿐만 아니라 교회에서도 성경을 소외시켰다.

많은 사람이 성경을 혼자 공부하려고 할 때 혼란을 겪는다. 이런 혼란과 그에 따른 좌절로 인해 성경 독자들은 성경을 신앙과 신앙 형성을 위한 실용적이며 이해할 수 있는 지침으로 여기지 않고 삶과 무관한 책으로 여기고, 결국 성경적 지식을 습득하는 것을 중요하게 생각하지 않는다.

미국의 문화적 변화 역시 성경적 문해력 감소에 기여했다. 근본적으로 개별화된 진리를 강조하고 외부 진리를 부정하는 포스트모더니즘의 출현은 모든 사람이 진실로 받아들여야 하는 대서사를 반대하면서 삶에 의미가 있는 영적 지식과 통찰력을 얻기 위해 성경을 공부할 필요가 없다는 인식에 확실히 기여한다.

또한, 상대주의로 인해 다수의 미국인들은 다른 책들을 성경과 동등하게 여기거나 성경을 다른 책들과 동등하게 여기게 되었다. 성경의 유일성은 사라져버렸다. 또한, 기억보다는 기록된 글에 더 의존하는 우리 문화는 암기의 중요성을 상실하게 되었고 이는 성경 지식의 부족을 초래한다.

---

medium.com/@jasonenorris/biblical-illiteracy-in-the-church-6b85ac4864b9.
**15** Marie Wachlin et al., *Bible Literacy Report* (Front Royal, VA: Biblical Literacy Project, 2005),6.

21세기 교회에 도전이 되는 성경적 문해력 상실은 복음주의, 제자도, 교육 모두에 영향을 미친다. 하나님 말씀의 현저한 부재는 신앙과 신앙 형성의 잠재력을 손상시킨다. 계속해서 증가하는 다양한 인구와 관계를 맺기 위해 노력하는 교회들에게 더욱 큰 도전이 되고 있는 성경적 문맹 문제는 소수 집단[16] 내에서 훨씬 더 뚜렷하게 나타나고 있으며 그들에게 다가가려는 교회의 노력에 또 다른 장애물이 되고 있다.

교회는 파괴적인 두 가지 딜레마, 즉 교회와 문화 사이의 격차가 동시에 확장되고 축소되는 딜레마에 직면해 있다.

첫째, 성경의 내용에 대한 사회의 무지가 날로 증가함에 따라 교회와 문화 사이의 격차가 커지고 있다.

둘째, 안타깝게도 교회 역시 성경과 신앙의 중요한 문제에 대해 점점 더 무지해지고 있기 때문에 교회와 문화 사이의 격차가 줄어들고 있다.

## 3. 성경적 문맹에 대한 그리스도인의 대응

앞서 언급한 두 딜레마는 미국 교회의 신앙 형성에 대한 중대한 도전을 제기한다. 미국 교회는 더 이상 기독교가 이전 세대에서 그랬던 것처럼 문화의 표준이라고 가정할 수 없고, 그리스도인이라고 고백하는 사람들이 그들이 살고 있는 문화보다 훨씬 더 성경적으로 글을 읽고 쓸 수 있다고 가정할 수도 없다.

이런 상황에서 그리스도인은 무엇을 할 수 있을까?

---

**16** Wachlin et al., *Bible Literacy Report*, 25.

첫째, 성경 공부의 중요성을 받아들여야 한다.

우리는 성경을 단순한 책이나 고대 전통 또는 문화적 열쇠가 아닌 성경으로 간주한다. 우리가 원하는 것은 단순한 성경적 문해력이 아니라 성경 공부의 결과, 즉 신앙 형성이다(마 21:42; 막 12:10,24; 요 20:9; 행 17:11). 우리는 단순히 성경을 알고 싶어하는 것이 아니라 성경을 통해 하나님을 알기 원한다.

우리는 교회에 그저 출석만 하는 사람들(churchgoers)이 성경 공부 때문에 교회에 오는 것을 꺼려할 것이라고 가정해서는 안 된다. 우리는 신자와 비신자 모두가 성경을 하나님의 말씀으로 받아들일 수 있도록 도와야 한다.

둘째, 더 이상 사람들이 성경 이야기를 알고 있다고 가정할 수 없다.

우리는 더 이상 각 가정이 성경을 가지고 있고, 성경이 집 안 어디에 있는지 알고 있으며, 성경 구절을 언급할 때 어디를 찾아야 하는지 안다고 가정할 수 없다. 복음주의자, 설교자, 교사는 성경의 내용을 충분하게 전하고 있다고 생각할 수 없다. 실제로 낡은 플란넬 그래프(flannel graph, 주로 융판을 사용하는 스토리텔링 교수법을 말한다-역자 주)를 깨뜨리거나 디지털 비디오로 업그레이드할 때가 된 것 같다.

셋째, 성경에 근거한 신앙 형성을 세상에 소개해야 한다.

미국 문화에 대한 신앙의 목소리는 우리만이 아니다. 신앙 형성의 기본 원칙은 종종 비기독교적 신앙 요소와 혼동되지도 일치하지도 않는다(예: 기독교의 묵상과 동양 종교의 명상).

콜린 한센(Collin Hansen)은 사람들이 성경의 내용을 모르는 것보다 이 문제가 훨씬 심각하다고 지적한다. 사람들은 점점 더 성경적으로 잘못된 영적 삶을 살기 위해 노력하고 있다.[17]

---

[17] Collin Hansen, "Why Johnny Can't Read the Bible," *Christianity Today*, May 2010, 38.

남침례교연합(the Southern Baptist Convention)의 브래그 웨고너(Brad Waggoner)는 다음과 같이 말한다.

> 장래의 신앙을 성경적으로 형성하기 위해 영적 지도자들은 신자들이 하나님의 말씀을 읽고, 공부하고, 암기하고, 묵상하는 훈련을 위해 필요한 모든 것을 할 필요가 있다.[18]

넷째, 성경적 문해력을 강조하는 교육적 의제가 필요하다.

이것은 교회뿐만 아니라 성경적 또는 종교적 문해력을 교육과정에 포함시킴으로 인기를 얻고 있는 많은 주에 위치한 공립학교에도 해당된다. 이 교육과정에는 성경의 내용뿐만 아니라 성경학습 보조도구의 사용법과 개인의 성장을 위해 성경을 공부하는 방법에 대한 통찰력도 포함된다. 이 통찰력은 많은 사람이 스스로 성경을 공부하려고 할 때 경험하는 불안과 혼란을 줄여 줄 것이다.

성경 공부 자료와 지침은 다운로드나 비디오의 형태로 온라인상에서 디지털 방식으로 제공될 수 있다. 개인과 그룹이 자신의 속도에 맞춰 건설적으로 성경의 본문 내용을 이해할 수 있게 하는 자료는 성경적 인식을 높이고 성경적 문해력을 높이는 데 중요하다.

제이슨 데이(Jason Daye)는 다음과 같이 말한다.

> 성경적 문해력뿐만 아니라 성경이 어떤 책인지에 대한 성경적 태도와 기대를 바로잡기 위해 교회에서 해야 할 일들이 많다. 만약 우리가 교회와 문화 속에서 성경의 이야기를 변화시키려면, 사람들에게 성경의 사실을 알

---

**18** Brad J. Waggoner, *The Shape of Faith to Come: Spiritual Formation and the Future of Discipleship* (Nashville: B & H, 2008), 70.

려 줄 수 있는 것처럼 행동하는 것 이상을 해야 한다. 우리는 사람들이 성경과 관련된 좋은 경험을 하고 성경을 잘 이해할 수 있도록 하기 위한 모든 수단을 제공해야 한다. 그러면 사람들은 "오늘날 성경이 우리 삶에 어떤 영향을 미치고 있는가"라고 묻는 기회를 가질 수 있다.[19]

다섯째, 신앙 형성을 위해 일상적 성경 읽기를 장려하고 촉진해야 한다. 글렌 포우는 그의 책 『우리에게서 성경을 구하라』(Saving the Bible from Ourselves)에서 다음과 같이 설명한다.

> [나의] 핵심 주장은 대부분의 사람들이 대체로 작은 읽기를 큰 읽기보다 선호한다는 것이다. "작은"과 "큰"은 우리가 받아들이는 구절의 길이 이상을 의미한다. 우리는 작은 읽기를 개인이 성경의 문학사적이고 극적인 맥락 밖에서 단편적인 부분들을 취하는 축소된 성경 표본으로 정의한다. 또한, 작은 읽기에는 그에 상응하는 빈약한 구원론, 즉 그리스도인들 사이에 너무도 흔한 개인주의적이며 도피주의적인 편협한 구원관이 내포되어 있다.
>
> 나는 큰 읽기를 통해 이런 결함들이 고쳐질 것이라고 기대한다. 이는 공동체가 성경의 다양한 맥락을 충분히 고려하면서 자연스러운 성경의 단편 또는 성경 전체에 참여할 때 발생하는 더욱 확대된 경험이다. 이 경험은 하나님의 선한 창조만큼이나 드넓은 장엄한 중생에서 성경 본문의 목적에 대한 이해를 증진시킬 것이다.[20]

성경의 큰 그림, 전체 이야기를 알려면 크게 읽어야 한다.

---

19　Daye, "Bible Literacy Experts."
20　Glenn R. Paauw, *Saving the Bible from Ourselves* (Downers Grove, IL: InterVarsity; 2016), 11-12.

## 4. 누구 또는 무엇에 대한 신앙인가? 인격적 하나님의 상실

신앙은 대상을 필요로 한다. 신앙은 자존적이지도 자립적이지도 않다. 기독교 신앙은 예수 그리스도의 인격을 중심으로 한다. 그러나 21세기 교회는 하나님을 관념, 개념, 합법적 상상력의 산물로 보는 문화 속에서 자신을 발견한다.

앤드류 루트는 그의 책 『세속화 시대의 신앙 형성』(*Faith Formation in a Secular Age*)에서 우리 문화에 널리 만연되어 있는 "삭감"(subtraction)의 원리를 소개한다.

> 삭감이 가지고 있는 진짜 문제는 하나님을 포함한 모든 것을 하나의 개념으로 바꾼다는 것이다. 반드시 개념을 따를 필요는 없다. 따라서 하나님이라는 개념이 진정으로 당신에게 도움이 된다면 간직할 가치가 있다.[21]

루트가 설명하고 있는 것이 바로 '도덕적 치료 이신론'(Moralistic Therapeutic Deism: MTD)이다.

국립청소년종교연구(National Study of Youth and Religion)는 릴리인다우먼트(Lily Endowment)재단의 후원으로 2005년 『영혼 탐구』(*Soul Searching*)를 출간했다. 이 연구는 미국 청소년들의 기본 종교 신앙은 전통적 또는 주류 기독교 전통에서 표현된 신앙이 아니라 도덕적 치료 이신론(MTD)이라고 결론지었다.[22]

도덕적 치료 이신론은 다섯 가지 핵심 신념을 가지고 있다.

---

[21] Andrew Root, "Faith Formation in a Secular Age," *Word and World* 37, no.2 (2017): 131-32.

[22] Christian Smith with Melinda Lundquist Denton, *Soul Searching: The Religious and Spiritual Lives of American Teenagers* (New York: Oxford University Press, 2005), 162-70.

1. 세상을 창조한 신이 존재하며 그 신은 이 세상에 질서를 부여하고, 인간들의 삶을 지켜보신다(즉, 이신론).
2. 하나님은 사람들이 성경과 대부분의 세계 종교에서 가르치는 것처럼 서로에게 선하고, 친절하며, 공정하기를 원하신다(즉, 도덕주의).
3. 인생의 핵심 목표는 행복과 자신에 대해 좋은 감정을 느끼는 것이다(즉, 치료).
4. 어떤 문제를 해결하기 위해 필요한 경우를 제외하고 하나님은 인간의 삶에 특별히 관여하실 필요가 없다(즉, 이신론, 치료).
5. 선한 사람들은 죽으면 천국에 간다(즉, 도덕주의, 치료).[23]

크리스찬 스미스(Christian Smith)와 파트리샤 스넬(Patricia Snell)은 영혼 탐구에 대한 후속 연구를 진행했고, 그들은 MTD가 심지어 청년들에게도 널리 퍼져 있다고 결론짓는다.[24] 그러나 청소년기에서 성인기로 접어들면서 삶에서 보다 많은 도전과 문제에 직면하게 된 성인들은 많은 경우 MTD가 약해지거나, 비현실적이고 불충분한 이유로 MTD를 거부한다.[25]

성인이 되어서도 MTD를 유지하는 사람들은 개인의 권위에 뿌리를 둔 신앙 형성, 종교적 신념에 대한 선택적 접근, 자기 변명의 '맹목적 신앙', 개인적 선택 강조 등 예측 가능한 양식에 빠지는 것처럼 보였다.[26]

젊은이들 사이에서 MTD는 기독교적 맥락에서 전형적으로 묘사되는 신앙과 신앙 형성의 보다 나은 대안으로서 교회와 사람들을 신앙으로 인도하는 교회의 제자화 사명에 문화적 도전을 계속 제기한다.

---

23　Smith with Denton, *Soul Searching*, 162-63; cf. also Kenda Creasy Dean, *Almost Christian* (New York: Oxford University Press, 2010), 14.
24　Christian Smith with Patricia Snell, *Souls in Transition* (New York: Oxford University Press, 2009), 154-55.
25　Smith with Snell, *Souls in Transition*, 155.
26　Smith with Snell, *Souls in Transition*, 156-63.

켄다 크리지 딘(Kenda Creasy Dean)은 다음과 같이 자신의 견해를 밝힌다.

> 사도신경을 도덕적 치료 이신론의 가정 옆에 정렬시켜 보라. 그 둘은 어조나 본질에서 서로 전혀 다르다. 사도신경은 하나님의 가장 최고의 사상을 극적이고 전면적으로 묘사한 반면, 도덕적 치료 이신론은 주일학교의 독립선언서처럼 들린다.[27]

## 5. 도덕적 치료 이신론에 대한 기독교적 대응

앤드류 루트는 MTD를 극복하는 방법은 단순히 새로운 과정, 즉 새로운 교과과정과 신앙 형성 자체에 대한 접근방식이 아니라고 경고한다. 그 방법은 그렇게 간단하지 않다.[28] 단순한 사실은 교회가 교리 교육을 통해 타당성을 입증하고 명제적 진리를 반복하기 위해 노력하는 방식 때문에 많은 청소년과 청년이 MTD를 선택했다는 것이다. 이런 방식은 이미 한 세대 전에 청소년과 청년들의 외면을 받았다.[29]

넬스 페레(Nels Ferré)는 1954년 기독교 교육자들에게 다음과 같이 경고했다.

> 사회적, 도덕적, 영적 지혜에 대한 직접적인 학습은 개인적으로 적절하지 않기 때문에 학습자에게 거의 적용되지 않는다. 교육은 동화되지 않은 (unassimilated) 명제적 진리라는 만성적 소화불량에 시달리고 있다.[30]

---

27 Dean, *Almost Christian*, 39.
28 Root, "Faith Formation in a Secular Age," 155.
29 Dean, *Almost Christian*, 29-30.
30 Nels F. S. Ferré, *Christian Faith and Higher Education* (New York: Harper & Brothers,

필요한 것은 기독교 신앙을 전유하고 신앙 형성을 촉진하는 새로운 접근방식으로, 신앙의 맥락 안에서 비판적 사고를 통해 스스로 반성하도록 하고 신앙에 의지하여 해답을 찾는 것이다. 신앙에 대한 비판적 사고는 MTD의 무익함을 보여 주고, 사람들이 기독교 신앙에 마음을 열도록 하며, 사람들이 신앙 형성을 계속할 수 있는 실천을 제공한다.

예수님은 종종 무비판적인 사람들에 대해 비판적이었다. 특히, 무비판적 사고로 인해 종교 지도자들에게 맹목적으로 순종하게 되었을 경우 더욱 비판적이었다.[31]

예수님의 비판은 마태복음에 자주 묘사되어 있다(12:12-14; 15:1-7; 19:1-28). 사람들의 질문에 대한 예수님의 응답 방식은 질문을 피하는 것이 아니라 신앙 형성을 위한 수단으로서 질문자의 마음에 비판적 사고를 촉진하는 것이었다. 예수님은 바리새인, 사두개인, 예루살렘의 관원들과 같은 종교 지도자들과 갈등을 겪었을 때 비판적 사고를 사용하여 그들의 가정과 결론에 도전하셨다.

이런 이유로 잭 딘 킹스베리(Jack Dean Kingsbury)는 예수님이 좀 더 유익한 학습 환경을 조성하기 위해 종교 지도자들과의 갈등을 유발하거나 부채질하셨다고 설명한다.[32] 예수님은 그들의 가정(예: 부활과 결혼에 대한 사두개인의 이해; 마 22:23-33; 막 12:18-27; 눅 20:27-40), 그들의 주장(예: 바알세불; 마 12:22-27; 막 3:20-20), 그들의 위선(예: 안식일 치유; 마 9:1-8, 막 2:1-12, 눅 5:17-26)에 도전하셨다. 예수님은 비판적 사고와 신앙 형성의 본질인 예수님 자신을 비판하기 전에 종교지도자들이 스스로를 돌아보도록 힘쓰셨다.

---

1954), 80
31　Lawrence O. Richards, "Critical Thinking and Christian Perspective," *Christian Education Journal* 15, no.1 (1994): 17-19.
32　Jack Dean Kingsbury, *Conflict in Mark: Jesus, Authorities, Disciples* (Minneapolis: Augsburg Fortress, 1991), 85-89.

래리 리처즈(Larry Richards)는 많은 복음주의 그리스도인들이 성경은 하나님의 말씀이기 때문에 권위적이거나 전달 가능한 방식으로 가르치기만 하면 된다고 믿고 있다고 말한다.[33]

그러나 리처즈는 이 믿음에 동의하지 않는다. 비판적 사고를 수반하는 방법을 포함하여 단순한 교리 교육 이상의 방법을 사용해야 한다. 신앙은 "습관적"(예를 들어, 주기도문 또는 사도신경을 암송하는 것은 습관이다)이어야 한다. 그러나 신앙은 삶을 변화시키기 위해 습관을 넘어서야 한다.[34]

마이클 워렌(Michael Warren)은 교회의 성도들을 "복잡한 문제에 대한 자유로운 토론"을 허용하는 비판적 사고에 대한 포괄적 환경이라고 말한다. 이런 환경이 없다면 "평신도의 역할은 다른 사람들의 종교적 통찰력을 소비하는 사람이 되는 것이다. 종교적 통찰력의 소비자들은 독창적인 종교적 통찰력을 공동으로 만드는데 참여하는 대신 종교적 발언들을 재현하기 위해 초대된다."[35]

유진 로커파튼(Eugene Roehlkepartain)은 이와 관련하여 다음과 같은 질문을 제기한다.

질문을 장려하는가?
그렇지 않은가?
교회의 성도들은 다양한 의견을 어떻게 다루는가?
구성원들은 자신의 신앙과 일상생활을 점검해야 한다는 도전을 받고 있는가?

---

33  Richards, "Critical Thinking and Christian Perspective," 15.
34  George W. Stickel, "The Definition of Critical Thought and Its Implications for Christian Education," *Christian Education Journal* 15, no.1 (1994): 33-41.
35  Michael Warren, "The Sacramentality of Critique and Its Challenge for Christian Educators," *Christian Education Journal* 15, no.1 (1994): 49.

지도자들은 어떻게 사유하는 신앙의 본을 보이는가?
청소년들에게 해답을 주는가?
아니면 그들이 직접 해답을 찾을 수 있도록 인도하는가?[36]

비판적 사고를 하지 못하면 기독교 신앙과 거리를 두게 되는데, 이는 기독교 신앙을 소유하는 것이 아니라 임대하는 것, 즉 MTD의 완벽한 온상이다. 만일 우리가 다음 세대에 신앙을 전하고 싶다면 신앙은 상속받은 가보 이상의 것이 되어야 한다. 다시 말해, 신앙은 다음 세대가 그들만의 독특한 표식을 더하는 것이 되어야 한다.

교회가 비판적 사고를 환영하거나 가능하게 하는 기관이 되지 못한다면 젊은이들은 자신의 생각, 감정, 신앙을 위한 또 다른 출구를 찾게 될 것이다. 그러나 교회가 신앙적 분위기 속에서 비판적 사고의 장이 될 수 있다면 교회는 생각, 감정, 신앙의 온상이 될 수 있다.

## 6. 신앙이 결여된 영성: "무종교인"[37]

우리는 모두 개인적인 질문에 답하기 위해 작은 네모 칸이나 점에 색을 칠하는 일상적으로 유포되는 설문조사와 인구조사에 응했다. 개인적 질문의 대표적 항목 중 하나는 종교에 관한 것이다. 종교를 묻는 항목(예: 기독

---

[36] Eugene C. Roehlkepartain and Eboo Patel, "Congregations: Unexamined Crucibles for Spiritual Development," in *The Handbook of Spiritual Development in Childhood and Adolescence*, ed. Eugene C. Roehlkepartain, Pamela Ebstyne King, Linda Wagener, and Peter L. Benson (Thousand Oaks, CA: Sage, 2009), 61-62.

[37] Based on a presentation at the Baptist Association of Christian Educators, New Orleans Baptist Theological Seminary (2017), later published as Randy Stone, John McClendon, and Jim Estep, *Indispensable: Becoming a MVP in Disciple-Making* (self-pub., CreateSpace, 2018).

교, 이슬람교, 유대교, 불교, 힌두교)과 때로 이런 종교의 특정 교파에 관한 항목(예: 가톨릭, 개신교, 복음주의) 뒤에는 일반적으로 "없음"(none)이라고 표시된 빈칸이 있다. "없음"에 속한 사람들은 스스로를 종교적 소속도, 종교적 정체성도, 식별 가능한 신앙 전통도 없다고 밝힌 사람들이다. 말 그대로 어떤 종교도 "없는" 사람들이다.

미국 문화에서 실제로 '무종교인'에 관한 주제는 1968년 사회학자 글렌 버논(Glenn M. Vernon)의 획기적 연구로 거슬러 올라간다. 그는 "무종교인 또는 종교적 독립자는 연구할 가치가 있는 현상"이라고 지적한다.[38]

그러나 신기한 문화적 변칙으로 시작된 이 현상이 이제는 거의 모든 세대의 모습을 보여 주고 있다. 1970년부터 1990년까지 미국 인구의 7퍼센트였던 무종교인은 2010년 17퍼센트까지 증가했다. 18세에서 29세 사이의 무종교인은 1990년에서 2010년 사이에 12퍼센트에서 27퍼센트로 증가했다.[39]

무종교인이기 때문에 그들의 종교적 정체성은 모호할 뿐이다. 그들은 동질적인 집단이 아니다. 그러나 종종 무종교인들에 대해 잘못된 가정을 내리고, 이로 인해 교회는 그들에게 다가가기 위한 노력을 제대로 하지 못하게 되는데, 이런 잘못된 가정은 사실 그들의 '무종교성'을 강화할 뿐이다.

---

38  Glenn M. Vernon, "Religious 'Nones': A Neglected Category," *Journal for the Scientific Study of Religion* 7, no.2 (1968): 219.
39  Robert Putnam and David Campbell, "The Young "Nones,"" *Christian Century*, November 30, 2010, 7.

## 1) 무종교인의 종류

무종교인은 모두가 똑같지 않다. 광범위하게 표현된 설명들을 가지고 그들을 하나의 큰 범주로 묶을 수 없다. 사실 그들은 매우 이질적인 집단이다.

존 콘드란(John Condran)과 조셉 탬니(Joseph Tamney)는 사람들이 자기 자신을 무종교인으로 규정하는 이유를 설명하기 위해 1970년과 1980년에 수행된 유사 연구를 근거로 1957년부터 1982년까지의 무종교인을 연구했다.[40] 콘드란과 탬니는 그들의 연구를 바탕으로 두 종류의 무종교인을 소개한다.

- 구조적 무종교인(Structural nones)은 종교기관으로부터 고립된 사람들이거나 일을 통한 이익 때문에 종교를 거부하는 "노동자"들이다. 그들은 교회나 조직화된 종교 단체를 좋아하지 않는다.
- 문화적 무종교인(Cultural nones)은 종교 단체의 특성을 확인하지 않는다. 즉, 그들은 "자신의 봉사활동과 사회적 연대", 자신의 사회 도덕과 문화에 대한 기준의 부과, 그리고 교회의 정치화를 거부한다.[41]

보다 최근에 무종교인을 분류하거나 분석하려는 시도가 있었다. 가장 일반적인 분류는 무신론자, 불가지론자, 신앙인[42](또는 무신론자, 불가지론자,

---

40  John G. Condran and Joseph B. Tamney, "Religious 'Nones': 1957 to 1982," *Sociological Analysis* 46, no.4 (1985): 415-23.
41  Condran and Tamney, "Religious "Nones,"" 419.
42  Chaeyoon Lim, Carol Ann MacGregor, and Robert D. Putnam, "Secular and Liminal: Discovering Heterogeneity among Religious Nones," *Journal for the Scientific Study of Religion* 49, no.4 (2010): 596-618.

그리고 가나안 성도)⁴³으로 나누는 것이다.

무종교인에 대한 또 다른 차원은 종교에 대한 그들의 견해와 관련이 있다.

- 종교적 무종교인(Religious nones)은 특정 종교를 선호하지 않지만, 일부는 종교적 정체성과 개인적 선호 사이를 왔다 갔다 하는 경향이 있다.⁴⁴ 어떤 사람들은 하나님에 대한 믿음, 궁극의 존재 또는 힘과 같은 종교적 신념을 유지하고, 어떤 사람들은 기도, 요가, 명상, 심지어 교회 출석과 같은 종교적 관행에 참여한다.⁴⁵
- 세속적 무종교인(Secular nones)은 종교적 신념이나 관행을 지지하지 않는다.

종교적 무종교인은 경계와 안정으로 더 나눌 수 있다.⁴⁶

- 경계적 무종교인(Liminal nones)은 종교적 정체성이 반반인 사람들로 "믿음과 의심 사이"에 머물고 있다.⁴⁷
- 안정적 무종교인(Stable nones)은 종교적 정체성에 속해 있거나 종교적 정체성을 갖고 있지 않은 사람들이다.

---

43   Joseph O"Brian Baker and Buster Smith, "None Too Simple: Examining Issues of Religious Nonbelief and Nonbelonging in the United States," *Journal for the Scientific Study of Religion* 48, no.4 (2009): 719-33.
44   Lim, MacGregor, and Putnam, "Secular and Liminal," 613.
45   Elizabeth Drescher, *Choosing Our Religion: The Spiritual Lives of America"s Nones* (New York: Oxford University Press, 2016), loc. 358, 3720 of 5616, Kindle; and Lim, MacGregor, and Putnam, "Secular and Liminal," 613-14.
46   Lim, MacGregor, and Putnam, "Secular and Liminal," 613-14.
47   Kaya Oakes, *The Nones Are Alright: A New Generation of Believers, Seekers and Those in Between* (Maryknoll, NY: Orbis, 2015), loc. 246 of 3314, Kindle.

임채윤(Chaeyoon Lim)에 따르면 경계적 무종교인이 안정적 무종교인보다 더 많다.[48]

많은 사람이 무종교인을 가리켜 그냥 영적 구도자라고 표현하지만, 그들이 구도자이거나 단지 종교적 개인주의를 선호한다는 것을 증명하는 실질적 증거는 어디에도 없다. 물론, 이 견해는 세속적 무종교인에게는 적용되지 않는다.[49]

드루 다이크(Drew Dyck)는 무종교인들이 반드시 무신론자는 아니지만, 그들은 여러 차례 "비성경적인 이유들", 예를 들면, 가족 구성원들이 극단적 근본주의자여서 공식적이거나 조직화된 신앙에 불감증을 갖게 되었다는 등의 이유로 인해 종종 영적 오해를 하게 된다고 지적한다.[50]

일부 무종교인은 "성직자에 대한 신뢰가 낮다"거나,[51] 영성과 신앙은 개인적이고 사적인 것이며 공적 영역이나 정치 영역에 속하지 않는다고 단언하기 때문에 조직화된 종교에 순응하지 못한다.[52]

예를 들어, 도널드 트럼프(Donald Trump)가 대통령에 당선되었을 때, 배우 알렉 볼드윈(Alec Baldwin)은 자신의 트위터에 "이 나라에서 영원토록 변하는 한 가지는 정치에 적용되는 '기독교인'이라는 단어의 의미이다"라는 수수께끼 같은 메시지를 올렸다.[53] 무종교인들 사이에서 이런 류의 정서는

---

48 Lim, MacGregor, and Putnam, "Secular and Liminal," 396.
49 Lim, MacGregor, and Putnam, "Secular and Liminal," 614.
50 Drew Dyck, "How Can Churches Reach Nominal Believers before They Become 'Nones'?," *Christianity Today*, March 2014, 24.
51 Joseph B. Tamney, Shawn Powell, and Stephen Johnson, "Innovation Theory and Religious Nones," *Journal for the Scientific Study of Religion* 28, no.2 (1989): 223.
52 Baker and Smith, "None Too Simple," 732; Drescher, *Choosing Our Religion*, loc. 5564 of 5616, Kindle; and Jonathan P. Hill, *Emerging Adulthood and Faith* (Grand Rapids: Calvin University Press, 2015), loc. 260 of 919, Kindle.
53 Alec Baldwin, "One thing that is changed forever in this country is the meaning of the word 'Christian' as it applies to politics," Twitter, November 9, 2016, 12:39a.m., https://twitter.com/ABFalecbaldwin/status/796225586549129217.

일반적이다.

일부 무종교인들은 영적이다. 그들은 종교적이지도 않고 전통적인 의미에서 신앙을 긍정하지도 않는다.

엘리자베스 드레셔(Elizabeth Drescher)는 무종교인은 "유동적인 영적 공동체"와 "뒤얽힌 자기 이야기들"을 가지고 있다고 논평한다.

> [무종교인은] 종교에 등을 돌리는 것이 아니라 오히려 때로는 중복되고 때로는 서로 다른 종교적, 영적 경험에 대한 이야기를 보여 준다.[54]

이 말은 다소 혼란스럽게, 심지어 모순적으로 들릴 수도 있지만 그 이유는 간단하다. 기독교 신앙의 구성원들에게 조직화된 종교로 묘사될 수 있는 영성, 신앙, 종교에 대한 견해들은 동의어는 아니지만 서로 복잡하게 연관되어 있으며 사실상 분리할 수 없는 것으로 간주된다. 그러나 무종교인들에게 영성, 신앙, 종교의 개념은 서로 구별되고 상호 의존적이지 않은 별개의 문제이다.[55]

그들에게 신앙은 생활방식, 전근대적 세계관, 신념의 내용으로 간주되며, 이런 현실은 어떤 증거 없이도 구속력 있는 보편적 진리로 받아들여진다. 종교는 제도적이고, 조직적이며, 구체적이고, 의식적인(ritualistic) 것으로 매우 현대적인 세계관의 산물이다.

그러나 영성은 불가사의하고 모호하며, 신앙과 종교가 결합된 것으로 신앙과 종교보다 더 포용적이고 포괄적이며, 영성의 현대적 표현은 포스트모던적 세계관에 의해 촉진되고 있다. 이것이 무종교인들이 영적 문제에 대해 토론할 때 진실하고 정직하며 성실하게 보일 수 있는 이유이다. 그들의 신념은 '그들의' 신념이며, 그들을 위해 그들의 신념을 중재할

---

54 Drescher, *Choosing Our Religion*, loc. 2645 of 5616, Kindle.
55 Cf. Baker and Smith, "None Too Simple," 732.

중재자나 기관은 없다.[56]

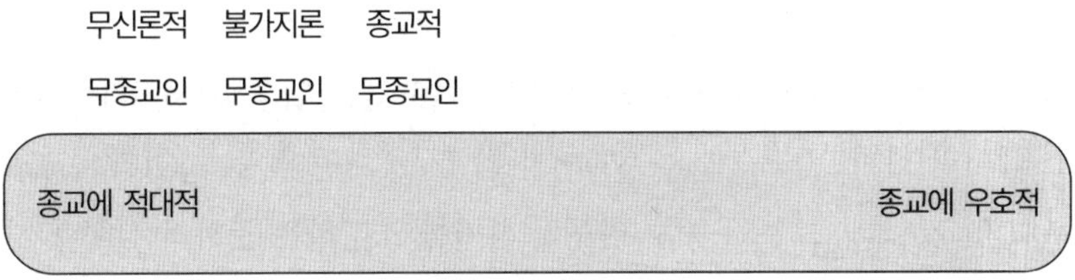

| 무신론적 | 불가지론 | 종교적 |
| 무종교인 | 무종교인 | 무종교인 |

```
┌─────────────────────────────────────────────────────────┐
│ 종교에 적대적                              종교에 우호적  │
└─────────────────────────────────────────────────────────┘
```

[그림 5.1]

그렇다면 무종교인들은 실제로 종교를 어떻게 볼까?

그림 5.1은 '종교에 적대적'에서 '종교에 우호적'에 이르는 영역을 보여 준다. 무종교인들은 대부분 왼쪽 영역에 해당된다. 무신론적 무종교인은 종교에 가장 적대적이지만 불가지론적 무종교인은 종교를 반대하지는 않는다.

일반적으로 영역의 가운데에 위치하는 종교적 무종교인은 종교에 대해 반드시 적대적이지는 않지만 여전히 무종교인으로 존재한다.

왜 그들은 오른쪽 편에 서지 않을까?

종교에 대해 분명 비적대적 자세를 가지고 있기 때문에 만약 그들이 오른쪽 영역으로 더 이동할 경우, 그들은 더 이상 무종교인으로 있을 수 없을 것이다. 예를 들어, 한 연구에 따르면 경계에 있는 종교적 무종교인(liminal religious nones)은 종교가 있는 사람과 결혼하는 경우가 더 많고 심지어 자녀들이 종교를 가지기를 바라는 욕구까지도 보여 주었는데, 이는 다음 세대는 세속화 과정에 참여하지 않는다는 것을 의미한다.[57]

---

**56** Teri McDowell Ott, "In the Realm of the Nones," *Christian Century*, January 6, 2016, 28.
**57** Lim, MacGregor, and Putnam, "Secular and Liminal," 615.

## 2) 그들의 신앙은 어디로 갔는가? 왜 그들은 무종교인인가?

그렇다면 사람들은 왜 종교를 가지지 않을까?

아마도 이 주제에 대한 가장 통찰력 있는 최근 연구 중 하나는 제임스 에머리 화이트(James Emery White)가 쓴 『무종교인의 증가』(*The Rise of the Nones*)일 것이다. 그는 무종교 인구의 증가를 조장하는 문화적 상황을 만들어 낸 두 개의 "더할 수 없이 나쁜 상황"(perfect storms)을 다음과 같이 설명한다.

- 첫 번째 폭풍: 여기에는 우주를 합리화하고 이해하는 수단인 종교(그리고 하나님)의 경시가 포함된다. 즉, 코페르니쿠스(지구는 더 이상 우주의 중심이 아니다), 다윈(인간의 기원은 창조를 대체할 수 있는 해답을 가지고 있다), 프로이트(인간의 정신은 그 구성요소로 이해할 수 있다)의 연구의 영향이다. 하나님은 우주론, 생물학, 심리학에서 서서히 소외되었다.
- 두 번째 폭풍: 여기에는 종교(그리고 하나님)와 무종교인에게 거부감을 주는 문화적 요소, 즉 조직화된 종교에 의한 정치 관여, 총과 같은 반종교적 사상과 연결되어 있는 하나님의 이름, 막대한 부를 축적하기 위한 종교의 사용, 종교 지도자들의 추문과 물질주의 등과의 연관성이 포함된다.[58]

이 폭풍들은 교회가 무종교인에게 다가가는 것을 점점 더 어렵게 만드는 신앙이 결여된 영성을 위한 바탕(canvas)을 제공했다.

그렇다면 교회는 무엇을 할 수 있을까?

---

[58] James Emery White, *The Rise of the Nones* (Grand Rapids: Baker Books, 2014), 31-42.

## 7. 무종교인에 대한 그리스도인의 대응

아마도 무종교인을 제자로 삼는 데 있어 극복해야 할 가장 실질적인 장애물은 "기독교적 특권"(Christian privilege)일 것이다.[59] 다양한 신학적 성향을 지닌 교회들에 속한 많은 신자와 교회 지도자들은 마치 '기독교 세계'(Christendom), 즉 기독교 신앙이 문화에 정보를 제공하고 교회가 중세 유럽과 같이 지배적인 권위를 갖는 물리적 영역이 여전히 존재하는 것처럼 공동체와 문화에 접근한다.

이런 가정하에 무종교인들에게 접근하는 것은 그들에게 혐오감만 줄 뿐 교회에는 아무런 유익도 없다. 만약 우리가 우리 문화에서 유일한 영적 목소리이며, 성경은 유일한 종교적 문서이고, 그리스도는 유일하게 인정받는 구세주이며, 성경의 하나님만이 신에 대한 유일한 견해라고 생각한다면 분명히 우리는 현대 음악, 문학, 영화, 텔레비전 또는 웹사이트의 의미를 해석하지 않을 것이다.

교회와 문화, 특히 문화 안의 무종교인들은 현재 두 개의 다른 주파수, 두 개의 다른 채널, 두 개의 다른 환경에 있다. … 그래서 그 누구도 다른 사람의 말을 듣지 않는다.

교회에게 필요한 것은 보다 건설적이고 유익한 방식으로 무종교인을 참여시키는 접근방식이다. 다음은 교회가 복음을 들고 보다 의도적으로 무종교인들에게 다가갈 수 있는 방법이다.

---

59 Caryn D. Riswold, "Teaching the College 'Nones': Christian Privilege and the Religion Professor," *Teaching Theology and Religion* 18, no.2 (2015): 133-48.

## 1) 경계 공간(liminal space)을 제공하라

교회는 무종교인들을 위해 '사이 공간'(space in between)을 제공할 필요가 있다. 제자도에 관한 전통적인 접근방식은 믿고(believe)-속하고(belong)-행동하는(behave) 순차적이고 일방적인 유형을 지지한다.

그러나 무종교인들은 속하고-믿고-행동하는 것에 더 끌리는 것 같다. 그들은 헌신하기 전에 무언가를 시도하고, 영적 시운전을 하기 원한다. 이는 교회가 신앙을 확증하거나 신앙인답게 행동하기 전에 교회에 참여하고자 하는 개인을 위한 공간을 마련해야 함을 의미한다.

소프트볼 팀에서 뛰려면 그리스도인이 되어야 한다고 말하는 교회가 몇이나 될까?

그래서는 안 된다. 무종교인들이 교회의 교사, 지도자, 목사가 될 수는 없다. 그러나 그들이 신자들과 함께 봉사를 할 수 있는 영역, 기독교 신앙의 신비를 공개적으로 탐구할 수 있는 공간이 있어야 한다.[60] 교회는 이전에 살펴본 3단계 양식에 되기(become)를 더 추가해야 한다.[61] 무종교인들을 제자화하기 위한 접근방식은 의심을 탐구할 공간을 마련해 주어야 한다.

데이빗 킨나만(David Kinnaman)이 쓴 『당신은 나를 잃었어요』(You Lost Me)와 데이빗 킨나만과 게이브 라이온스(Gabe Lyons)가 함께 쓴 『그리스도인답지 않은 그리스도인』(UnChristian)은 교회가 배타적이면서 철저하게 모든 지식을 전달하는 전달자로 자처하기보다는 의심에 더욱 민감해질 필요가 있음을 보여 준다.

---

[60] Cf. Oakes, *The Nones Are Alright*, loc. 3301 of 3314, Kindle.
[61] Drescher, *Choosing Our Religion*, loc. 422 of 5616, Kindle; Ott, "In the Realm of the Nones," 28.

## 2) 적절한 순간을 사용하라

1979년 커크 해더웨이(C. Kirk Hadaway)와 웨이드 클라크 루프(Wade Clark Roof)는 많은 무종교인이 물리적으로 새로운 장소로 이사했을 때 종교적 정체성을 확고히 하거나 특정 신앙에 소속되는 쪽으로 전환했음을 실례를 들어 보여 주었다. 이사의 이유와는 관계없이 상황의 변화로 인해 일부 무종교인들은 교회와 다른 종교 활동을 통해 다른 사람들을 만나는 것에 더 개방적인 태도를 취하는 것처럼 보인다.[62]

1979년 이래로 영국의 무신론 교회라고도 알려진 선데이어셈블리(Sunday Assembly) 같은 새로운 사회적, 유사종교적 선택지들이 생겨났고,[63] 미국에서도 이와 같은 비종교적 일상 모임이 생겨났다.

그러나 무종교인들이 이사를 하거나 삶의 변화를 일으킬 수 있는 사건을 경험하게 되면, 심지어 종교적 경험일지라도 새로운 경험에 더 개방적이라는 원칙은 여전히 남아 있다. 그런 사건들은 자신의 상황에 대한 자기 성찰과 재평가를 촉진하고, 따라서 종교는 무종교인의 삶에 대해 말할 수 있는 기회를 갖게 된다.

## 3) 관계를 강조하라

복음 전도와 제자도는 관계에 기반을 둔다. 거의 모든 경우에 상황에 관계없이 개인과 사전 관계를 갖는 것이 중요한 요소이고, 무종교인들과의 관계에서 사전 관계는 더욱 중요하다. 관계는 성공적 제자화를 위해 필수적이다.

---

[62] C. Kirk Hadaway and Wade Clark Roof, "Those Who Stay Religious 'Nones' and Those Who Don't: A Research Note," *Journal for the Scientific Study of Religion* 18, no.2 (1979): 199.

[63] Oakes, *The Nones Are Alright*, loc. 642 of 3314, Kindle.

대학교 교목 테리 맥도웰 오트(Teri McDowell Ott)는 다음과 같이 말한다.

> 때때로 무종교인들과의 대화가 더 정직하고 현실감 있게 느껴진다. 그 주된 이유는 무종교인들과 대화할 때 종교를 대비책으로 사용할 수 없기 때문이다.

이런 대화에서 관계는 토론의 기초로서 종교를 대신한다.[64]

본질적으로 관계에 종교를 개입시키기 전에 진정한 일대일의 관계를 확립함으로써 무종교인과 그리스도를 공유할 권리를 얻어야 한다.

## 4) 새로운 교육 형식을 사용하라

종교적 명령, 신앙의 내용, 종교적 전통을 무종교인에게 강요할 수 없다. 그러나 "종교가 전승되는 것이 아니라 선택이 된다면… [종교적 공동체 또는 교회] 또한 믿음의 모습에 바탕을 둔 기본 공동체가 아니라 선택 공동체가 될 것이다."[65]

이를 통해 기독교 교육자들이 인식해야 할 것은 종교적 가르침에 대해 완전히 다른 수용 방식을 가진 사람들과 연결하기 위해서는 (이미 알고 있는 것을 또다시 말하기보다는) 새로운 교수법을 개발해야 한다는 것이다.

대부분의 대학에는 종교학 개론 과정이 있지만, 그 과정을 기독교 입문 과정으로 무종교인들에게 가르치는 것은 문제가 있다.

카린 리스월드(Caryn D. Riswold)는 기독교적 특권에 의존하지 않는 무종교인들을 가르치기 위한 몇 가지 교육 전술을 공식화한다.[66]

---

64  Ott, "In the Realm of the Nones," 28.
65  Oakes, *The Nones Are Alright*, loc. 2653 of 3314, Kindle.
66  Riswold, "Teaching the College 'Nones,'" 140-45.

그녀의 전술은 다음과 같다.

1. 서술이 아닌 질문을 사용하여 신앙의 내용을 학습함으로써 학생이 신앙의 문제에 대한 선입견 없이 신앙의 맥락 내에서 해답을 찾고 형성할 수 있도록 한다.
2. 무엇에 대한 정의보다 방법과 이유에 대한 정의를 소개하라. 교사는 이런 방식으로 학생들이 단순히 미리 정해진 사전적 대응보다는 정의를 결정하는 과정과 중요성에 집중하도록 한다.
3. 기독교와 다른 종교(심지어 무신론) 간의 대화를 촉진하는 주제에 초점을 맞춰 기독교적 답변의 독특성과 깊이가 확인될 수 있도록 한다.
4. 다수의 종교적 글들을 활용하라. 학생들에게 다른 종교의 글들을 소개하고, 학생들이 그저 제3자의 입장에서 주요 자료들에 대해 이야기하는 것이 아니라 주요 자료들을 직접 접할 수 있는 기회를 제공하고, 학생들이 그 가르침에 대해 스스로 결론을 내릴 수 있도록 한다.

이 방식은 기독교 신앙의 가르침을 약화시키고 심지어 신앙 형성을 저해하는 것처럼 보일 수도 있지만, 실제로 이 방법들은 학생들이 그리스도인이든 아니든 간에 단순히 다른 사람의 신앙을 물려받는 것이 아니라 개인적인 신앙고백을 형성할 수 있게 해 준다.

무종교인들에게 이런 방법들은 기독교 신앙을 다른 세계 종교와 동등한 평면에 두고 다른 신앙 전통과 관련하여 기독교 신앙에 대한 독자적 탐구를 촉진하여 기독교 신앙을 그들 만의 방식으로 어느 정도 받아들일 수 있도록 한다.

## 5) 당신의 신앙을 숨기지 말라

우리는 무종교인들이 교회에 다가올 때 안전한 공간을 만들기 위해 복음 선포에서 손을 떼고 있다. 이것은 아주 부적절한 모습이다. 그러나 우리는 기독교 신앙을 많은 전통적 노력보다 더 쉽게 듣고, 숙고하고, 당연히 궁극적으로 긍정할 수 있는 방식으로 무종교인들에게 제시하기 원한다.

드루 다이크는 누가복음 14장 26-27절을 무종교인의 제자화를 위한 접근방식으로 설명한다.[67]

> 무릇 내게 오는 자가 자기 부모와 처자와 형제와 자매와 더욱이 자기 목숨까지 미워하지 아니하면 능히 내 제자가 되지 못하고 누구든지 자기 십자가를 지고 나를 따르지 않는 자도 능히 내 제자가 되지 못하리라(눅 14:26-27).

무종교인들과 이 말씀이 무슨 상관이 있을까?

이 말씀은 기독교 신앙에 대해, 그리고 제자가 되는 것에 대해 어떤 생각을 갖게 하는가?

다이크는 이 말씀이 무종교인들을 불편하게 하고, 복음을 직면하게 만들며, 그들을 유명무실하고 포괄적이며 미온적인 자리에서 밀어내고, 심지어 강제적인 참여를 강요할 수 있다고 단언한다. 그는 무종교인이 무종교인인 이유는 아마도 복음과 그 모든 의미에 대한 교회의 유명무실한 관심 때문일 것이라고 생각한다.

> 교회를 위한 내 기도는 우리가 이 거대한 스캔들의 지속을 멈추는 것이다. 복음인가 아닌가 양단 간 선택에 직면했을 때 많은 명목상의 그리스도인

---

[67] Dyck, "How Can Churches," 24.

들은 진정한 신앙으로 응답할 것이다. 나머지 다른 사람들은 떠나 버릴 것이다.[68]

무종교인들은 복음 전도와 제자도에 대한 전통적 접근방식이 실패한 것으로 여겨지는 사람들의 수가 점점 증가하고 있음을 보여 주는 증거이다. 교회가 지역 사회의 무종교인들에게 다가가 그들을 가르치기 위해서는 먼저 그들의 복잡성(intricacy)을 이해하고 그들이 복음과 관계를 맺을 수 있도록 특별한 접근방식을 만들어야 한다.

신앙 형성은 이미 교회 안에 있거나 아니면 이미 신앙 안에 있는 사람들만을 위한 것이 아니다. 신앙 형성은 종교와 무관한 무종교인들에게까지 확대되어야 하며 그들에게 다가가기 위해서는 복음 전도에 관한 독특한 접근방식이 필요하다.

## 8. 결론

현재 기독교 신앙이 성장하고 있는 문화는 100년, 50년, 심지어 25년 전의 문화와는 매우 다르다. 각 시대마다 신앙 형성에 독특한 도전을 제시한다. 그러나 이것은 또한 교회가 일어나 그 도전에 맞설 수 있는 기회를 제공하고, 신앙을 다음 세대에 전하며, 지난 세대보다 회복력이 더욱 향상된다. "당신을 죽이지 못하는 것은 당신을 더 강하게 만들 뿐이다"라는 속담은 지난 수 세기 동안 그랬듯이 심지어 오늘날에도 분명 신앙 형성에 적용된다.

---

[68] Dyck, "How Can Churches," 24.

## 9. 토론을 위한 질문

1. 당신은 리처드 니버의 범주 중 어디에 해당하며, 그 이유는 무엇인가?
2. 당신 자신과 당신이 섬기는 사람들을 위해 성경적으로 읽고 쓰는 능력을 증진시킬 수 있는 방법은 무엇인가?
3. 도덕적 치료 이신론은 모든 사람에게 어느 정도 영향을 미친다.
   도덕적 치료 이신론에 대해 읽었을 때 "거울을 보는 듯"한 자신을 발견했는가?
   그 충격은 어느 정도인가?
4. 자신의 신앙 형성에서 도덕적 치료 이신론을 어떻게 다룰 수 있을까?

## 10. 추가 도서 목록

Carson, D. A. *Christ and Culture Revisited*. Grand Rapids: Eerdmans, 2008.
Cox, Harvey. *The Future of Faith*. San Francisco: HarperOne, 2009.
Paauw, Glenn R. *Saving the Bible from Ourselves*. Downers Grove, IL: InterVarsity, 2016.
Root, Andrew. *Faith Formation in a Secular Age*. Grand Rapids: Baker Academic, 2017.
Smith, Christian, with Patricia Snell. *Souls in Transition*. New York: Oxford University Press, 2009.
White, James Emery. *The Rise of the Nones*. Grand Rapids: Baker Books, 2014.

## 제6장

## 공동체에서의 신앙 형성

제5장에서 이미 설명한 바와 같이 점점 더 많은 사람이 교회에서 멀어지고 있으며, 특히 신앙 형성에 관해서는 더욱 더 멀어지고 있다. 무종교인들의 증가는 교회의 출석률 저하와 더불어 교회의 활동에 대한 변함없는 참여를 초래했다. 신앙 형성은 신앙공동체에 참여하고 관계를 맺는 것에 가장 깊은 영향을 받기 때문에 이런 경향은 특히나 비관적이다.

성경 전반에 걸쳐 이스라엘 백성과 교회는 공동 제의와 관습에 참여함으로써 하나님의 백성으로 만들어지고 빚어졌다. 토라의 가르침을 따르고 회당에서 예배를 드리는 이스라엘 민족이든, 새롭게 형성된 기독교 공동체가 함께 모여 교제하고 떡을 나누는 것이든 간에 신앙공동체는 이스라엘 백성의 신앙 형성에 필수적 역할을 했다. 인간은 사회적 존재이기 때문에 신앙의 삶을 위해 공동체가 만들어지는 것은 당연하다.

신학자 존 웨슬리(John Wesley)는 다음과 같이 말했다.

> 그리스도의 복음은 종교를 모른다. 오직 사회적(공동체적) 종교를 알 뿐이다. 그리스도의 복음은 성결을 모른다. 오직 사회적(공동체적) 성결을 알 뿐이다.[1]

---

[1] John Wesley, "Preface to *Hymns and Sacred Poems* (1739)," in *Doctrinal and Controversial Treatises II*, ed. Paul Wesley Chilcote and Kenneth J. Collins, vol.13 of *The Works of John Wesley* (Nashville: Abingdon, 2013), 39.

웨슬리의 사회적 종교는 사회정의의 측면이 아니라 인간 관계에 초점을 맞추었다. 웨슬리는 하나님의 은총 안에서 성장하기 위해서는 신앙의 여정에서 다른 그리스도인들과 함께 있어야 한다는 것을 깊이 깨닫고 있었다. 신앙 여정을 생각할 때, 사람들은 신앙공동체에 참여하는데 그 신앙공동체가 자신들의 신앙 성장에 미치는 영향을 인정한다. 신앙공동체와 신앙공동체의 관행은 신앙 형성의 중요 요소이다.

## 1. 신앙공동체

기독교 교육자들은 공동체에 대한 믿음이 신앙 형성에서 감당하는 역할에 특히 초점을 맞춰 왔다. 이런 영향력 있는 이론가들 중에는 호레이스 부쉬넬(Horace Bushnell), 조지 알버트 코(George Albert Coe), 엘리스 넬슨(C. Ellis Nelson), 존 웨스터호프 3세(John Westerhoff III), 로렌스 리처드(Lawrence Richards) 등이 있다.

이 섹션에서는 기독교적 양육, 사회 학습 이론, 교리 교육을 포함한 기독교 종교 교육에서 신앙 형성 이론이 어떻게 표현되었는지에 대한 문헌들을 탐구한다.

### 1) 기독교적 양육

호레이스 부쉬넬은 가장 영향력이 있는 동시에 논란의 여지가 있는 이론가 중 한 명이다. 그는 1861년 출간된 자신의 책 『기독교적 양육』(*Christian Nurture*)에서 기독교 교육의 주요 목적은 "아이를 그리스도인으로 자라

게 하는 것"이어야 한다고 주장한다.²

부쉬넬에 따르면 그리스도인 부모는 부흥 운동에 만연된 관행이자 이론이었던 훗날 회심하는 아이를 양육하는 것이 아니라 어릴 때부터 자녀가 하나님을 사랑하고 하나님의 도를 따르도록 양육해야 한다.³ 기독교적 양육에 대한 그의 견해는 가정과 교회가 바른 믿음의 씨앗을 심고 올바로 가꿀 때 참된 신앙을 가져올 것이라고 가정한다. 부쉬넬에게 그리스도인이 되는 것은 극적 결정이 아닌 형성의 과정을 포함한다.⁴

부쉬넬은 인간의 독특성은 자신의 재능, 원칙, 미덕을 다음 세대에게 전달하는 능력이라고 믿는다. 그렇기에 기독교 신앙은 동일한 과정을 통해 전달할 수 있다. 부쉬넬이 볼 때 기독교 신앙을 대물림하는 주요 매개체는 그리스도인 부모들이며, 부모들이 보여 주는 분명한 그리스도인의 삶이 바로 자녀 양육이다.⁵

그는 다음과 같이 말한다.

> 자녀들이 분명하게 기억할 수 있는 시점 훨씬 이전에 자녀들을 회심시키고 자녀들을 하나님께 순종하는 사랑의 영으로 새롭게 만들기 위해 필요한 삶은 정말 특별한 삶이며 이런 삶이 바로 기독교적 양육이다. 왜냐하면, 이 삶은 그리스도인을 양육하고 가정 안에서 기독교적 은혜의 요소를 만들기 때문이다. 비록 영혼에 대한 아름다운 선입견이긴 하지만, 기독교적 양육은 자녀들의 지성이 완전히 성숙되기 전에 소망을 불러일으키고, 소

---

2 Horace Bushnell, *Christian Nurture* (New York: Charles Scribner, 1861), 10.
3 Perry Downs, "Christian Nurture: A Comparison of Horace Bushnell and Lawrence O. Richards," *Christian Education Journal* 4, no.2 (1983): 44.
4 Robert B. Mullin, *The Puritan as Yankee: The Life of Horace Bushnell* (Grand Rapids: Eerdmans, 2002), 118.
5 Downs, "Christian Nurture," 45.

망을 키워 주며, 사랑으로 숨 쉬게 하고, 거룩한 새 생명을 형성한다.[6]

부쉬넬은 믿는 부모의 자녀들과 불신자의 자녀들은 다르게 대우해야 한다고 믿는다. 부쉬넬에 따르면 유아세례를 받은 자녀는 부모 신앙의 기본 요소를 갖고 있는 것으로 간주해야 한다. 이 점이 바로 비평가들이 부쉬넬을 공격하는 이유인데 그들은 부쉬넬이 원죄를 믿지 않으며 회개와 회심의 필요성을 거부한다고 생각한다.[7]

부쉬넬은 "유기적 연결"(organic connection)에 대한 자신의 견해를 다음과 같이 밝힌다.

> 부모와 자녀의 관계를 다시 한번 면밀히 조사한다면, 우리는 그들 사이에 성격과 관련하여 존재하는 유기적 연결법칙 같은 것을 반드시 발견하게 될 것이다. 그 연결은 쉽게 믿을 수 있도록 만들고, 한 사람의 신앙이 다른 사람에게 전달되기를 기대하는 것을 당연하게 만든다. 아마도 포자낭(capsule) 속에서 씨앗이 형성되는 것처럼 한 사람의 특성이 실제로 다른 사람의 특성에 포함된다는 확신을 불러일으키는 연결이라고 해야 할 것 같다.[8]

부쉬넬은 자연적 형질이 유전되어 자녀들에게 대물림되는 것처럼 신앙도 유전된다고 주장한다. 그는 가정과 부모의 영향이 자녀의 신앙 발달에 가장 중요하며 이 유기적 연결이 바로 기독교적 양육의 핵심이라고 믿는다.

---

6  Bushnell, *Christian Nurture*, 76.
7  Downs, "Christian Nurture," 45.
8  Bushnell, *Christian Nurture*, 26–27.

## 2) 사회학습 이론

부쉬넬의 이론은 맹렬한 비판에 부딪히기는 했지만, 다음 세대 사회 이론가들과 신앙을 형성하는 데 있어 신앙공동체의 역할에 대한 그들의 이해에 영향을 미쳤다.

조지 알버트 코(George Albert Coe)는 호평을 받은 그의 책 『종교 교육의 사회 이론』(*A Social Theory of Religious Education*, 1971)에서 "초등 종교 교육의 지속적 목표는 회심을 불필요하게 만드는 것이어야 한다"고 주장한다.[9]

코의 주장에 따르면 사회적 상호 작용은 과정뿐만 아니라 내용으로서도 기독교 교육의 핵심이다. 그는 "전승"(transmission) 교육보다 "창의적"(creative) 교육이라는 개념을 고수한다. 창의적 교육은 사회 재건에 주안점을 두고 오직 그 목적을 위해 전승적 관행을 사용한다. 코는 개인 구원의 역사적 목표가 재건이라는 보다 광범위하고 포괄적인 목표로 대체되어야 하며 사회적 상호 작용에 반드시 참여하기 위해 전승적 관행은 포기해야 한다고 단언한다.[10]

부쉬넬과 코의 영향은 신앙 형성의 주요 수단으로서 개인 회심 중심에서 사회적 재건 중심으로 전환되면서 기독교 종교 교육 분야에 반영되었다. 부쉬넬과 코의 견해는 특별히 개인적 회심의 역할과 관련하여 여러 가지 면에서 비판을 받을 수 있지만, 그들의 이론은 엘리스 넬슨(C. Ellis Nelson)과 존 웨스터호프 3세(John Westerhoff III)와 같은 차세대 이론가들에게 영향을 미쳤다.

넬슨은 기념비적인 그의 책 『신앙이 시작되는 곳』(*Where Faith Begins*)에서 종교는 개인의 정서 안에 자리하고 있으며, 어린 시절 그들을 돌봐 주었던

---

9  George Albert Coe, *A Social Theory of Religious Education* (New York: Scribner's Sons, 1929), 181.
10  Howard Burgess, *Models of Religious Education* (Wheaton: Victor Books, 1996), 81-82.

어른들이 사회화한 방식의 결과라고 말한다. 따라서 기독교 신앙을 전하는 "자연 기관"(natural agency)은 기독교 공동체이다.

넬슨에 의하면 신앙은 신앙을 가진 사람이 다른 사람들과 상호 작용하면서 전달된다. 넬슨은 다음과 같이 말한다.

> 신앙은 신자들의 공동체에 의해 전달되며, 신앙의 의미는 공동체 구성원들에 의해 그들의 역사에서, 서로 간의 상호 작용에 의해, 그리고 그들의 삶에서 일어나는 사건들과 관련해서 발전된다.[11]
> 신앙은 오직 자의식이 있는 의도적인 신앙공동체 안에서만 길러질 수 있다.[12]

넬슨의 경우 이런 사회화 과정을 보다 의도적이고 보다 효과적으로 만들 수 있는 방법을 식별하는 것이 중요하다.[13] 특히, 그는 형성의 중심인 관찰과 모방에 중점을 둔다.

페리 다운스(Perry Downs)가 말했듯이 넬슨은 "현재의 종교 교육자 중 처음으로 사회화 모델 위에 자신의 이론을 확고히 세우고" 이를 종교 교육 이론의 관찰과 모방 역할과 결부시킨 사람이다.[14]

---

11 C. Ellis Nelson, "Socialization Revisited," *Union Seminary Review* 47, nos.3-4 (1993): 162.
12 Nelson, "Socialization Revisited," 52.
13 Burgess, *Models of Religious Education*, 117.
14 Perry Downs, *Teaching for Spiritual Growth* (Grand Rapids: Zondervan, 1994), 159.

## 3) 교리 교육

존 웨스터호프 3세는 교리 교육을 신앙을 함양하는 목회 활동으로 간주한다. 교리 교육에 관한 웨스터호프의 논지는 『신실한 교회: 교리 교육의 역사에서 나타난 문제들』(*A Faithful Church: Issues in the History of Catechesis*)에 가장 잘 드러나 있다.[15]

웨스터호프에 따르면 기독교 신앙과 삶이 이루어지는 공동체 내에서 의도적으로 학습하는 교리 교육은 그리스도인이 만들어지는 과정이다. 세례 후 그리스도인들은 더욱 더 그리스도인이 되는 과정에 참여하는 것을 목표로 여생을 보낸다. 이 평생의 과정은 교리 교육 중 하나이다.

교리 교육과 기독교 교육은 동의어가 아니다. 교리 교육은 본질적으로 교회의 전통을 전하고 성숙한 사람들의 삶과 성숙한 공동체의 삶에서 신앙이 살아 있고, 의식적이며, 활동적이 될 수 있도록 하기 위한 목회 활동이다.[16] 교리 교육은 회심, 양육, 헌신, 행동뿐만 아니라 공동체가 더 기독교적이 되도록 돕는 것과도 관련이 있다. 교리 교육은 살아 있는 전통을 이야기와 비전의 형태로 대물림하는 것이며 기독교 신앙공동체의 삶과 사명을 공유하는 모든 사람들을 위한 것이다.[17]

웨스터호프는 다음과 같이 말한다.

> 교리 교육은 기독교 신앙과 생활 공동체 안에서 의도적(계획적)이고 체계적(관계적)이며 지속적(평생의)인 과정으로 모든 사람이 하나님 그리고 다른 사람과 하나가 되기 위해 회복될 때까지 세상에서 그리스도의 몸 또

---

[15] John Westerhoff and O. C. Edwards Jr., eds., *A Faithful Church*: *Issues in the History of Catechesis* (Wilton, CT: Morehouse-Barlow, 1981).
[16] John Westerhoff, "A Discipline in Crisis," *Religious Education* 74, no.1 (1979): 7-15.
[17] John Westerhoff, *Learning through Liturgy* (New York: Seabury, 1978).

는 임재가 되도록 공동체를 확립하고, 건설하고, 준비시키고, 가능하게 한다.[18]

그는 교리 교육의 세 가지 측면, 즉 형성(formation), 교육(education), 가르침(instruction)을 제안한다.

- 형성은 '조형'(shaping)을 의미하며, 이야기로 형성된 신앙공동체의 삶 속에서 이루어지는 계획적, 관계적, 경험적 활동을 나타낸다.
- 교육은 '재조형'(reshaping)을 의미하며 이런 공동 경험과 관련된 비판적이고 성찰적인 활동을 나타낸다.
- 가르침은 '건축'(building)을 의미하며 교육과정을 통해 공동체 생활에 유용한 지식과 기술을 전달, 습득, 이해하는 수단을 나타낸다.

형성은 그리스도의 몸을 만들고, 교육은 그리스도의 몸을 개혁하며, 가르침은 그리스도의 몸을 세운다. 웨스터호프에 따르면 이 세 가지 별개의 과정은 교리 교육에서 상호 연관되어 있다.

> 교리 교육은 의도적이고 체계적이며 지속적인 노력에 관한 것이지만 교육보다는 양육과 회심의 과정에 가깝다. 교리 교육은 가치 편향에 대한 사과가 없는 과정으로, 공동체의 독특한 가치, 이해, 방식을 가지고 사람들을 기독교 공동체에 끌어들이는 것을 목적으로 하는 과정이고, 사람들이 공동체의 신앙을 내면화하고 자신의 것으로 받아들여 그 신앙을 세상의 삶에 적용하도록 돕는 것을 목표로 하는 과정이다.[19]

---

[18] John Westerhoff, "Formation, Education, Instruction," *Religious Education* 52, no.4 (1987): 582.
[19] Westerhoff, "Discipline in Crisis," 13.

교리 교육의 주요 기능은 신자들이 개인적으로나 단체적으로 신앙이 요구하는 두 가지 책임, 즉 하나님과 교제하고 동료들과 교감할 수 있도록 돕는 것. 즉, 사회정의, 해방, 전체 공동체, 평화, 모든 사람의 행복을 위한 정치적 투쟁으로 표현되는 영적 삶의 친밀감을 키우는 것이다.

웨스터호프는 학교 교육 체계와 비교하여 드러나지 않은 교육과정에 초점을 맞추었고, 이 때문에 그는 문화화 이론가에 속한다. 웨스터호프는 학교 교육 체계가 현대 사상을 지배해 왔다고 본다. 따라서 "탈학교"(de-school) 사회를 꾀하거나 교육의 적절성에 의문을 제기하려는 모든 시도는 무시되거나 적대감에 직면한다.

웨스터호프에게 있어 학교 교육 체계는 교회 교육자와 교인들의 염려와 관심에서 종교적 사회화 과정을 제거하기 때문에 부적절하다. "사회화란 사람들이 자신의 이해와 삶의 방식을 습득하는 모든 공식적, 비공식적 영향을 의미한다."[20]

어느 누구도 의도적으로 가만히 앉아서 삶의 원리를 가르치지 않는다. 삶의 원리는 학교나 가르침 없이 자연스럽게 배우는 것이다. 따라서 교회의 숨겨진 비공식적 교과과정은 교회 학교의 공식적 교과과정보다 신앙 형성에 더 큰 영향을 미치는 경우가 많다. 그 결과 웨스터호프는 모든 삶을 포함하는 신앙공동체의 문화화 체계를 제안한다.[21]

웨스터호프는 부모와 신앙공동체가 제공하는 강력한 문화화를 인정한다. 종교공동체 안에서 사람들과의 개인적 상호 작용은 기독교 신앙을 전달하는 "자연 작용"(natural agency)을 제공한다. 전례와 예배는 이런 소통을 위한 필수적 수단이다.

---

[20] John Westerhoff, "The Shaking of the Foundation," in *A Reader in Christian Education*, ed. E. Gibbs (Grand Rapids: Baker, 1992), 241.

[21] John Westerhoff, Values for Tomorrow's Children: *An Alternative Future for Education in the Church* (Philadelphia: Pilgrim's Press, 1970).

웨스터호프는 "기독교적 양육의 근본 문제는 교회 또는 기독교 공동체의 본질인 교회론"이라고 말한다.[22] 신앙공동체는 "서사적 특성"(narrative character)을 가지고 있다. 전례와 예식은 다채롭고, 기억은 대대로 전승되며, "공통 비전"은 현재와 과거를 연결하고 현재와 미래를 연결할 것이다. 예배는 신앙공동체의 핵심이며 권위이다. 기독교적 양육은 신앙공동체와 함께하는 경험과 성찰에 달려 있다."[23]

사회화를 촉진하기 위해 교회는 반드시 교리 교육을 실시해야 한다. 왜냐하면, 교리 교육은 인간 본성에 대한 공동의 이해와 신실한 공동체, 즉 공통의 기억과 비전을 공유하고, 그 뿌리를 알고 있으며, 미래의 비전에 전념하는 공동체의 필요성을 전제하기 때문이다.[24]

로렌스 리처즈(Lawrence O. Richards)는 그의 책 『교회의 새로운 얼굴』(*A New Face for the Church*)에서 기독교 교육을 신앙공동체의 한 측면으로 여기고, 교육환경 전체를 신앙 형성의 수단으로 간주한다. 리처즈는 만일 교회가 신약성경에 기술된 것처럼 효과적으로 자신의 역할을 감당한다면 교회는 그리스도를 닮은 활기찬 그리스도인을 만들어 낼 수 있는 양육 환경이 될 것이라고 생각한다.[25]

신앙의 사회화에 대한 그의 견해는 사회학적 관점보다는 신학적 관점에 더 뿌리를 내리고 있다. 넬슨 그리고 웨스터호프와 마찬가지로 리처즈 역시 삶으로서의 신앙은 주일학교나 교육적 수업 모델보다 관계적 사회화 모델에 의해 가장 잘 전달된다고 믿는다. 즉, 신앙은 오히려 문화에 가까운 모습으로 학습되며 예배, 교제, 소그룹을 통한 관계와 모범을 통해 가

---

22 John Westerhoff, *Living the Faith Community: The Church That Makes a Difference* (Minneapolis: Winston Press, 1985), 23.
23 Westerhoff, *Living the Faith Community*, 25.
24 Westerhoff, *Living the Faith Community*, 85.
25 Phillip W. Sell, "Lawrence O. Richards," Biola University, accessed March 1, 2020, https://wwwbiola.edu/talbot/ce20/database/lawrence-o-richards.

장 잘 전달된다고 생각한다.

## 2. 신앙공동체 내에서의 신앙 형성

신앙 형성은 신앙공동체의 모든 측면을 포함한다. 신앙 형성은 주로 공동체의 관행이 사람들을 만들고 형성하고 변화시키는 방식에 영향을 받는다. 교회의 역할은 세상을 변화시키기 위해 하나님을 섬기고 이웃을 사랑하는 신앙공동체를 만드는 것이다. 신앙공동체의 신앙 형성은 교회 안에서, 그리고 공동체의 증거가 세상에서 일어나는 곳에서 신앙을 키우고 형성하는 공동의 교육적 노력을 통해 이루어진다.[26]

예배, 교육, 봉사, 세계 선교를 포함한 신앙공동체 내의 모든 계획적 활동은 신앙 형성의 필수적 측면이다. 그런 형성은 회중의 주요 목적을 이해하는 것뿐만 아니라 규칙적으로 그리스도인의 삶을 만드는 특정한 형성 과정에 관여하는 것을 포함한다.

잭 세이무어(Jack Seymour)는 회중적 학습에 대한 네 가지 주요 접근방식을 보여 준다.

1. 사회적 변혁(Social transformation): 신실한 시민 의식과 사회 변혁을 촉진하기 위해 사람들을 돕는다. 목표는 그리스도인들이 세상에 존재하는 다른 방법을 볼 수 있도록 돕는 것이다.
2. 신앙 형성(Faith formation): 사람들이 지역사회에 참여할 수 있도록 진정한 관계를 육성한다. 목표는 사람들이 지역사회와 바깥 세상에 참여하도록

---

26　Charles Foster, *Educating Congregations: The Future of Christian Education* (Nashville: Abingdon, 1994), 13.

돕는 것이다.
3. 영성 형성(Spiritual formation): 그리스도인들이 내면의 삶을 발전시키고 세상에서 외적 행동으로 반응하도록 돕는다. 목표는 그리스도인을 깊이 있는 기독교 신앙 자산에 연결시키고 그들을 관계, 우정, 정의, 보살핌으로 부르는 것이다.
4. 종교적 가르침(Religious instruction): 성경적 신앙에 기반을 둔 학습을 제공함으로써 사람들이 내용과 신앙 생활 간의 상관관계를 만들도록 돕는다. 목표는 성경의 이야기를 통해 사람들이 세상에서 책임감 있게 살 수 있도록 준비시키는 것이다.[27]

이 모든 측면은 회중의 신앙을 조형하고 형성하는 과정의 중심이 된다. 회중은 모두 다르며 그들은 특정한 신앙 전통과 서사를 반영한다. 신자들이 정식 교단에 속해 있든 아니든, 복음의 전달은 하나님의 백성들이 교회의 실천에 참여하는 방식에 반영된다.

개인과 회중은 그들에게 전승된 의례, 신학적 전통, 이야기, 서사를 통해서 형성된 공동의 기억을 가지고 있다. 회중의 기억에는 신앙 전통에서 자신의 위치에 대한 인식과 그 전통이 다음 세대로 어떻게 전달될 것인지가 포함된다.

찰스 포스터(Charles Foster)는 특히 여러 세대에 걸친 연결고리가 끊기고 특정 신앙 전통에 대한 충성도가 떨어지면서 회중이 계속해서 공동의 기억을 잃어 가고 있다고 우려를 표명한다.[28] 신앙공동체에 참여한 사람들에게 이 공동의 기억은 매우 강하지만, 교회에 처음 온 많은 사람에게는 공동의 기억이 없다. 신앙공동체의 주요 임무 중 하나는 실천을 통해 공동의

---

[27] Jack L. Seymour, ed., *Mapping Christian Education: Approaches to Congregational Learning* (Nashville: Abingdon, 1997), 21.
[28] Foster, *Educating Congregations*, 23-24.

기억이 없는 이들에게 신앙을 전달하는 것이다.

근본적으로 인간은 하나님, 타인, 피조물과의 관계를 위해 창조되었으며, 하나님은 진정한 관계를 찾는 일에 함께하는 분이시다. 하나님과의 관계 그리고 서로 간의 관계는 은혜의 공동체를 통해 양육된다. 교회의 신앙 형성 사역은 다른 사람들이 관계를 위한 하나님의 초청을 듣고 신실한 제자도를 통해 하나님의 은혜에 응답하도록 돕는 것이다.[29]

회중은 신앙 의식에 참여함으로써 사람들의 응답을 형성하기 위해 기독교 전통을 이용한다. 모든 교회생활이 신앙 형성을 촉진하기 때문에 중요한 실천을 모두 식별하는 것은 불가능하다.

그러나 로버트 파즈미뇨(Robert W. Pazmino)는 그의 책 『기독교 교육의 근본 문제』(*Foundational Issues in Christian Education*)에서 신앙 형성을 촉진하는 몇 가지 기본적 실천에는 예배(전례, Leitourgia), 교제(친교, Koinonia), 설교(선포, Kerygma), 선교와 봉사(섬김, Diakonia), 정의(예언, Propheteia)가 있다고 밝힌다(그림 6.1 참조).[30]

---

**29** Sondra Higgins Matthaei, *Formation in Faith : The Congregational Ministry of Making Disciples* (Nashville : Abingdon, 2008), 13-14.
**30** Robert W Pazmino, *Foundational Issues in Christian Education* (Grand Rapids : Baker, 1997), 45.

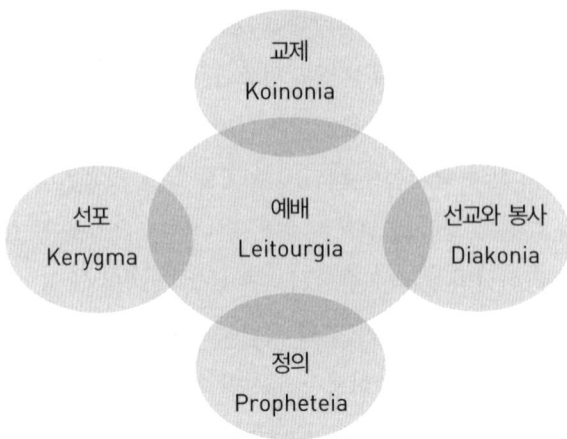

[그림 6.1] 회중의 형성[31]

## 1) 예배(전례, Leitourgia)

예배란 말 그대로 "누군가에게 가치를 부여하는 것"을 의미한다. '레이투르기아'(*Leitourgia*)는 '사람들의 일'(*egan*, 일; *laos*, 사람들)을 뜻한다. 예배를 위한 그리스도인들의 모임에는 찬양과 감사, 성경 봉독, 복음 선포, 기도, 성찬 참여, 신앙생활에 대한 책임감 등이 포함된다.[32]

기독교 공동체 예배의 주된 목적은 하나님 찬미와 인간의 성화이다. 예배는 사람들이 하나님이 창조하신 대로 더 완전하게 되도록 돕기 위해 변혁과 치유를 제공하는 신성한 인간적 행사이다. 하나님은 그리스도인 개개인을 모아 그리스도의 몸으로 치유하고, 변화시키고, 새롭게 하여 더 온전하게 임하는 하나님 나라에 참여하여 성육신 사역을 계속하도록 그리스

---

31 Robert W. Pazmiño, *Foundational Issues in Christian Education* (Grand Rapids: Baker, 1997), 45를 각색.

32 Ruth C. Duck, *Worship for the Whole People of God: Vital Worship for the 21st Century* (Louisville: Westminster John Knox, 2013), 3.

도인들을 파송한다. 미래의 어느 날 완성된 하나님 나라가 도래할 것이며, 그렇게 될 때 하나님은 만유 안에 계실 것이다.³³

데브라 딘 머피(Debra Dean Murphy)는 신앙 형성의 핵심이 바로 예배라고 믿으며 다음과 같이 말한다.

> 그리스도인을 형성하고 제자화하는 모든 노력은 예배의 중요성을 전제해야 한다. 예배, 찬양, 송영을 통해 그리스도인들은 형성되고 변화된다.³⁴

웨스터호프와 마찬가지로 머피 역시 신앙 형성을 위해서는 사회과학적 접근방식 대신 보다 강력한 교회론이 필요하다고 믿으며, 그 시작이 바로 예배이다. 신앙공동체는 기독교 신앙을 주고받는 "자연 기관"이며, 전례와 예배는 이런 소통을 위한 중요 수단이다. 웨스터호프가 말했듯이 "기독교적 양육의 근본 문제는 교회 또는 기독교 공동체의 본질인 교회론이다."³⁵

예배는 신앙공동체의 핵심이자 권위이다. 따라서 예배는 교회의 의미를 정의하는 데 필수적이다. 교회의 교리 교육은 인간 본성과 신실한 공동체의 필요성에 대한 공동의 이해를 전제로 한다. 공동체는 공통의 기억과 비전을 공유한다. 즉, 공동체는 그 뿌리를 의식하고 미래의 비전에 전념한다.³⁶

교리 교육은 하나님을 찬양하고 경배하는 것으로 끝을 맺는 변혁의 여정이다. 교리 교육은 하나님께 찬양과 경배를 드리는 전례로 시작해서

---

33 Brent Peterson, *Created to Worship*: God's Invitation to Become Fully Human (Kansas City, MO: Beacon Hill, 2012), 54-55.
34 Debra Dean Murphy, *Teaching That Transforms*: Worship as the Heart of Christian Education (Grand Rapids: Brazos, 2004), 10.
35 Westerhoff, *Living the Faith Community*, 23.
36 Westerhoff, *Living the Faith Community*, 85.

전례로 끝마친다. 그러므로 예배는 그리스도인의 정체성을 부여하고 육성한다.

각 예배 관행은 이런 정체성을 키우는 역할을 한다. 교회의 역사를 통틀어 예배의 중심은 복음의 선포(말씀)와 성찬(식탁) 참여였다. 성찬은 그리스도인을 치유하고, 보존하고, 지탱해 주기 때문에 영적 성장의 수단인 동시에 회중이 하나님을 만날 수 있는 '은혜의 방편'(means of grace)이다.

많은 개신교 회중이 매주 말씀에 집중하고 있지만, 매주 성찬식을 행하지는 않는다. 이런 개신교 회중은 종교개혁에 반영된 것처럼 성경에 더 많은 중점을 둔다. 많은 회중이 스스로를 덜 형식적인 전례, 성서 독서(기독교에서 교회력에 따라 배치한 성서정과[lectionary]를 읽는 것을 말한다-역자 주), 성례전 신학을 가진 낮은 교회(low church, 여기서 '낮음'이란 형식의 정교함, 조직의 정교함이 없음을 의미한다. 즉, 교회 조직이나 예배 형식에 있어서 아주 자유로운 교회를 의미한다-역자 주)로 여긴다. 그러나 매주 성찬식을 행하는 많은 교회에서 성례전의 갱신이 이루어지고 있다.

대부분의 개신교 교단은 성찬식과 세례라는 두 가지 성례전을 시행하고 있다. 세례는 신앙공동체로 들어가는 것을 의미한다. 사람은 유아 또는 그리스도를 받아들이는 성인으로서 세례를 받고 신앙공동체의 일원이 된다. 신앙 전통에 따라 유아세례 또는 성인세례 중 하나에 중점을 두지만, 두 세례 모두 은혜를 받는 성례전으로서 중요하며 세례를 받은 사람은 신앙공동체의 일원이 된다.

성령의 역사에 의한 세례를 통해 사람은 죄에 대하여 죽고 예수 그리스도 안에서 새 생명으로 부활한다. 세례는 신앙공동체 구성원들에게 의미와 정체성을 제공하는 형성적 실천(formative practice)이다.

찰스 포스터는 교회의 예배 생활의 일부이며 신앙 형성을 제공하는 다른 중요한 사건들을 다음과 같이 구분한다.

- 전형적 사건(paradigmatic events)은 그리스도인의 삶과 공동체의 유형을 정립하고 고대 전통과 의식에 그 기원을 두고 있다. 여기에는 특정 신앙 전통에서 나온 신조나 고백을 읽는 것이 포함된다.
- 계절적 사건(seasonal events)은 교회력을 포함하는 회중적 형성(congregational formation)의 주기적 유형이다. 교회력은 예배를 위한 기본 구조를 제공하며 성서 독서를 포함할 수 있다. 성서 독서는 구약성경, 시편, 복음서, 서신서에서 발췌한 성경 구절로 읽기, 공부, 설교를 위해 사용된다.
- 간헐적 사건(occasional events)은 의미와 공유된 역사를 제공함으로써 공동체의 정체성과 사명을 강화한다. 이 사건에는 결혼식, 장례식, 기념일, 선교여행, 홈커밍, 교회건축 봉헌식 등이 포함된다.[37]
- 예상치 못한 사건(unexpected events)은 예배공동체에 질서를 부여하는 주기적 양식과 구조를 방해한다. 이 예상치 못한 사건은 기쁨과 슬픔을 가져온다. 비극적 인명손실, 실직, 병에 걸린 아이의 출생, 자연재해는 정상적 신앙생활과 예배의 흐름을 방해하는 예상치 못한 사건의 예이다.[38]

이 각각의 사건은 하나님의 백성들이 함께 예배하고 삶을 살아가면서 신앙을 조형하고 형성한다. 예배는 사람들이 모여서 찬양하고, 성경 말씀과 설교를 듣고 복음의 이야기를 말하고 그 이야기를 되짚어 봄으로 형성된다.

### 2) 교제(친교, Koinonia)

사도행전 2장 42절은 새롭게 그리스도인이 된 사람들이 "사도의 가르침을 받아 서로 교제하고 떡을 떼며 오로지 기도하기를 힘썼다"고 전하고 있다. "교제"로 번역된 헬라어 단어는 "코이노니아"(koinonia)이다.

---

[37] Foster, *Educating Congregations*, 45.
[38] Foster, *Educating Congregations*, 46.

코이노니아는 '교제' 또는 '공동참여'를 의미한다. 신약성경에서 이 단어는 공동체의 집단적 복지가 개별 구성원의 사리사욕을 대체하는 상황에서 나타난다. 다시 말해, 모든 사람은 공동체를 위해 일하고 생산해야 한다.

초대 교회의 성도들은 가정에서 함께 모여 사도들의 가르침을 배우고, 교제를 통해 지지와 격려를 받고, 서로를 위해 기도하는 시간을 가졌다. 초기 그리스도인들은 힘든 삶과 씨름하면서 관계의 중요성을 이해했다. 오늘날의 그리스도인들 역시 기도, 죄의 고백, 교제의 시간을 위해 서로 함께해야 한다.

코이노니아는 주일학교의 분반 공부, 소그룹, 식탁 교제, 공동체 행사 등 신앙공동체의 다양한 친교적 행사들을 통해 이루어진다. 그리스도인들은 소그룹이 공동체와 다른 그리스도인들 공동체와의 관계를 발전시키는 수단을 제공하기 때문에 의미가 있다고 생각한다. 소그룹은 사람들이 우정과 책임이라는 유대관계를 구축할 수 있는 곳이다.

코이노니아는 서구의 개인주의 문화에서는 종종 어려운 일이지만, 사람들이 기꺼이 삶을 함께 나눌 때 신앙 형성이 이루어진다.

### 3) 설교(선포, Kerygma)

'케리그마'(Kerygma)는 '선포'를 의미한다. 케리그마는 왕이 자신의 전령을 보내 왕의 칙령을 선포하게 했던 고대에서 그 기원을 찾을 수 있다.

예수님은 공생애 초기에 다음과 같이 선포하셨다.

> 때가 찼고 하나님의 나라가 가까이 왔으니 회개하고 복음을 믿으라(막 1:15).

예수님은 하나님 나라의 도래를 선포하셨고 새 나라에 참여하도록 사람들을 초대하셨다.

케리그마는 누가복음 4장 18-19절에 있는 예수님의 선포와 같이 신약성경의 몇몇 구절에서 사용된다. 로마서 10장 14절은 복음을 전하는 자가 필요함은 듣지 못한 자가 믿게 하려 함이라고 말한다. 마태복음 3장 1-2절은 세례 요한이 회개를 선포하러 온 것은 하나님 나라가 가까웠기 때문이라고 말한다.

설교는 예수 그리스도가 주님이시라는 좋은 소식을 선포하는 것이다. 대부분의 개신교 교회에서는 설교나 선포가 중심이 된다. 회중은 매주 설교자가 제시하는 위안, 격려, 가르침을 주의 깊게 듣는다.

대부분의 사람이 케리그마를 생각할 때 회중이 있는 공식적 환경에서 설교하는 사람을 생각하지만, 선포는 그리스도인들이 주변 사람들에게 예수 그리스도의 좋은 소식을 전하는 증인 됨을 포함한다. 신자들이 매일 증인이 되거나 복음의 이야기를 말함으로 다른 사람들에게 복음을 전할 때 그들은 선포에 참여하는 것이다.

케리그마의 공식적 측면과 비공식적 측면 모두 신앙공동체 구성원들이 도전을 받고 하나님과 이웃을 사랑하는 삶으로 부름받을 때 신앙이 성장할 수 있는 기회를 제공한다. 선포를 통해 삶이 조형되고 형성되며, 그 결과 사람들의 신앙은 자라고 그들은 그리스도를 닮은 제자로 양육된다.

### 4) 선교와 봉사(섬김, *Diakonia*)

그리스도인들은 예배를 위해 모인 후 선교와 봉사에 참여하기 위해 세상으로 보내진다. '디아코니아'(*Diakonia*)는 '섬김' 또는 '사역'을 의미한다. 디아코니아는 신약성경에서 예수 그리스도를 따르는 모든 사람을 일컫는 데 사용되었다.

그리스도의 몸의 모든 지체는 서로 "섬기거나" "보살펴야" 한다(벧전 4:10). 에베소서 4장 11-13절은 교회의 지도자들은 성도들을 온전하게 하여 그리스도의 몸을 확장하고 강화하는 사역/섬김(디아코니아)의 일을 하도록 해야 한다고 말한다. 이 구절은 교회와 하나님 나라를 섬기기 위해 필요한 그리스도의 몸 안에 있는 다양한 은사에 초점을 맞추고 있다.

신앙공동체의 구성원들이 함께 공동체를 이루어 살아가다 보면 그리스도의 몸의 은사가 뚜렷해지고 그리스도의 몸은 세상 속에서 하나님의 선교를 위해 세워지고 준비된다.

'하나님의 선교'(Missio Dei)는 예수님의 말씀에 담긴 삼위일체 하나님의 유형을 반영한다.

> 아버지께서 나를 보내신 것 같이 나도 너희를 보내노라(요 20:21).

성부 하나님은 모든 인류와 피조물을 구속하기 위해 예수 그리스도를 보내셨다. 예수님은 사람들에게 능력을 주고 그들을 인도하기 위해 성령을 보내셨다. 그리고 삼위일체 하나님은 새 창조에 참여하도록 교회를 세상에 보내셨다.

하나님은 세상에 사명을 가지고 계시며, 그 사명에 참여하도록 교회를 부르고 모으고 세상에 보내신다. 하나님은 선교적 하나님으로 존재하시고, 교회는 세상 속에서 하나님이 이미 활동하고 계신 곳을 좇아야 한다.[39]

교회는 그리스도의 부름에 응답하고 성령의 권능을 받아 모든 민족에게 가도록 보냄을 받은 하나님의 백성들이다. 교회는 그리스도의 주 되심을 증거하고 하나님과 함께 하나님 나라 건설에 참여한다(마 28:19-20). 교회는 모든 피조물의 구속을 위한 하나님의 선교적 도구이다. 그리스도인들이 하나님의 선교에 참여함을 통해 하나님은 모든 피조물을 회복하고 구

---

**39** Mark Maddix and Jay Akkerman, eds., *Missional Discipleship*: Partners in God's Redemptive Mission in the *World* (Kansas City, MO: Beacon Hill, 2013) 를 참조하라.

속하기 원하신다.

하나님의 선교와 봉사를 통해 사람들은 다른 사람들에게 더 긍휼을 갖게 되고 그들의 필요에 더 공감하게 된다. 신앙공동체가 음식 기부, 봉사 계획, 선교여행, 공동체 텃밭(community garden, 지역 주민이 농작물, 꽃, 수목을 이웃과 함께 재배하기 위해 공동으로 소유 또는 운영하는 농장, 텃밭, 화단, 꽃밭, 꽃길 등으로 구성된 공간을 말한다-역자 주), 상담 봉사를 통해 지역 사회에 봉사할 때 공동체는 그리스도인들이 이웃에 대한 사랑을 표현하면서 자신의 신앙을 성장시킬 수 있도록 돕는다.

### 5) 정의(예언, *Propheteia*)

신앙 형성은 주로 예배, 친교, 봉사를 통해 이루어지지만 사회의 부당함에 반대하는 예언적 음성 또한 포함한다. 신앙 형성은 그리스도인들이 이웃에 대한 사랑을 표현하기 위해 긍휼의 행위나 자비를 베푸는 일을 실천할 때 일어난다. 구약성경 전반에 걸쳐 선지자들은 사악함을 책망하고, 불의에 맞서고, 백성의 죄를 꾸짖었다.

정의에 대한 부름에는 억압받고 있거나 불의를 겪고 있는 사람을 옹호하는 것이 포함된다. 미가서 6장 8절에서 말하는 것처럼, 우리는 "정의를 행하며 인자를 사랑하며 겸손히 하나님과 함께 행해야 한다." 정의를 행하는 그리스도인들은 불의를 종식시키기 위한 방법에 참여함으로써 그리스도를 위해 지역사회와 함께하는 것의 중요성을 이해한다.

예수님은 이사야서 61장 1-2절을 인용한 누가복음 4장 18-19절에서 정의에 대한 예언적 부름을 말씀하셨다.

> 주의 성령이 내게 임하셨으니 이는 가난한 자에게 복음을 전하게 하시려고 내게 기름을 부으시고 나를 보내사 포로 된 자에게 자유를, 눈 먼 자에게 다시 보게 함을 전파

하며 눌린 자를 자유롭게 하고 주의 은혜의 해를 전파하게 하려 하심이라(눅 4:18-19).

그리스도인들은 하나님과 함께 가난한 자와 포로 된 자와 눈 먼 자의 해방에 참여해야 한다.

정의는 종종 해방신학, 여성신학, 흑인신학 등의 신학적 운동을 통해 표현된다. 이 신학적 운동은 억압받은 특정 종족 집단의 해방과 자유의 필요성을 나타낸다. 이 신학들은 교리와 신조에 관한 것이 아니라 억압받는 사람들의 현재 경험에 관한 것이다. 그들은 하나님이 당신의 백성의 아픔과 고통을 아시고 돌보신다는 사실에 초점을 맞춘다.

## 3. 결론

사람의 신앙은 신앙공동체에 참여하면서 역동적으로 발전하고 형성되며 변화한다. 행위 자체가 사람을 그리스도를 닮도록 변화시키는 것은 아니지만, 하나님의 은혜와 공동체의 행사에 참여하는 것은 성령이 역사할 수 있는 공간을 만들어 준다.

예배는 그리스도인들이 함께 모여 찬양하고, 성경을 읽고, 선포되는 말씀을 듣고, 성찬에 참여하기 때문에 회중적 신앙 형성의 일차적 중심이다. 교회의 전례와 매주의 예식을 통해 복음의 이야기가 서술되고, 그리스도인들은 복음의 이야기를 되짚어 보면서 자신의 정체성을 발견하게 된다.

그리스도인은 유아이든 성인이든 상관없이 죄에 대해 죽고 새로운 생명으로 부활하는 징표인 세례를 통해 새로워진다. 개신교인에게 성찬과 세례는 그리스도인이 하나님의 임재를 경험하고 은혜를 받는 필수적 성례이다.

신앙공동체 안에는 그리스도인들의 삶 속에 신앙을 형성하는 다양한 실천이 존재하지만, 가장 영향력 있는 것은 소그룹을 통한 교제, 선교와 봉사, 선포, 정의이다. 그리스도인들이 교제와 소그룹을 통해서 서로에게 속하게 될 때 신앙을 탐구하고 공동체 안에서 살 수 있는 우정과 안전한 장소를 개발하게 된다.

그리스도인들이 긍휼과 자비의 행위를 통해 이웃을 사랑하기 위해 세상에 나가면서 그들의 신앙은 다른 사람들을 더 깊이 사랑하도록 형성되고 있다. 그리고 그리스도인들이 가난하고 억압받고 소외된 사람들을 대변할 때 그들은 가난하고 억압받는 사람들을 사랑하는 하나님의 본성에 참여하게 된다. 그리스도인들의 신앙은 사회의 소외된 사람들을 사랑할 때 강화된다.

이런 공동의 실천을 통해 그리스도인들은 하나님의 은혜를 체험하고, 그리스도를 따르는 제자가 될 수 있는 공간이 열린다. 그리스도인들은 서로가 없이는 신앙으로 성장할 수 없고, 하나님의 은혜가 자유롭게 제공되는 신앙공동체의 관행에 참여하지 않고서는 성장할 수 없기 때문에 공동체 안에서의 신앙 형성은 매우 중요하다.

## 4. 토론을 위한 질문

1. 호레이스 부쉬넬이 말한 가족 및 회중을 위한 기독교적 양육의 의미는 무엇인가?
2. 교리 교육에 대한 존 웨스터호프의 정의는 신앙 형성 촉진에 있어 신앙공동체가 수행하는 역할과 어떤 관련이 있는가?
3. 사람들이 그리스도를 닮도록 형성되기 위해서는 예배의 어떤 측면이 필요한가?

4. 회중의 신앙 형성을 촉진하는 중요한 관행에는 어떤 것들이 있는가?

## 5. 추가 도서 목록

Duck, Ruth C. *Worship for the Whole People of God: Vital Worship for the 21st Century*. Louisville: Westminster John Knox, 2013.

Everist, Norma Cook. *The Church as Learning Community: A Comprehensive Guide to Christian Education*. Nashville: Abingdon, 2002.

Foster, Charles. *Educating Congregations: The Future of Christian Education*. Nashville: Abingdon, 1994.

Matthaei, Sondra Higgins. *Formation in Faith: The Congregational Ministry of Making Disciples*. Nashville: Abingdon, 2008.

Murphy Debra Dean. *Teaching That Transforms: Worship as the Heart of Christian Education*. Grand Rapids: Brazos, 2004.

Nelson, C. Ellis. *Growing Up Christian: A Congregational Strategy for Nurturing Disciples*. New York: Paulist Press, 1983.

Westerhoff, John, III. *Living the Faith Community: The Church That Makes a Difference*. Minneapolis: Winston Press, 1985.

## 제7장

## 신앙 형성에 있어서 성경의 역할

교회생활과 예식과 실천이 신앙 형성에 미치는 중요한 역할에 대해서는 제6장에서 이미 살펴보았다. 이 예식과 실천의 중심에는 신앙 형성에 필수적인 성경이 있다. 성경은 그리스도인의 신앙생활과 실천의 중심이기 때문에 성경을 읽고 연구하고 묵상하는 것은 개인적으로 그리고 공동체적으로 모두 필요하다.

그리스도인들은 하나님이 역사 전반에 걸쳐 어떻게 역사하셨는지, 그리고 오늘날 이 세상에서 어떻게 역사하고 계시는지 이해하는 수단으로 성경을 읽는다. 성경은 신앙 형성과 기독교적 실천의 성격과 내용을 정의하는 데 반드시 필요한 자원이다.

성경 기자들은 그들이 기록한 사건과 말씀에서 하나님이 그들에게 자신을 알리셨다고 믿었으며, 독자들의 영적 유익을 위해 성경을 기록하도록 하나님이 자신을 감동시켰다고 확신했다. 이것이 신적 계시와 영감의 의미이다. 성경은 성령이 그 메시지를 개인적 또는 공동체적으로 독자들에게 주시는 그리스도의 계시로 받아들일 수 있도록 영감을 주기 전까지는 불완전하다.[1]

---

1 George Lyons, "Knowing the Scriptures: How to Study the Bible as Spiritual Formations," in *Spiritual Formation: A Wesleyan Paradigm*, ed. Diane Leclerc and Mark A. Maddix (Kansas City, MO: Beacon Hill, 2011), 19.

그리스도인의 성품과 그리스도와 같은 삶을 이루기 위한 수단으로 "영감"을 받은 것이 성경이다.

> 모든 성경은 하나님의 감동으로 된 것으로 교훈과 책망과 바르게 함과 의로 교육하기에 유익하니 이는 하나님의 사람으로 온전하게 하며 모든 선한 일을 행할 능력을 갖추게 하려 함이라(딤후 3:16-17).

성경이 "영감을 받았다"는 사실은 성경의 권위가 개별적 부분이 아닌 성경 전체에서 발견됨을 의미한다. 대체로 복음주의 그리스도인들은 이것을 성경에 대한 "완전한" 해석이라고 언급하는데 이는 단 하나의 증거 본문으로 성경을 보는 것은 문제가 될 수 있음을 의미함과 동시에 모든 성경에 하나님의 숨결이 깃들어 있음을 의미한다. 성경의 이야기를 제대로 이해하기 위해서는 성경의 전반 내용을 읽고 이해해야 한다.

성경은 신적이며 인간적인 책이다. 하나님은 인간에게 영감을 주셔서 특정한 역사적 상황에서 성경을 쓰도록 하셨다. 그리스도인들은 성경을 읽고 연구하고 묵상하면서 이 신적이며 인간적인 매개체를 통해 세상 속의 하나님과 하나님의 역사를 이해하려고 노력한다. 그리스도인들은 성경을 통해 성령이 그들을 그리스도를 닮도록 형성하고 변화시킬 수 있도록 한다.

## 1. 정보(Information)가 아닌 형성(Formation)의 성경

그리스도인들은 성경이 영감을 받아 구원과 신앙, 그리스도인의 실천에 필요한 모든 것을 제공한다고 단언하지만, 많은 그리스도인이 성경을 읽고 일상생활에 적용하는 데 계속 어려움을 겪고 있다. 그들은 성경을 지루하고 복잡하며 이해하기 어려운 책이라고 여긴다. 그 결과 많은 그리스도인이 성경을 읽지 않거나 성경을 통해 신앙을 형성하기 위한 시간을 투자하지 않는다.

라이프웨이리서치(Life Way Research)가 최근 실시한 설문조사에 따르면 미국인 열 가정 중 아홉 가정은 성경을 가지고 있고, 대다수의 가정은 적어도 세 권 이상의 성경을 가지고 있다. 그러나 미국인의 약 절반(53퍼센트)만이 성경을 그것도 아주 적게 읽는 것으로 나타났다. 미국인 열 명 중 한 명은 성경을 전혀 읽지 않은 반면, 13퍼센트는 고작 몇 문장만을, 30퍼센트는 몇 구절이나 이야기를 읽었다고 말한다.[2]

퓨리서치센터(The Pew Research Center)에 따르면 미국의 그리스도인들 중 35퍼센트는 성경을 가끔 읽고, 45퍼센트는 거의 읽지 않거나 전혀 읽지 않는다.[3]

이런 통계가 썩 유쾌하지는 않지만, 많은 그리스도인이 성경의 권위를 긍정하면서도 그들 중 상당수가 성경을 신앙 형성의 수단으로 사용하지 않는다는 현실을 상기시켜 준다.

일부 그리스도인은 포스트모더니즘, 세속화, 소비지상주의가 기독교적 헌신에 영향을 미쳤다고 주장한다. 물론, 이것이 사실일 수도 있다. 그러나 그리스도인들이 성경을 읽지 않는 또 다른 이유는 그들이 성경 공부를 위해 배운 방법 때문이다.

대부분의 그리스도인이 주로 변증, 교리, 신학적 논쟁을 위한 정보 습득의 수단으로 성경을 읽는다고 배웠다. 다시 말해, 그리스도인들은 사실을

---

2 Bob Smietana, "LifeWay Research: Americans Are Fond of the Bible, Don't Actually Read It," LifeWay Research, April 25, 2017, https://lifewayresearch.com/2017/04/25/life-way-research-americans-are-fond-of-the-bible-dont-actually-read-it.

3 "Frequency of Reading Scripture," Pew Research Center, accessed March 1, 2020, https://wwwpewforum.org/religious-landscape-study/frequency-of-reading-scripture.

얻기 위해, 사물을 증명하기 위해, 신념을 발전시키기 위해 성경을 공부한다. 성서학과 관련된 많은 사람이 이를 가리켜 성서학에 대한 역사비평적 접근방식이라고 부른다.

성경의 의미를 이해하는 주된 목적은 성경의 역사적 맥락에서 본문 이면에 무엇이 있는지 파악하는 것이다. 오늘날 성경이 무엇을 의미하는지 이해하기 위해서는 역사적 맥락에서 성경이 의미하는 바가 무엇인지를 알아야 한다. 이런 접근방식의 문제는 성경학자가 아니거나 역사적 해석에 대한 지식이 없으면 성경의 의미를 제대로 이해할 수 없다는 것이다.

결국, 많은 그리스도인이 성경을 바르게 해석하는 방법을 배우지 못했기 때문에 성경 읽기를 포기한다. 많은 그리스도인이 성경을 신앙 형성의 수단으로 활용하지 못하고 있는 것은 지난 200년간의 전통적 성경 연구 때문일 수 있다. 역사비평적 방법에 기초한 철저한 성경 연구는 성서학에는 유익하지만, 신앙 형성을 위해 성경을 접하는 데에는 한계가 있다.

우리가 해결해야 할 질문 중 하나는 "성경의 주된 목적은 무엇인가"이다. 어떤 그리스도인들은 성경의 주된 목적이 명제적 진리나 지식을 제공하는 것이라고 주장하는 반면, 또 다른 그리스도인들은 하나님의 이야기를 제공하는 것이라고 말한다.[4] 이 질문에 답하기 위해 우리는 교회의 상황에서 성경의 역할을 확인해야 한다.

일반적 전제는 기독교 정경이 존재하기 때문에 성경이 말하는 것으로 기독교 교리의 타당성을 평가할 수 있다는 것이다. 즉, 성경은 기독교 신앙에 대한 신학적 '정보'를 분명하게 하는 기능을 한다. 그러나 정경화 과정 자체는 성경 본문을 기독교 정경에 통합하는 것이 인식론적 역할보다는 '형성적' 역할과 더 관련이 있음을 시사한다.[5]

---

4 Michael Lodahl, *The Story of God: A Narrative Theology* (Kansas City; MO: Beacon Hill, 2008)를 참조하라.
5 William J. Abraham, *Canon and Criterion in Christian Theology* (Oxford: Oxford Univer-

다시 말해서, 초대 교회는 (다른 본문이 아닌) 이런 본문들이 기독교 공동체 내에서 형성의 방식들로 기능했기 때문에 이 특정 본문 모음집을 전유하고 반복적으로 사용했다.[6]

성경의 이런 형성적 역할에 대한 이해를 더욱 명확히 할 수 있는 세 가지 개별적이지만, 서로 연관된 방법은 다음과 같다.[7]

첫째, 성경의 형성적 역할에 대한 이해는 성경 본문에 포함된 역사적 의미를 발견하는 것보다 해석 과정에 더 많은 것이 있음을 시사한다.

많은 해석적 모험(특히, 전통적 본문 중심의 접근방식)과는 달리, 성경 본문을 권위 있는 성경으로 인식하는 기준은 단순히 본문이 말하는 것(즉, 이 본문의 정보)이 아니라 본문이 수행하는 것(즉, 본문이 독자에게 영향을 미치는 방식)이다. 성경 본문 그 자체도 중요하지만 본문이 성경이 되기 위해서는 그 본문 안에 있는 정보 이상의 필수적인 무언가가 독자들 안에서 일어나야 한다. 달리 말하면, 본문과 독자들 사이에는 죽은 단어에 생명을 불어넣는 융합이 있어야 한다.[8]

둘째, 성경의 형성적 역할에 대한 이해는 교회가 이런 본문들이 권위 있게 기능할 수 있는 곳임을 시사한다.

성경 자체는 정경화 과정에서 이른바 신앙의 원칙과 의미 있는 방식으로 연관되어 있는데 이 신앙의 원칙은 본문들을 읽고 해석할 것으로 예상되는 고백적 상황을 가정한다. 이 기본적이면서도 핵심적인 신학적 확신

---

sity Press, 1998), 1-56 를 참조하라.
6   Mark A. Maddix and Richard R. Thompson, "Scripture as Formation: The Role of Scripture in Christian Formation," *Wesleyan Theological Journal* 46, no.1 (Spring 2011): 136.
7   Maddix and Thompson, "Scripture as Formation," 137-40.
8   Richard R. Thompson, "Inspired Imagination: John Wesley's Concept of Biblical Inspiration and Literary-Critical Studies," in *Reading the Bible in Wesleyan Ways: Some Constructive Proposals*, ed. Barry L. Callen and Richard R. Thompson (Kansas City, MO: Beacon Hill, 2004), 66-73 를 참조하라.

은 기독교 정경의 형성과 특정 본문을 거룩한 성경으로 받아들인 신앙공동체의 형성 모두에 기여했다.

셋째, 성경의 형성적 역할에 대한 이해는 본문을 성경으로 사용하는 교회의 참여로부터 나오는 실천 또는 생활의 필요성을 시사한다.

교회 안에서 성경의 기능적 역할을 평가하는 기본 기준은 신실한 기독교 공동체의 지속적 삶에서 본문에 대한 수용과 응답에 초점을 맞추고 있다.

성경의 주된 목적에 대한 역사적 이해는 중요한데 이는 성경이 권위를 갖는 이유가 교회 내에서 성경이 전유되었기 때문이라는 점을 그리스도인들에게 일깨워 주기 때문이다.

성경은 교리나 신념을 발전시키는 수단이 아니라 그리스도인들이 살아계신 하나님을 만나는 수단으로 교회에 주어졌다. 성경은 정보(information)를 얻기 위한 수단이 아니라 형성(formation)의 수단으로 교회에 주어졌다.

바바라 보위(Barbara E. Bowe)는 다음과 같이 기술했다.

> 성경은 기독교 영성의 근본적 원천일 뿐만 아니라 우리가 기독교 공동체 내에서 모든 영성의 진위를 판별하는 시금석이기도 하다.[9]

---

9   Barbara E. Bowe, *Biblical Foundations of Spirituality*: *Touching a Finger to the Flame* (Lanham, MD: Sheed and Ward, 2003), 13.

## 2. 형성적 읽기의 본질

성경은 신앙 형성의 수단으로 교회에 주어졌기 때문에 우리는 보다 객관적인 학문적 또는 역사비평적 접근방식이 아닌 보다 주관적인 방법으로 성경을 읽는 법을 다시 배워야 한다.

성서학이 성경 해석에서 중요한 역할을 하지만, 특별히 본문이 역사적 맥락에서 무엇을 의미하는지 이해하기 위해 도구와 방법론을 사용하는 것에 관해서라면 그런 접근방식이 자동적으로 신앙 형성으로 연결되지는 않는다. 오히려 독자는 성령의 능력으로 본문의 말씀을 통해 매개되는 하나님 말씀의 영향으로 변화된다.

성경의 형성적 역할은 성령이 성경의 원저자들에게 영감을 주는 데 적극적이셨던 것처럼 오늘날에도 성령은 성경을 읽는 사람들에게 영감을 주는 데 적극적이시라는 사실을 확인시켜 준다. 일부 성경학자들은 이를 가리켜 "이중 영감"(double inspiration)이라고 말한다.

성령은 그리스도인이 성경을 읽을 때 하나님의 뜻을 분별하고 하나님과 하나님의 지속적인 구원의 역사를 발견하도록 영감을 주신다. 따라서 성경이 형성의 방식으로 기능한다는 점을 감안할 때 그리스도인들은 이 거룩한 본문을 지속적으로 읽고 지켜야 한다. 그렇게 할 때 그리스도인들에게 성경은 주로 정보의 원천에서 그들의 삶을 변혁하는 형성의 능력을 경험하게 하는 것으로 바뀐다.

성경은 본질적으로 형성적이기 때문에 성경 지식의 정도와 상관없이 누구든지 성경을 읽고 하나님을 만날 수 있다. 이런 점에서 형성적 성경 읽기는 성경이 독자의 삶에 개입하여 성경에 의해 다스려질 수 있도록 성경 본문에 마음을 여는 것을 포함한다. 독자들은 학습을 통해 본문에 능통해지는 대신, 형성적 성경 읽기를 통해 본문을 완전히 이해하고 자신을 형성하도록 한다. 신실한 독자는 듣고, 받아들이고, 응답하고, 섬기기 위해 열린 마음으로 본문을 대한다.

산드라 슈나이더스(Sandra Schneiders)는 성경의 영성은 개인 및 공동체가 성경 본문을 포용하는 변혁적 과정을 나타낸다고 주장한다. 비전문가는 본문을 단순히 역사적 기록이나 심지어 문학적 매개체가 아닌 하나님의 말씀으로 대할 수 있다.[10]

그리스도인들이 형성을 위해 성경을 읽을 때, 그들은 한때 지루하고 자신과 상관없는 것으로 여겼던 본문에서 새로운 흥분과 에너지를 발견하게 된다. 예레미야가 사용하는 이미지를 빌리자면, 독자는 계속해서 "말씀을 먹어야 한다."[11]

> 만군의 하나님 여호와시여 나는 주의 이름으로 일컬음을 받는 자라 내가 주의 말씀을 얻어 먹었사오니 주의 말씀은 내게 기쁨과 내 마음의 즐거움이오나(렘 15:16).

성경 말씀을 먹는다는 이미지는 독자들을 본문과 마주하도록 초대한다. 독자가 말씀을 먹는다면, 말씀은 계속해서 독자들을 양육하고, 도전하고, 흔들고, 격려할 것이다. 예레미야는 독자들이 말씀을 완전히 이해하고 자신의 것으로 만들기 위해 말씀을 먹을 것을 제안한다.

먹는다는 것은 독자가 쓴 맛과 단 맛을 모두 맛보고 음미하며 각각의 지혜를 통해 배운다는 것을 암시한다. 먹는다는 것은 독자가 자신이 읽은 단어를 마음과 정신으로 천천히 신중하게 숙고하는 것을 의미한다.[12]

로버트 멀홀랜드(Robert Mulholland)는 성경 말씀을 먹고 소화하는 것에 비추어 정보보다는 형성을 위해 성경을 읽는 것에 대해 다음과 같이 설명한다.

---

10  Sandra M. Schneiders, "Biblical Spirituality," *Interpretation* 56, no.2 (2002): 136.
11  Eugene H. Peterson, "Eat This Book: The Holy Community at Table with the Holy Scripture," *Theology Today* 56, no.1 (1999): 5-17 를 참조하라.
12  Bowe, *Biblical Foundations of Spirituality*, 177-78.

첫째, 정보를 위한 읽기와 달리 형성을 위한 읽기의 목적은 가능한 한 빨리 많은 내용을 다루지 않는 것이다. 독자는 성경을 읽는 데 관심이 있는 것이 아니라 읽기의 질에 관심이 있다. 형성적 읽기는 시간이 더 오래 걸리며 독자가 읽기를 멈추고 읽고 있는 내용을 되돌아볼 것을 요구한다.

둘째, 정보를 위한 읽기는 본문의 겉만 빠르게 훑는 선형적 읽기인 반면 형성적 읽기는 깊이가 있다. 독자는 한 구절의 보다 깊은 차원, 즉 구절의 다층적 의미까지 마음을 열고자 한다. 독자는 본문을 통해 하나님의 말씀이 그들의 삶에 들어와 그들을 다루고 보다 깊은 수준에서 하나님의 말씀을 마주할 수 있도록 한다.

셋째, 정보를 위한 읽기를 통해 독자는 본문을 마스터하려고 하지만, 형성적 읽기는 본문이 독자를 마스터하도록 한다. 독자는 본문의 주인이 아니라 듣고, 받아들이고, 응답하고, 말씀의 종이 되기 위해 열린 마음으로 본문을 대한다.

넷째, 본문은 독자가 자신의 통찰력과 목적에 따라 통제하고 조작하는 대상이 되는 것이 아니라 읽기 관계의 주체가 된다. 독자는 본문에 의해 조형되는 대상이다. 형성적 읽기는 본문이 말하는 것을 듣기 위해 본문을 숙고하며 시간을 보내는 기다림의 시간을 필요로 한다.

다섯째, 정보를 위한 읽기는 일반적으로 분석, 비판, 판단적 접근방식을 사용하는 반면, 형성적 읽기는 겸손하며, 객관적이고, 수용적이며, 사랑스러운 접근방식을 필요로 한다. 그런 접근방식을 위해 독자는 내적 자세를 근본적으로 재조정해야 한다. 여기서 독자는 더 깊은 질서의 영적 훈련에 대한 부르심을 듣기 시작한다.

여섯째, 정보를 위한 읽기는 문제 해결 사고방식을 필요로 하지만, 그에 반해서 형성적 읽기는 신비에 대한 열린 마음을 필요로 한다. 형성적 읽기에서 독자는 하나님이라는 신비에 대해 마음을 열게 된다. 독자는 신비 앞

에 서서 신비가 그들에게 말씀하도록 허락한다.[13]

형성을 위한 성경 읽기 훈련을 개발하기 위해서는 시간이 필요하다. 정보를 위한 읽기는 보다 빨리 할 수 있지만, 형성적 성경 읽기를 위해 독자는 '집중'하고, 고요한 가운데서 거하고, 듣고, 하나님의 신비와 조우하기 위해 기다리는 시간이 필요하다.

독자가 정기적으로 형성적 읽기를 하는 데 도움이 될 수 있는 지침은 무엇일까?

독자가 성경을 읽는 데 있어 총체적이고 전체론적이며 체계적인 접근방식을 갖도록 하는 실제적인 방법은 무엇일까?

감리교의 창시자 존 웨슬리는 성경 읽기에 대한 실용적인 지침을 다음과 같이 제시한다.

- 매일 읽기: 독자는 성경을 매일 읽기 위해 삶의 압박과 긴장에서 벗어난 시간을 따로 떼어 두어야 한다. 이 시간은 독자가 최상의 상태일 때여야 하고, 물리적 환경은 독자의 삶을 하나님께로 여는 데 적합해야 한다.
- 규칙적 공급: 성경을 읽을 때 독자는 성경 전체를 읽어야 한다. 성구집(lectionary)은 성경 전체를 읽을 수 있는 훌륭한 도구가 될 수 있다.
- 영적 태도: 성경을 읽을 때 독자는 하나님의 뜻 전체를 듣고 아는 데 집중해야 한다.
- 기도: 기도는 독자가 살아 있는 말씀을 접하는 데 마음을 열고 말씀을 받아들이며 하나님께 순종적으로 응답할 준비가 되어 있도록 돕는다.

---

[13] M. Robert Mullholland, *Shaped by the Word: The Power of Scripture in Spiritual Formation* (Nashville: Upper Room, 1985), 55-60.

• 응답: 독자가 성경을 읽을 때 만남과 응답이 있어야 한다. 독자의 마음을 살펴보고 그들의 삶에 적용해야 한다.[14]

웨슬리는 말한다.

> 우리는 자주 멈추고 우리가 읽은 내용을 통해 우리의 마음과 삶에 관해 우리 자신을 점검해야 한다.… 그리고 당신이 어떤 빛을 받든 최대한, 그리고 즉시 활용해야 한다. 지체하지 않도록 하라. 어떤 결심을 하든지, 할 수 있는 첫 순간에 실천하기 시작하라.[15]

## 3. 신앙 형성을 위한 성경 활용

그리스도인이 성경 본문을 신앙 형성의 수단으로 사용하는 데 도움이 될 수 있는 다양한 실천이 있다.

산드라 슈나이더스는 다음과 같은 다섯 가지 실천을 제안한다.[16]

첫째, 하나님의 말씀에 관한 설교를 들으라.

성경은 예수님의 사역 기간 동안 설교가 많은 사람에게 감동을 주었고 그들의 삶이 변화되었음을 증거한다(행 2:37-41; 8:26-39). 목회자는 설교를 통해 거룩한 성경과 사람들이 자신의 상황 속에서 섬기는 성경을 중재한다.[17]

---

14  John Wesley, *The Works of John Wesley*, 3rd ed., ed. Thomas Jackson (London: Wesleyan Methodist Book Room, 1872), 14:243; Mullholland, *Shaped by the Word*, 147-48.
15  John Wesley, *Expository Notes on the Old Testament* (Salem, OH: Schmul, 1975), 9.
16  Schneiders, "Biblical Spirituality," 133-42.
17  Preaching is explored in greater detail in chapter 6.

둘째, 예전 또는 예배에 참석하라.

예전에는 찬송, 응답, 전례, 기도, 성찬, 세례가 포함된다. 회중이 예전을 거행할 때 상징과 찬송 속에서 나타나는 하나님의 법은 개인적인 변화와 공동체적인 변화를 경험할 수 있는 강력한 방법이 된다.[18]

셋째, 소그룹 모임에 참석하라.

소그룹의 가치는 같은 상황을 공유하는 사람들이 성경 본문을 함께 읽는다는 데 있다. 공동체 내에서 성경 읽기는 사람들이 성경을 읽을 때 흔히 나타나는 영성에 대한 사유화와 개인주의적 관점에 반하는 작용을 한다. 소그룹 안에서 성별, 인종, 경제적 배경이 다른 사람들과 함께 성경을 읽을 때 다양한 견해가 본문에 대한 이해를 돕는다.

소그룹에서 성경을 읽고 공부하는 것은 사람들이 오해의 소지와 개인적 해석에 주의하면서 주어진 구절을 폭넓고 심도 있게 이해하는 데 도움이 된다. 그룹 환경에서 사람들은 성경에 대해 함께 이야기하는데, 이는 그들이 배운 내용을 삶에 적용하는 데 도움이 된다.

넷째, 세상 속에서 변화를 실천하라.

여기에는 사회적으로 혜택을 받지 못하는 사람들을 대신하여 사회정의를 세우기 위해 고군분투하는 사회적 특권층이 포함될 수 있다. 말씀을 듣는 것과 긍휼과 정의로 말씀에 따라 행하는 것은 별개이다.

다섯째, 영적 독서(lectio divina)를 실천하라.

영적 독서는 속도를 늦추고 조용히 앉아서 본문에 집중하는 것으로 시작되는 과정이다. 이는 선택한 본문과 그 본문에 생기를 불어넣는 성령과의 깊은 수준의 관계로 독자를 이동시키는 일련의 역동성을 포함하는 영적 만남의 과정이다.

그 단계는 다음과 같다.

---

**18** Worship is explored in greater detail in chapter 6.

① 침묵(*silencio*): 독자는 조용히 성경을 읽으면서 마음을 열고 경청하는 자세로 본문에 접근한다. 그런 다음 독자는 조용히 기도하는 시간을 갖는다.

② 독서(*lection*): 독자는 상상력을 불러일으키기 위해 본문을 소리 내어 천천히, 그리고 신중하게 읽는다. 본문을 듣는 것은 듣는 사람에게 말씀하신 하나님의 말씀을 생각나게 한다. 종종 이 과정에서 본문이 외워진다.

③ 묵상(*meditatio*): 일정 시간 동안 독자는 읽은 내용을 묵상하거나, 생각하거나, 곱씹는다. 이 단계에는 종종 본문을 외우는 작업이 포함된다. 본문을 언어적 형태로 내면화함으로써 독자는 본문의 의미를 계속 반추하게 된다.

④ 기도(*oratio*): 독자는 본문 안에서 그리고 본문을 통해 말씀하시는 하나님께 기도하거나 응답한다. 기도는 친밀한 관계에서 다른 사람에게 말하듯 하나님께 이야기하는 것이다. 독자는 큰 소리로 하나님께 말하거나 일기에 기도문을 쓴다.

⑤ 관상(*contemplatio*): 독자는 성령이 주시는 것은 무엇이든 받아들이면서 하나님 앞에서 잠잠히 안식한다. 이 단계에서 독자는 성령을 통해 하나님과 연합하게 된다. 이 단계에서는 주석의 도움을 받아 본문을 연구하거나, 교회가 관련이 있다고 여기는 신구약 성경의 다른 본문을 접하기 위해 전례의 맥락에서 본문을 읽거나, 본문의 의미에 대해 마음을 여는 다른 종류의 연구를 사용할 수 있다. 관상의 목적은 독자 자신의 삶과 경험의 맥락에서 본문의 의미를 더 깊이 이해하는 것이다.[19]

---

19   Schneiders, "Biblical Spirituality," 138.

⑥ 긍휼(compassio): 이 단계는 하나님을 사랑으로, 즉 하나님과 이웃에 대한 사랑으로 관상한 결과이다. 이 단계부터 성경을 통해 어떤 통찰력, 느낌, 또는 헌신이 나타나든지 다른 사람들과 은혜로 공유해야 한다.[20]

거룩한 독서(lectio divina)의 시작은 사막 교부와 교모(the desert fathers and mothers) 시대로 거슬러 올라가는데, 그들의 영성은 주로 기도와 성경 본문의 묵상으로 이루어졌다.[21]

거룩한 독서 관행은 후에 〈성 베네딕트 규칙서〉(the Rule of St.Benedict, 540년 경)를 중심으로 베네딕트회 수도원들에 의해 개발되었다. 거룩한 독서는 또한 베네딕트회 실천에서 직접 파생된 성경에 대한 성찰적 묵상법을 옹호한 존 칼빈과 청교도 목회자 리처드 백스터(Richard Baxter)에 의해 실천되었다.[22]

많은 그리스도인과 신앙공동체가 성경을 흥미롭게 읽게 하고 다시 한번 흥미를 유발하는 수단이자 교회의 풍부한 역사적 전통과 연결시키는 수단으로서 이 고대 관행의 중요성을 깨닫고 있다. 그리스도인들은 시간이 경과하면서 단지 개인으로서가 아니라 더 넓은 기독교 공동체의 참여자로서 성경을 읽는다.

거룩한 독서는 개인적으로 또는 여럿이 함께 할 수 있다. 여럿이 함께 하는 거룩한 독서의 추가적 이점은 독자가 들은 것을 하나님의 말씀에 귀를 기울이고 있는 다른 사람들과 즉각적으로 나눌 수 있다는 것이다. 함께

---

20　Mark A. Maddix and James R. Estep Jr., *Practicing Christian Education: An Introduction to Ministry* (Grand Rapids: Baker Academic, 2017), 65.
21　D. Burton-Christie, *The Word in the Desert: Scripture and the Quest for Holiness in Early Church Monasticism* (New York: Oxford University Press, 1993) 를 참조하라.
22　Marjorie Thompson, *Soul Feast: An Invitation to the Christian Spiritual Life* (Louisville: Westminster John Knox, 2014), 22.

하는 거룩한 독서는 또한 대중의 의도를 알 수 있는 자리를 만들고, 그 모임은 독자에게 책임감을 부여할 수 있다. 함께 하는 과정은 독자가 거룩한 독서에 더 친숙해질 수 있는 기회를 제공한다.

개인적으로든 공동체적으로든 많은 그리스도인이 이 고대의 관행을 재발견하고 일상생활에 결합시키고 있다(예를 들어, 이 장 끝에 있는 거룩한 독서 훈련을 참고하라).

형성적 읽기 또는 거룩한 독서에 대한 일반적인 우려 중 하나는 매우 주관적일 수 있다는 것이다. "이 구절은 나에게 무엇을 의미하는가"에 답하는 것은 당연히 비난을 받고 있다. 그 구절이 원래 맥락에서 의미했던 것이 무시될 수도 있다. 다시 말해, 거룩한 독서는 사람들을 본문이 가지는 본래 의미에서 벗어나도록 했다는 비판을 받는 경우가 많다.

다른 한편으로, 본 장의 시작 부분에서 논의한 바와 같이 다양한 해석에 기초한 학문적 활동으로서 성경 읽기를 지나치게 강조하다 보면 독자들이 어떻게 살아야 하는지에 대한 개인적 적용을 놓치는 경우가 많아지게 된다.

리처드 피스(Richard Peace)의 책 『관상적 성경 읽기: 성경을 통한 하나님 경험』(Contemplative Bible Reading: Experiencing God through Scripture)은 성경에 대한 분석적 읽기와 관상적 읽기의 이점들을 결합해서 보여 준다. 그는 독자들에게 한 구절을 두 번 공부할 것을 제안한다.

첫 번째 공부는 본문이 말하는 내용, 즉 본문이 원래 문맥에서 의미하는 바를 이해하려고 노력하는 진지한 성경 연구이다.

두 번째 공부는 이런 이해를 바탕으로 영적 독서를 통해 머리로 알고 있는 것을 마음으로 듣도록 독자들을 초대한다.

이 공부는 분석의 필요성, 경청의 필요성, 이해의 필요성, 기도의 필요성을 진심으로 받아들이는 성경에 대한 균형 잡힌 경험을 독자에게 제공한다.[23]

피스의 제안은 성경 연구에서 분석적 실천과 관상적 실천을 결합하는 데 도움이 될 수 있다. 이상적으로는 성령의 인도를 받아 독자가 본문을 어떻게 대하느냐에 따라 두 가지 접근방식이 모두 신앙 형성의 수단이 되어야 한다. 문제는 보다 분석적인 접근방식, 즉 우리에게 가장 친숙한 접근방식이 연구 과정을 좌우해서는 안 되며, 그렇게 함으로써 형식적으로 본문을 읽는 것을 최소한으로 줄여야 한다.

## 4. 결론

대부분의 성경 독자가 정보를 얻기 위한 성경 읽기에서 형성적 성경 읽기로 전환하기 위해서는 자신의 삶에 성경을 적용하는 새로운 방법의 개발이 필요하다. 대부분의 그리스도인이 명제적 진리, 신념, 교리를 얻기 위한 수단으로 성경을 읽거나 배웠지만, 형성적 성경 읽기는 본문이 독자를 좌우할 수 있는 자리를 만든다. 성경이 교회에 주어진 이유와 성경이 권위를 갖는 이유는 성경이 사람들을 그리스도를 닮도록 형성하고 변모시키기 때문이다.

성경을 통한 신앙 형성은 독자에게 본문과 만남을 통해 성령의 감동을 받을 수 있는 기회를 제공한다. 형성적 성경 읽기는 독자가 매일 '말씀을 먹는' 습관을 개발할 것을 요구한다. 규칙적으로 말씀을 먹는 것은 소그룹,

---

**23** Richard Peace, *Contemplative Bible heading*: *Experiencing God through Scripture* (Eugene, OR: Wipf & Stock, 2015), 18.

성경 공부, 영적 독서와 같은 실천을 통해 이루어진다. 그리스도인들은 개인적으로든 공동체적으로든 이런 실천에 계속 참여하면서 성경 읽기의 변화시키는 능력을 경험한다.

## 5. 토론을 위한 질문

1. 성경을 정보로 보는 것과 형성으로 보는 것의 차이점은 무엇인가? 이 차이점이 신앙 형성과 관련하여 중요한 이유는 무엇인가?
2. 신앙을 형성하기 위해 사용할 수 있는 의미 있는 성경적 실천은 무엇인가?
3. 존 웨슬리의 성경을 읽는 일상의 실천을 통해 배운 것은 무엇인가?
4. 당신의 신앙 형성과 다른 사람들의 신앙 형성에서 어떤 방식으로 영적 독서 실천을 적용할 수 있는가?
5. 분석적 성경 읽기와 관상적 성경 읽기 사이에서 어떻게 균형을 유지할 수 있을까?

## 6. 추가 도서 목록

Duck, Ruth C. *Worship for the Whole People of God: Vital Worship for the 21st Century*. Louisville: Westminster John Knox, 2013.

Everist, Norma Cook. *The Church as Learning Community: A Comprehensive Guide to Christian Education*. Nashville: Abingdon, 2002.

Foster, Charles. *Educating Congregations: The Future of Christian Education*. Nashville: Abingdon, 1994.

Matthaei, Sondra Higgins. *Formation in Faith: The Congregational Ministry of Making Disciples*. Nashville: Abingdon, 2008.

Murphy Debra Dean. *Teaching That Transforms: Worship as the Heart of Christian Education*. Grand Rapids: Brazos, 2004.
Nelson, C. Ellis. *Growing Up Christian: A Congregational Strategy for Nurturing Disciples*. New York: Paulist Press, 1983.
Westerhoff, John, III. *Living the Faith Community: The Church That Makes a Difference*. Minneapolis: Winston Press, 1985.

## [영적 독서 훈련](Lectio Divina Exercise)

이 훈련은 개별적 환경 또는 공동체적 환경에서 수행할 수 있다.

### (1) 준비

각 사람은 몸과 마음을 조용하게 한다. 긴장을 풀고 편안하게 앉아 있지만 정신을 차리고, 눈을 감고, 자연스럽게 호흡한다.

### (2) 그리스도의 말씀의 부드러운 손길 듣기(문자적 의미)

- 침묵(*silencio*): 성경을 읽을 준비를 하면서 몇 분 동안 조용히 묵상한다.
- 독서(*lection*): 한 사람이 시편 146편을 소리 내어 읽는다.
- 묵상(*meditatio*): 특별히 의미 있는 단어에 주의를 기울이기 위해 몇 분간 침묵한다.
- 기도(*oratio*): 참가자들은 한 단어로 이루어진 간단한 문장을 큰 소리로 공유한다. 설명하지 않는다.
- 관상(*contemplatio*): 공유된 내용을 몇 분 동안 깊이 생각한다.

**(3) 그리스도의 말씀의 부드러운 손길을 위해 두 번째 듣기(문자적 의미)**

- 침묵(*silencio*): 성경을 읽을 준비를 하면서 몇 분 동안 조용히 묵상하라.
- 독서(*lection*): 두 번째 사람이 시편 146편을 소리 내어 읽는다.
- 묵상(*meditatio*): 특별히 의미 있는 단어에 주의를 기울이기 위해 몇 분간 침묵하라.
- 기도(*oratio*): 참가자들은 한 단어로 이루어진 간단한 문장을 큰 소리로 공유한다. 설명하지 않는다.
- 관상(*contemplatio*): 공유된 내용을 몇 분 동안 깊이 생각하라.

**(4) 그리스도의 말씀이 나에게 어떻게 말씀하는지 결정하기(은유적 의미)**

- 침묵(*silencio*): 성경을 읽을 준비를 하면서 몇 분 동안 조용히 묵상하라.
- 독서(*lection*): 한 사람이 시편 146편을 소리 내어 읽는다.
- 묵상(*meditatio*): 특별히 의미 있는 단어에 주의를 기울이기 위해 몇 분간 침묵하라.
- 기도(*oratio*): 참가자들은 한 단어로 이루어진 간단한 문장을 큰 소리로 공유한다. 설명하지 않는다.
- 관상(*contemplatio*): 공유된 내용을 몇 분 동안 깊이 생각하라.

**(5) 그리스도의 말씀이 나에게 무엇을 하도록 요청하는지 결정하기(도덕적 의미)**

- 침묵(*silencio*): 성경을 읽을 준비를 하면서 몇 분 동안 조용히 묵상하라.
- 독서(*lection*): 한 사람이 시편 146편을 소리 내어 읽는다.

- 묵상(*meditatio*): 특별히 의미 있는 단어에 주의를 기울이기 위해 몇 분간 침묵하라.
- 기도(*oratio*): 참가자들은 한 단어로 이루어진 간단한 문장을 큰 소리로 공유한다. 설명하지 않는다.
- 관상(*contemplatio*): 공유된 내용을 몇 분 동안 깊이 생각하라.
- 긍휼(*compassion*): 청취자들에게 다음과 같이 생각하도록 권유하라. "하나님은 오늘/이번 주 내가 … 하기를 바란다고 믿는다."

### (6) 기도

# 제3부

## 신앙 형성의 세계적 차원

제8장 선교를 통한 신앙 형성

제9장 다민족적 상황에서의 신앙 형성

제10장 세계화 상황에서의 신앙 형성

# 제8장

## 선교를 통한 신앙 형성

고대 그리고 중세 시대에 일반인들은 도시에 살든 촌에 살든 자기 집에서 불과 몇 킬로미터 반경 내에서만 활동했다. 그 세계는 제한적이고 안정적이며 예측 가능했고 매우 친숙했다. 한마디로 그 세계는 매우 작았다.

오늘날 우리는 점점 더 작아지고, 더 가까워지고, 상호적으로 더 연결된 세계 속에서 살고 있다. 도보여행의 한계는 이제 더 이상 존재하지 않는다. 화상회의 기술을 통해 우리는 즉각 지구 반대편으로 갈 수 있고, 실제로도 15시간의 비행으로 그곳에 갈 수 있다. 우리의 문화적 상황은 더 이상 우리가 사는 곳에만 국한되지 않고 전 세계로 확장될 수 있다.

세계적 맥락에서 신앙 형성은 단순한 소망, 이상, 또는 이론적 가능성이 아니라 많은 신자가 단기 선교여행을 통해 실제로 경험한 가시적 현실이다.

우리가 살고 있는 문화가 어떤 문화든 간에 문화는 우리의 신앙을 형성하며 우리의 신앙 형성에 영향을 미친다. 그러나 어느 정도 시간이 지나면 신앙은 그 상황에 적응한다. 즉, 신앙은 신앙 형성에 영향을 미치는 사회적 요인과 균형을 이루며 신앙과 문화의 균형을 추구한다.

신앙 형성은 문화의 변화에 의해서만 이루어질 수 있는 도전, 부채질, 흥분 같은 문화적 자극의 부족으로 인해 정체될 수 있다. 비록 짧은 기간이더라도 타 문화권에서 사역을 경험한 사람은 그 경험이 신앙에 미치는 영향을 안다. 경험 이전의 사람과 경험 이후의 사람은 결코 같지 않다.

예를 들어, 본서의 저자 중 한 사람이 몇 년 전, 그러니까 중국 정부가 기독교 신앙에 대해 보다 관대한 태도를 보였던 시기에 중국의 신자들을 방문하는 동안 중국의 신자들에게서 들은 고백은 무자비한 검열과 가혹한 박해 속에서도 번성했던 이전 세대의 신앙이 자신들보다 훨씬 더 강하고 견고했다는 것이었다.

그들은 부모와는 너무도 다른 시기에 성장했기 때문에 그들의 신앙은 부모들의 신앙과는 다르다고 말했다. 그들의 신앙은 문화의 변화와 더불어 신앙의 회복에 기여했던 요소들의 부재로 인해 표현력은 훨씬 높아졌지만 회복력은 그만큼 높아지지 않았다. 그들은 독특한 문화적 맥락 때문에 부분적으로 신앙을 다르게 정의하고 표현했다. 유감스럽게도 중국 정부가 기독교에 대해 더욱 의심스러운 태도를 재개한 지금 신앙은 어떻게, 언제, 왜, 어디서 형성되느냐에 따라 다시 한번 변화할 것이다.

만약 당신이 당신의 문화보다 더 억압적이거나 또는 신앙에 도움이 되는 다른 문화적 상황 가운데 있다면, 당신의 신앙이 내적, 외적으로 어떻게 변화하고 그 과정이 어떻게 나타날지를 상상해 보라.

## 1. 신앙 형성을 위한 목회

이전 장에서는 신앙이 어떻게 행함에 의해 명백하게 드러나는지에 대해 논했다. 그러나 행함이 신앙 형성에도 기여한다는 사실을 아는 것 역시 중요하다. 성경은 우리의 행위가 단지 일시적 가치만 있는 것이 아니라 영원히 우리와 함께한다고 단언한다(고전 3:8; 고후 5:10; 계 13:14).

또한, 우리의 행위는 우리의 회개(마 3:8; 눅 3:8)와 우리의 천국시민권(마 7:15-20)을 가시적으로 상기시켜 준다. 우리가 하나님께 받아들여 졌음을 증명하는(행 10:34-35) 우리의 행위는 하나님의 뜻을 이루려는 우리의 신앙을 보여줄 뿐만 아니라(롬 2:6), 흑암의 세력으로부터 우리를 보호한다(롬 13:12). 신앙이 습관화되면 행함이 있는 그리스도인의 삶이 되며(딛 2:6-8), 이런 행함은 신앙 형성에 기여한다.

그러나 가장 중요한 것은 특별히 타 문화권 단기 선교에 참여한다는 점에서 행함은 단순히 우리 자신의 유익을 위한 것이 아니라 우리의 도움이 필요한 사람들을 섬기는 것이다(딛 3:14). 구원받는 신앙과 관련하여 행함에 대한 바울과 야고보의 견해 사이의 명백한 차이를 연구할 때 이 단순한 관찰은 아마도 눈에 띄지 않을 것이다.

윌리엄 다이르네스(William Dyrness)는 야고보서 2장 시작과 끝의 문맥에 반하는 행위/행함이 무엇을 의미하는지, 특히 8절이 15-16절을 어떻게 설명하는지에 대해 이해해야 함을 강조한다.

> 행위는 형제나 자매에게 필요한 것을 주는 것이다. 한마디로 행위는 환대의 선물이며 자신과 자신의 물건을 가난한 사람들에게 열린 마음으로 나누어 주는 것이다.[1]

신앙은 자신과 타인 중 누구에게 유익을 주는가의 문제가 된다. 만일 신앙이 자신에게 초점을 맞춘다면, 야고보는 "그 믿음이 능히 자기를 구원하겠느냐"(14절)는 수사적 질문을 제기한다. 그러나 만일 신앙이 다른 사람에게 초점을 맞춘다면(15-16절) 신앙은 과부와 고아들을 돌보는 참된 종교로 되돌아간다(1:27).

신앙에는 목적이 있다. 신앙은 그 자체로는 유익하지 않고(2:17) 다른 사람에게 봉사할 경우에만 유익하다. 야고보서 2장 14-18절에 있는 신앙과

---

1 William Dyrness, "Mercy Triumphs over Justice: James 2:13 and the Theology of Faith and Works," *Themelios* 6, no.3 (April 1981): 11-16.

행위에 대한 이런 이해는 야고보서 2장 1-13절을 염두에 두고 보아야 한다. 야고보는 구원받는 신앙이 해야 할 일을 말하고 있다.

표 8.1은 야고보가 궁핍한 사람들에 대한 그리스도인의 책임으로 묘사한 것과 신앙과 행함의 관계에 대해 가르칠 것 사이의 유사성을 보여 주는데, 종종 많은 주석과 해석이 이 점을 간과하고 있다.

[표 8.1] 자신이 아닌 타인을 위한 행함[2]

| 약 2:1-13 | 약 2:14-18 |
|---|---|
| 내 형제들아… 믿음(2:1) | 내 형제들아… 믿음(2:14) |
| 남루한 옷을 입은 가난한 사람(2:2) | 형제나 자매가 헐벗고 일용할 양식이 없는데 (2:15) |
| 가난한 자… 믿음에 부요하게… 자기(하나님)를 사랑하는 자(2:5) | 믿음… 행함(2:14,17,18) |
| 잘하는 것이거니와[*kalos*, 선](2:8) | 잘하는도다[*kalos poieis*, 선을 행하다](2:19) |
| 너희에게 대하여 일컫는 바 그 아름다운 이름 (2:7) | [아브라함] 하나님의 벗이라 칭함을 받았나니 (2:23) |

진정한 신앙의 행위인 단기 선교여행은 다른 사람들, 특히 영적, 육적으로 가난한 사람들의 필요를 충족시켜 주어야 한다. 그러나 결국 이런 경험은 그 일을 행하는 사람들의 신앙에도 지대한 영향을 미친다. 단기 선교여행의 경험은 성경에 묘사된 신실하고 이타적인 섬김의 많은 가시적 유익을 활성화시킨다.

---

[2] Ralph P. Martin, *James*, Word Biblical Commentary 48 (Waco: Word, 1988), 78-79.

## 2. 타 문화 선교와 신앙 형성에 대한 성경적 선례

부활 후, 즉 3년 동안 제자들을 제자 삼고 세계를 향한 선교사로 훈련시킨 후 예수님은 제자들에게 다음과 같이 말씀하셨다.

> 이르시되 때와 시기는 아버지께서 자기의 권한에 두셨으니 너희가 알 바 아니요 오직 성령이 너희에게 임하시면 너희가 권능을 받고 예루살렘과 온 유대와 사마리아와 땅 끝까지 이르러 내 증인이 되리라 하시니라(행 1:7-8).

예수님은 제자들을 그들의 본고장 갈릴리에서 떠나 사마리아인과 이방인들의 영토로 인도하여 3년 동안 그 지역을 두루 다니며 다른 나라에서 그의 증인이 되도록 제자들을 준비시키셨다. 예수님은 단지 목회 사역을 위해 제자들을 훈련시키신 것이 아니다. 예수님은 제자들이 세계 선교에 대한 부름을 받아들일 수 있도록 그들의 신앙을 확장시키셨다.

아이다호주 포스트 폴스(Post Falls, Idaho)에 있는 리얼라이프미니스트리교회(Real Life Ministries)의 목사이자 제자훈련 전문가인 짐 풋맨(Jim Putman)은 예수님이 어떻게 자신을 따르는 사람들을 제자로 삼아 그들이 그들 자신의 상황을 초월하여 다른 사람들, 심지어 결코 상종해서는 안 되는 사람들이라고 교육받은 사람들에게도 다가갈 수 있는 신앙을 가지고 세상을 변화시키는 사람이 되도록 하셨는지를 탐구했다.

이와 관련하여 풋맨은 다음 여섯 가지 원칙을 제시한다.

1. 예수님은 어려운 사람들이 있는 곳/상황으로 제자들을 인도하셨다.
2. 예수님은 제자들을 가르치셨다.
3. 예수님은 제자들을 하나님께로, 그리고 서로 연결시켜 주셨다.
4. 예수님은 제자들을 준비시켰고 사역을 위해 보내셨다.

5. 예수님은 제자들에게 새로운 진리를 알려 주셨다.
6. 예수님은 제자들과 함께 있을 때 제자도의 본을 보이셨다.³

제자들과 함께 하신 예수님의 여행은 편의를 위해서가 아니라 가르침을 위해서였고, 제자들을 문화적으로 고립시키기 위해서가 아니라 그들의 지평을 넓히기 위해서였으며, 그들을 소중하게 다루기 위해서가 아니라 그들과 그들의 신앙을 확장시켜 그들이 지상명령을 완수할 수 있도록 하기 위해서였다.

예수님은 제자들을 데가볼리의 이방인 지역과 일부 유대인들만이 거주하는 사마리아로 인도하셨다. 그 지역의 한 마을에서 제자들은 평판이 좋지 않은 여자를 만났고 이는 정체 상태에 있던 제자들의 신앙에 큰 도전이 되었다. 제자의 길을 가기 위해 그들의 신앙은 반드시 성장해야만 했다.

스티븐 포토시스(Stephen Fortosis)와 켄 갈란드(Ken Garland)는 성경 본문 안에서 개인의 이해(그리고 신앙)를 넓히기 위해 현재의 문화적 상황을 바꿔야 했던 경우에 주목하면서 성경 전체에 걸쳐 인지적 불균형의 발생을 연구했다.

제자들은 일반적인 대응이 적용되지 않는 곤란한 상황에 처해야 했다. 이런 일은 요한복음 4장의 우물가에 있는 사마리아 여인과 함께 있었을 때 일어났다. "예수님이 사마리아 여인과 나누신 대화에 관한 설명에서 안정감의 파괴는 명백하다. 예수님은 단순히 공개석상에서 그녀에게 말을 건네는 것으로 그녀의 안정감을 무너뜨리셨다. 왜냐하면, 그 대화 자체가 수많은 종교적, 문화적 규율을 위반한 것이기 때문이었다."⁴

---

3　Jim Putman, "Here Are 6 Things Jesus Did to Equip His Disciples for Ministry," JimPutman.com. July 8, 2018, http://jimputman.com/2018/07/08/6-things-jesus-did-to-equip-his-disciples-for-ministry.
4　Stephen Fortosis and Ken Garland, "Adolescent Cognitive Development," *Religious Educa-*

문화적 안전지대에서 끌려 나온 제자들 역시 마찬가지라고 말할 수 있다.

> 이 때에 제자들이 돌아와서 예수께서 여자와 말씀하시는 것을 이상히 여겼으나 무엇을 구하시나이까 어찌하여 그와 말씀하시나이까 묻는 자가 없더라(요 4:27).

제자들 역시 불안정을 경험했지만, 그들은 도덕성이 의심스러운 사마리아 여인까지도 포용할 수 있을 만큼 적응하고 성장했다.

다른 글에서 포토시스는 불안정의 원리를 신앙의 형성에 적용한다. 그는 신약성경의 대표적 인물인 시몬 베드로를 신앙 형성의 모델로 사용하여 신앙 형성을 위한 신학적 기초를 분명히 한다. 포토시스는 베드로의 삶에서 많은 변화를 찾아냈지만, 그중에서도 단기 선교여행의 영향에 가장 많이 적용되는 세 가지는 "자기 중심주의에서 자기 초월로", "조건적 사랑에서 다른 사람에 대한 긍휼로", "유동적인 확신에서 내면화된 확신으로"의 변화이다.[5]

베드로의 신앙 변화는 부분적으로 그의 세계가 갈릴리 어촌에서 제국의 수도인 로마까지 확장되면서 가능하게 되었다.

---

*tion* 85, no.4 (1990): 642.

5 Stephen Fortosis, "Theological Foundations for a Stage Model of Spiritual Formation," *Christian Education Journal* 96, no.1 (2001): 49-63.

## 3. 인지부조화의 원리와 신앙 형성

야고보는 다음과 같이 독자들을 격려한다.

> 내 형제들아 너희가 여러 가지 시험을 당하거든 온전히 기쁘게 여기라 이는 너희 믿음의 시련이 인내를 만들어 내는 줄 너희가 앎이라 인내를 온전히 이루라 이는 너희로 온전하고 구비하여 조금도 부족함이 없게 하려 함이라(약 1:2-4).

그 누구도 시련을 겪고 싶어 하지 않지만, 만약 통제된 환경에서 '시련'이나 신앙의 도전이 가능하다면 어떨까?

단기 선교여행에 참여함으로 얻는 이런 경험들은 신앙 형성을 일으키는 촉매적 사건이 된다. 최근 몇 년 동안 이 주제에 대한 가장 의미 있는 연구는 마이클 와일더(Michael S. Wilder)와 셰인 파커(Shane W. Parker)가 저술한 『변화의 선교: 단기 선교를 통한 제자 만들기』(*Transformission: Making Disciples through Short-Term Missions*)이다.[6]

이미 고인이 된 스탠퍼드대학교의 레온 페스팅거(Leon Festinger)가 제안한 인지부조화 이론을 바탕으로 와일더와 파커는 교차문화적 만남에 참여하는 것이 어떻게 이전에는 경험하지 못했던 모호함과 혼란을 야기하는지 설명한다.

사람들은 균형과 일관성으로 돌아가기 위해 자신의 신념, 가치, 행동 사이의 불일치, 즉 부조화와 씨름해야 한다. 요컨대, 사람들이 경험하는 부조화는 일관성에 대한 욕구와 정면으로 부딪치며 조화와 일관성이 다시 효력을 발휘할 때까지 긴장을 조성한다. 와일더와 파커는 단기 선교가 "그

---

6 Michael S. Wilder and Shane W. Parker, *Transformission: Making Disciples Through Short-Term Missions* (Nashville: B&H, 2010).

들을 불편하게 하는" 수단이자 "부조화를 조장하기 위한 지원"⁷ 수단으로, 신앙 형성을 위한 강력한 정황을 제공한다고 추정한다.

테렌스 린하트(Terence Linhart)는 청소년 그룹의 선교여행에 대한 설명에서 이를 보여 준다.

> 언어나 관습을 모르는 외국 문화 속에서 일어난 영적 여정을 시작하면서 학생들에게 새로운 문화를 접하는 동안 자신의 분별력에 따라 행동할 것을 주문했다. 배움은 학생들이 자신의 지식에 따라 행동하면서 취한 신앙의 단계에서 나왔다. 그 결과 문화는 친숙한 존재의 표식을 제거했고, 학생들은 하나님에 대한 더 깊은 신앙을 갖게 되었다.⁸

청소년 발달에 대해 논의하면서 포토시스와 갈란드는 인지 발달에 있어 가장 영향력 있는 요인 중 하나는 도시, 국내 또는 국제 환경에서 타 문화를 경험하는 것이라고 지적한다.⁹

벤슨(P. L. Benson)과 에클린(C. H. Eklin)이 실시한 단기 선교여행이 신앙 형성에 미치는 영향에 대한 연구를 바탕으로¹⁰ 스티븐 비어스(Stephen T. Beers)는 양적으로 유의미한 결과는 거의 없었지만, 질적 기준으로는 "신앙의 여덟 가지 핵심 차원 중 여섯 가지에서 성장을 보였다"고 보고한다.¹¹

---

7   Wilder and Parker, *Transformission*, 140.
8   Terence D. Linhart, "Planting Seeds: The Curricular Hope of Short-Term Mission Experiences in Youth Ministry," *Christian Education Journal* 3, no.2 (2005): 261-62.
9   Fortosis and Garland, "Adolescent Cognitive Developments," 640-44.
10  P. L. Benson and C. H. Eklin, *Effective Christian Education: A National Study of Protestant Congregations* (Minneapolis: Search Institute, 1990).
11  Stephen T. Beers, "The Effects of a Study Abroad/Mission Trip on the Faith Development of College Students," *Growth* 1, no.1 (2014): 100.

가장 주목할 만한 세 가지 요인은 "문화적 다양성에 대한 민감성", "행복감", "신앙공동체와의 연계성"이다.[12] 이 요인들은 신앙 형성의 정상적인 성장의 일부이긴 하지만, 문화 간 선교여행의 상황에서 강조된 것처럼 보였다.

부조화는 인지 그 이상이다. 따라서 조화와 일관성을 회복하기 위해서는 정체성의 전인적 조정이 필요하다. 자아에 대한 개념인 정체성의 변화는 문화 간 선교에 노출될 때 가장 큰 영향을 받는다.

린하트는 "구경거리가 된 자아"(the spectacle self)를 현재의 사회문화적 맥락이 우리를 식별하는 방식이라고 설명한다. 즉, 우리의 정체성 중 일부는 우리 자신의 문화가 우리에게 꼬리표를 붙이거나 가치를 부여하는 방식과 관련되어 있다.

기독교 청소년(또는 심지어 신흥 성인, emerging adult)은 부유/빈곤, 남/북, 도시/농촌이라는 가치에 기반을 둔 인구통계학적 인식은 말할 것도 없고 중요한 다른 것, 즉 스포츠 팀, 음악적 선호도 또는 모임, 클럽 또는 사회적 참여, 정치적 선호도 등과의 관계에 의해 형성된 정체성을 가지고 있다.

그러나 그들이 자신의 문화에서 벗어나 타 문화의 경험에 몰두할 때, 자신이 누구라는 정체성에 대한 가정은 매우 유동적으로 바뀌며, 그들의 상황에 의해서가 아니라 내부적으로 재정의되어야 한다. 이것이 그들의 윤리와 소명에 대한 열정을 포함한 '진정한' 자아이다.[13]

예를 들어, 토비 키스(Toby Keith)를 사랑하고, 미국농업교육진흥회(Future Farmers of America: FFA)의 일원이며, 정치적 보수주의자(예: 공화당)가 되는 것과 수정헌법 제2조(총기소지 자유권을 말한다-역자 주)를 행사하는 것을 가

---

12  Beers, "Effects of a Study Abroad," 100.
13  Terence D. Linhart, "'They Were So Alive!': The Spectacle Self and Youth Group Short Term Mission Trips,' *Missiology* 34, no.4 (2006): 453-56.

치 있게 여기는 미주리주 중부 시골 출신의 고등학교 미식 축구 선수는 이것들 중 그 어떤 것도 아르헨티나에서는 중요하지 않음을 알게 된다. 사실상 모든 것이 아무런 관련이 없다.

아르헨티나인들은 미식 축구와 전혀 다른 풋볼(fútbol)을 하고, 미국 컨트리 음악이나 FFA에 대해 아무것도 모른다. 마찬가지로 그의 정치적 성향은 아르헨티나에서 그가 가지고 있지 않은 헌법상의 권리는 고사하고 아르헨티나 선교여행의 그 어떤 목적에도 아무런 도움이 되지 않는다.

우리의 정체성은 우리가 누구이고, 우리가 무엇을 하며, 궁극적으로 우리가 예배하는 분에게서 나와야 하며 이 모든 것이 신앙에 중심을 두고 있다. 미국의 신자들과 아르헨티나의 신자들 사이의 유일한 공통 요소는 그리스도에 대한 신앙이다. 그렇다. 돌연 다른 모든 정체성의 표식이 무관한 것이 되면서 신앙이 정체성의 중심이 된다.

## 4. 타 문화 선교를 통한 신앙 형성

그리스도인 짐 헨더슨(Jim Henderson)과 무신론자 맷 캐스퍼(Matt Casper)는 신앙의 본질을 포함해 교회에 관한 대화를 시작했다.

『짐과 캐스퍼 교회에 가다』(*Jim and Casper Go to Church*)는 거대교회를 경험(조명, 음향, 특수 효과, 대형 스크린 등 스포츠 행사나 헐리우드의 영화 제작에 필요한 모든 것)한 캐스퍼의 부정적 반응을 그리고 있다. 캐스퍼는 일요일 아침 예배의 음향과 조명보다 성도들의 아프리카 봉사활동과 선교활동에 더 깊은 인상을 받았으며 그것을 훨씬 더 가치 있게 여겼음을 인정했다.[14]

---

[14] Jim Henderson and Matt Casper, *Jim and Casper Go to Church* (Carol Stream, IL: Tyndale, 2007).

그는 타 문화권 선교가 기독교 신앙에 대한 불신자들의 인식에도 영향을 미치며 어쩌면 불신자들이 그리스도를 믿게 되는 촉매제가 될 수 있음을 보여 준다.

인지부조화 이론에서 나온 통찰력뿐만 아니라 성경에서 나온 논의에 비추어 볼 때, 선교여행을 통한 구체적인 신앙 형성 결과가 다음과 같이 확인되었다.

### 1) 하나님에 대한 의존(Dependence on God)

짧은 여행이라 할지라도 선교여행을 떠날 때 참가자들은 가정, 학교, 공동체, 가족 같은 일상 속 일반적인 도움에 의존하기보다 하나님의 공급하심과 임재, 그리고 그들을 위한 하나님의 목적에 점점 더 의존하게 됨을 깨닫는다. 낯선 문화에서 지내는 것에 대한 두려움을 극복하면서, 그들은 생활을 위해 신앙에 의지하는 법을 배우고 그 어느 때보다 하나님 중심적인 사람이 된다. 한 연구에서 결론 내린 바와 같다.

> 학생들의 경우 행복과 성취를 위해 편안한 일상을 신뢰하는 것은 하나님에 대한 신앙과 의존의 부족과 같았다. 학생들은 여행의 주요 목표 중 하나로 두려움을 뛰어넘어 증인으로서 자신의 신앙을 제시하고자 하는 열망을 알게 되었다.[15]

---

15  Linhart, "Planting Seeds," 263.

## 2) 실질적 신앙(Tangible faith)

커트 앨런 버 비크(Kurt Alan Ver Beek)는 한 번의 선교여행에 참여한 참가자들에게서 기도와 자원봉사, 기부, 회중 참여, 가난한 사람들(국내 및 국제)에 대한 관심과 지원에 쏟는 시간의 증가와 선교여행과 하나님 나라의 일에 대한 관심의 증가와 같은 실질적 결과를 확인할 수 있었다.[16]

복음은 신학적 확증이나 메시지로 간주되기보다는 변화된 삶, 봉사활동, 사역에서 볼 수 있으며, 이들 활동들은 복음을 더 현실적이고 자명하게 만든다.

야고보는 말한다.

> 행함이 없는 네 믿음을 내게 보이라 나는 행함으로 내 믿음을 네게 보이리라(약 2:18).

## 3) 경험적 학습(Experiential learning)

교회들은 종종 선교에 대해 이야기하거나 국제 선교 파트너를 함께 공유한다. 성도들은 종종 선교의 달, 분기별 선교 또는 선교 사업에 참여한다. 그러나 교회라는 환경에서 이루어지는 배움과 타 문화 선교 경험에 적극적으로 참여함으로 얻게 되는 배움 사이에는 상당한 차이가 있다. 단기선교는 참가자의 신앙 경험의 일부인 선교를 현실로 만든다.

---

16  Kurt Alan Ver Beek, "The Impact on Short-Term Missions : A Case Study of House Construction in Honduras after Hurricane," *Missiology* 34, no.4 (2006): 485.

### 4) 하나님의 일에 동참(Participation in God's work)

신앙을 나누고, 어려운 이들을 보살피며, 하나님 나라를 확장하는 일에 적극적으로 참여할 경우 그 영향력은 이루 헤아릴 수 없을 정도이다. 하나님의 일을 지지하는 것과 하나님의 일을 실천하는 것은 다르다. 하나님의 일을 행하는 것은 리더십보다 섬김을 우선시하며,[17] 하나님의 일을 행하는 것은 자신의 소명, 은사, 심지어 자신의 인생에 대한 하나님의 부르심을 확인하는 촉매가 될 수 있다.

### 5) 타 문화에 대한 인식(Cross-cultural awareness)

타 문화에 대한 경험은 분명 사람의 인식과 가치관에 도전을 준다. 자신의 문화를 알고 다른 문화에 대해 열린 마음을 가진 사람들이 더 넓은 세계관을 가지고 있다는 것은 의심의 여지가 없다.

한 연구에 따르면 단기 선교의 결과는 "참가자들의 빈곤에 대한 인식이었다. 학생들은 선교지 국가의 부의 분배 불균형, 그리고 선교지와 자국 사이의 부의 분배 불균형에 충격을 받았다."[18]

다른 문화권에 대한 노출은 시야를 넓히고 성장을 위한 새로운 기회를 제공한다. 사람들의 신앙은 다른 사람의 신앙, 다른 사람의 신앙이 표현되는 방식, 그리고 다른 사람의 신앙과 관련된 습관에 노출될 때 성장할 수 있다.

---

[17] Conrad Swartzentruber, "The Impact of a Mission Trip: Preparing Students to Change Our World," *Christian School Education* 12, no.2 (2008-9), https://www.acsi.org/resources/cse/cse-magazine/the-impact-of-a-mission-trip-preparing-students-to-change-our-world-122.

[18] Swartzentruber, "Impact of a Mission Trip."

## 6) 형성적 관계(Formative relationships)

형성적 관계 역시 단기 선교여행의 이점이다.

콘래드 스와츤투루버(Conrad Swartzentruber)는 선교여행의 영향에 대한 글을 쓰면서 다음과 같이 말했다.

> 관계의 발전에는 여러 그룹의 사람들이 포함되었지만 학생들은 어린아이들과의 관계에서 오는 영향에 대해 가장 자주 이야기했다.[19]

공유된 경험을 통해 추억이 만들어질 뿐만 아니라 감동적인 사건의 기억과 결부된 인생의 멘토들이 형성된다. 자신에게 초점을 맞추는 것에서 다른 사람, 즉 배울 수 있는 사람과 섬길 수 있는 사람에게 초점을 맞추는 방향으로 전환된다. 아마도 가장 중요한 것은 '다른 사람들'과의 관계일 것이다. 이전에는 몰랐거나 소외되었던 사람들을 이제 개인적으로 알게 되고, 그들의 신앙 표현과 신앙 형성 관행들을 더 이상 이질적인 것이 아닌 기독교적인 것으로 간주한다.

## 5. 선교를 통한 신앙 형성의 실천

단기 선교여행이 청소년기 신앙에 미치는 영향에 대한 테렌스 린하트의 연구는 선교여행이 끝나거나 심지어 참가자들이 집으로 돌아와 선교여행 이전의 일상으로 복귀한 후에도 지속됨을 보여 준다.[20]

---

19  Swartzentruber, "Impact of a Mission Trip."
20  Linhart, "'They Were So Alive!'," 452-53.

린하트는 「기독교 교육 저널」(*Christian Education Journal*)의 기사에서 단기 선교에 대한 교과과정식 접근방식을 만들기 위한 5단계 모델을 제안하는데, 이는 선교여행이 참가자들에게 지속적인 영향을 미칠 수 있도록 하는 것이다.

1. 집중: 경험 예측
2. 행동-성찰: 경험 참여
3. 지원-피드백: 경험 공유
4. 요약: 경험 분석
5. 학습 전이: 경험과 삶 연결[21]

단기 선교여행의 효과를 극대화할 수 있는 몇 가지 다른 방법이 있다.

## 1) 선교현장을 체험할 수 있도록 준비하라

선교여행은 휴가가 아니다. 신앙 형성을 위한 자원뿐만 아니라 실용적 기술 훈련을 제공하는 것이 중요하다. 실제로 어떤 사람들은 가장 철저한 훈련과 준비를 위해 심지어 타 문화 환경에 대한 몰입 경험(immersion experience)에 참여하기도 한다.

예를 들어, 앨라배마주 라인빌에 있는 SIFAT(Servants in Faith and Technology, www.sifat.org)는 배설물(똥)로 불을 피워 음식을 만드는 것 같은 일상생활의 풍경, 냄새, 소리, 어려움에 이르기까지 타 문화권 선교지에 대한 모의 훈련을 제공한다. 또한, 선교여행이 끝난 후에도 활용할 수 있는 선교현장의 일반적 기술을 참가자들이 실제로 응용할 수 있도록 돕는다.

---

[21] Linhart, "Planting Seeds," 265. Wilder and Parker, *Transformission*, 143 또한 참조하라.

## 2) 현장 교육을 통해 참가자들이 수행할 작업을 철저히 준비하라

현장 교육은 참가자들에게 공사를 하거나 성경 공부를 인도하는 데 필요한 기술을 제공할 뿐만 아니라 더 성숙하고 경험 많은 멘토와 형성에 중요한 관계를 구축한다. 이 관계는 보고 배우며, 피드백을 통해 시행착오를 경험하고, 작업을 독립적으로 수행할 수 있을 때까지 가르침을 받으며 일을 할 수 있는 기회이다.

## 3) 경험을 활용하라

단기 선교 체험 후에는 가족과 회중이 선교팀의 체험담을 대리 공유할 수 있도록 나중에(보통 2개월 이내) 다시 모이는 것은 말할 것도 없고, 축하 행사를 하는 것이 관례이다. 그러나 단기 선교 경험이 장기적 헌신으로 바뀌고 신앙 형성을 더욱 촉진하기 위해서는 회중이 그 경험을 활용해야 한다.

회중은 성경에 나오는 "선을 행하는 것"에 대해 연구하고 자신의 이웃의 필요를 알아낼 수 있다. 회중은 자신의 삶뿐만 아니라 사회에도 복음을 적용하면서 지역사회와 국가에 대한 정의를 연구할 수 있다. 회중은 기독교적 관점에서 사회 통념을 연구하고 신앙을 실천할 수 있는 행동 계획을 개발할 수 있다. 이런 노력은 소그룹 내에서 이루어질 수 있으며, 다음 선교여행을 떠나는 사람들을 포함할 수 있다.[22]

---

[22] Kenneth Botton, Chuck King, and Junius Venugopal, "Education for Spirituality," *Christian Education Journal* 1NS (1997): 44-47 와 비교하라.

## 6. 결론

"다시는 예전처럼 살지 않을 거야."

이는 선교여행에 참가했던 이들의 공통된 반응이다. 다른 문화를 경험하거나 단기 선교여행에 참여한 경험이 있는 사람이라면 누구나 이 느낌을 알 수 있다. 이런 경험은 종종 신앙 형성에 영향을 준다. 따라서 교회는 이런 것들을 경험할 수 있는 기회를 해외뿐만 아니라 국내에서도 지속적으로 창출해야 한다.

필요한 것은 세계적으로 생각하고 지역적으로 행동하는 사람들이 이끄는 글로컬한(glocal, 세계를 향하면서 지역 설정에 맞춘다는 의미로 세계를 뜻하는 global과 지역을 말하는 local의 합성어이다-역자 주) 접근방식이며, 그들의 신앙은 자신의 문화와 사회에 국한되지 않고 진정으로 그 한계를 초월하고 인간 문화 전반에 걸쳐 표현된다. 신앙 형성은 하나님이 심으신 곳이면 어디든 하나님의 사역과 선교에 참여하는 선교를 통해 일어날 수 있다.

## 7. 토론을 위한 질문

1. 자국 내에서의 경험을 비롯해 다른 문화에 대한 경험이 당신의 신앙에 영향을 미쳤는가?
   그 영향은 어떤 면에서 이익이 되었으며 어떤 도전을 주었는가?
2. 인지부조화를 경험한 기억이 있는가?
   인지부조화 경험이 당신의 신앙 형성에 미치는 영향을 설명해 보라.
3. 스티븐 포토시스는 베드로가 예수님을 만났을 때의 변화에 대해 말한다. 당신 자신의 삶에서 변화의 구체적 요소들을 묘사해 보라.

4. 어떻게 하면 삶, 사역, 신앙에 대해 글로컬한 관점을 가질 수 있을까? 구체적으로 말해 보라.

## 8. 추가 도서 목록

Ellis, Lynne, with Doug Fields. *Mission Trips from Start to Finish: How to Organize and Lead Impactful Mission Trips*. Loveland, CO: Group Publishing, 2008.

Maddix, Mark, and Jay Akkerman, eds. *Missional Discipleship: Partners in Gods Redemptive Mission in the World*. Kansas City, MO: Beacon Hill, 2013.

Nouwen, Henri J. M., Donald R McNeill, and Douglas A. Morrison. *Compassion: A Reflection on the Christian Life*. New York: Image Book by Doubleday; 2006.

Wilder, Michael S., and Shane W Parker. *Transformission: Making Disciples through Short Term Missions*. Nashville: B&H, 2010.

# 제9장

# 다민족적 상황에서의 신앙 형성

점점 다민족화 되고 있는 사회에서 문화적으로 적절한 사역 개발은 문화가 신앙 형성에 미치는 영향을 인식하는 데 달려 있다. 학문적 탐구로서의 문화적 분석이 기독교 연구를 위한 촉매 역할을 했음에도 불구하고 과거의 신앙 형성 이론가들은 문화와 신앙 형성 간의 연관성에 대해 제대로 설명하지 못했다. 과거의 이론가들은 단순히 문화와 신앙 형성은 상호 배타적이라고 가정했다.[1]

아직 구체적인 내용은 밝혀지지 않았지만, 이들 이론은 신앙의 문제를 개인의 고립된 세계로 격하시키기 때문에 타당성은 고사하고 보편성에도 문제가 있다고 주장해도 큰 무리는 없어 보인다.

신앙에 안정성과 회복력을 부여하는 문화의 관계적 차원은 대체로 무시되었고, 신앙은 그리스도인의 삶의 사적 영역 안에서 잉태된 진리에 대한 단순한 지적 수용으로 전락했다. 따라서 다민족 문화와 신앙의 연관성을 설명하고 교회를 인도하기 위한 건전한 기초를 제공하는 총체적 연구가 필요하다.

---

1   James W Fowler, *Stages of Faith: The Psychological Human Development and the Quest for Meaning* (San Francisco: Harper & Row, 1995); Janet 0. Hagberg and Robert A. Guelich, *The Critical Journey: Stages in the Life of Faith* (Salem, WI: Sheffield, 2004); M. Scott Peck, *The Road Less Travelled: The Unending journey toward Spiritual Growth* (New York: Simon & Schuster, 1978); Larry Stephens, *Building for Your Chiles Faith* (Grand Rapids: Zondervan, 1996); John H. Westerhoff, *Will Our Children Have Faith?* (New York: Seabury; 1976); Mary Wilcox, *Developmental Journey* (Nashville: Abingdon, 1979).

이 장은 다민족적 기독교 신앙 형성의 경시에 대한 대응과 더불어 신앙과 문화의 관계에 대한 논쟁을 다룬다. 그러나 본격적인 내용 전개에 앞서 몇 가지 설명이 필요하다.

첫째, '신앙'이라는 단어와 '기독교 신앙'은 동의어이다. 다만, 다른 의미로 사용되고 있다는 것을 명시적으로 언급한 경우는 예외로 한다. 많은 학자가 신앙을 다양한 종교적, 철학적, 이념적 사상을 포함하는 보다 넓은 의미로 사용한다.

본 장에서 사용된 신앙의 개념은 제3장에서 이미 제시된 정의로 국한한다. 신앙은 예수 그리스도에 대한 지식, 확신, 신뢰로 주어지는 하나님의 은혜와 성령의 능력으로 말미암은 동의이다(마 19:11; 눅 1:16; 7:43; 요 16:13; 행 4:32; 롬 1:28; 8:14; 갈 5:10; 엡 2:8; 딤후 2:25; 히 3:14). 따라서 '다민족 신앙'이라는 용어와 '다민족 기독교 신앙'은 동의어이다.

둘째, 본 장에서 '문화'는 "사회의 특징적 행동, 개념, 상품이라는 학습된 양식의 통합 체계이다."[2] 이 정의에서 알 수 있듯이, 문화에는 사회적, 이념적, 물질적 요소가 있다.

문화의 사회적 요소: 사회 구조, 가족 관계, 휴일, 전통, 음식 등이 포함되며, 문화의 이념적 요소에는 규범, 가치, 신념, 상징, 언어 등이 포함된다. 그리고 문화의 물질적 요소는 사람들이 한 세대에서 다음 세대로 물려주는 물리적 대상, 도구, 기술, 의복, 소유를 말한다.

비록 인간 문화의 세부 항목은 집단마다 다를 수 있지만, 모든 문화는 이 세 가지 기본 요소를 포함한다.

셋째, 신앙을 둘러싼 모든 논의는 성경의 신학적 범주에 의해 통제되어야 하기 때문에 본 장은 신앙 형성에 영향을 미치는 다양한 문화적 문제를

---

[2] Paul Hiebert, *Cultural Anthropology* (Grand Rapids: Baker, 1983), 25.

검토하기 위한 구속력 있는 체계로서 조직신학에 의존한다.

## 1. 인간 문화의 이해: 이론적 성찰

다민족적 상황에서 신앙 형성을 연구하기 위한 첫 번째 단계인 이 섹션은 인간 문화에 대한 공론과 관련된 이론적 성찰을 포함하고 있으며, 문화적 다양성 및 적응 이론을 명확하게 하고자 한다.

다민족 문화가 신앙 형성에 어떻게 영향을 미치는지 연구하기 위해서는 문화 이론을 뒷받침하는 몇 가지 암묵적인 가정에 주목하는 것이 중요하다. 문화에 대한 논의에는 두 가지 지배적 가정이 존재한다.

어떤 사람들은 문화를 한 지역에 국한된 '역사적 현상'으로 해석하는 반면, 또 다른 사람들은 문화를 개인의 경험에 국한된 '사회적 현상'으로 간주한다. 역사적 관점을 고수하는 사람들은 문화를 지역성에 근거한 고정된 신념, 가치, 전통의 집합으로 여긴다. 그들은 문화가 특정 민족 집단의 삶을 특징짓는 역사적 구성물이라고 믿는다.

그러나 사회적 관점을 지지하는 사람들은 문화를 지역적 특이성이 없는 끊임없이 변화하는 창조적 힘으로 해석한다. 그들은 문화의 가시적이고 역사적인 영역을 넘어 다양한 이념의 융합을 포함하는 역동적 시간의 흐름으로 나아가려고 시도한다. 본질적으로, 사회적 견해를 지지하는 사람들은 문화란 문화의 형태를 만드는 개인의 주관적 경험을 받아들이는 사회적 산물이라고 단언한다.

사회과학에서 이런 역사적, 사회적 가정은 문화 이론이 발전하는 기본 전제가 되었다. 예를 들어, 다민족성(multiethnicity)과 다문화주의(multiculturalism) 이론은 역사적 차원에서 일어나는 문화에 대한 거시적 분석에 기반을 두고 있는 반면, 동화(assimilation)와 문화 변용(acculturation) 이론은 사회적 차원에서 일어나는 문화에 대한 미시적 분석에 기반을 두고 있다. 이 이론들 사이의 주요 차이점은 역사성 또는 사회적 우연성에 기초하여 문화를 해석하는 것이다.

### 1) 문화적 다양성에 대한 관점: 다민족성(multiethnicity) 대 다문화주의(multiculturalism)

문화적 다양성과 신앙의 관계를 이해하기 위해서는 다민족성과 다문화주의 이론, 즉 민족적, 문화적 이질성의 존재를 설명하는 사회학적 구조를 분석할 필요가 있다. 이런 개념들의 공식적 표현은 사회학에서 처음 시작되었지만, 오늘날에는 더 이상 한 가지 학문 분야에만 국한되지 않는다.

다민족성과 다문화주의 이론은 교육, 철학, 정치학, 역사, 비즈니스, 심리학, 교회 사역, 전도, 선교 등의 분야에서 여러 학문과 연관된 주제가 되었다. 특히, 기독교 신학 연구에서 두 개념은 모두 신앙 형성에 영향을 미치는 사회문화적 요인을 연구하는 데 사용된다.

다민족성과 다문화주의 이론은 다양한 해석이 가능한 가치 판단적 개념이다. 일부 그리스도인은 다민족성과 다문화주의 이론들의 가치에 대해 회의적인 반면, 어떤 그리스도인들은 이 이론들을 미래를 위한 새로운 사역 체계로 여긴다. 대체로 이 차이는 이 용어에 대한 일관된 정의가 존재하지 않기 때문이다.

이런 혼란은 사람들이 이 용어들을 일관성 없이 사용함으로 더욱 심화되었다. 어떤 사람들은 두 개념을 동의어로 사용하는 반면, 또 다른 사람들은 두 개념 사이의 차이점에 대한 명확한 설명 없이 별개의 개념으로 사용한다. 사람들의 분명한 용어 사용이 혼란과 오해를 불러일으켰기 때문에, 이 용어들의 의미를 명확히 아는 것이 중요하다.

순전히 이론적인 관점에서 다민족성은 둘 이상의 사회역사적 유산을 가진 사람들의 집단을 지칭하는 개념이다. 가치 체계로서 다민족성 개념은 동질성과 반대되는 이질성을 나타낸다.

다민족성은 다양한 사람의 존재를 인식하고 반응하는 사고 체계로 민족이라는 단어는 '사람'을 의미하는 헬라어 단어 '에트노스'(*ethnos*)에서 유래했다. 에트노스는 한 사람이 어디서 어떻게 자랐는지를 나타내는 사회적으로 결정된 변수이다. 접두사 *multi*-와 결합된 '다민족성'(multiethnicity)이라는 단어는 사회역사적 정체성, 가치, 전통이 다른 사람들과 함께 있는 상태를 나타낸다.

신앙 형성 연구에서 다민족성은 예수 그리스도의 몸이 다양한 민족적, 사회문화적 배경을 가진 사람들로 구성되어 있음을 이해하는 데 도움이 되는 귀중한 용어이다. 신학적으로 말하면, 다민족성은 민족적 다양성을 대조가 아닌 그리스도 안에서 일치의 출발점으로 인식하는 것을 의미한다. 그 예가 바로 예루살렘 교회(행 6:1-7)와 안디옥 교회(행 11:19-30)이다. 이들 교회는 문화적으로 다양한 그룹의 신자가 모여 예수 그리스도를 믿음으로 하나가 되었다(엡 4:5-6).

오늘날 문화적 다양성에 관한 논의에서는 다민족성이라는 개념이 자주 사용되는 반면, 일반적인 학자들은 대개 '다문화주의'라는 용어를 선호한다. 이들은 다문화 사상이 현대 사회의 성격과 내용을 정확하게 묘사하고 있다고 믿는다.

사회학적 담론에서 다문화주의라는 개념은 어휘적, 구조적 의미를 지닌다. 다문화주의의 사전적 정의는 둘 이상의 집단을 가진 조직, 사회 또는 국가를 의미한다는 점에서 다민족성의 정의와 유사하다. 다문화주의는 민족적 다양성의 가치를 인정하고 모든 사람이 조화롭게 지속적으로 기여할 수 있도록 돕는다.

그러나 다문화주의라는 용어가 공적 담론에서 어떻게 사용되는지를 의미하는 구조적 정의는 이데올로기적 다원주의를 의미한다.

상대주의의 전제는 다문화주의의 공리(axiom)로 확립되었으며 주요 기준으로 작용한다. 예를 들면, 다문화주의 개념은 공적 담론에서 다양한 철학적, 종교적 견해에 대한 관용을 촉진한다. 다문화주의는 진리라는 변치 않는 경계가 존재한다는 것에 의문을 제기하면서 사람들의 주관적인 신념과 경험을 바탕으로 진리의 다양성과 상대성을 주장한다. 이는 결국 기독교 진리의 배타성을 포함한 철학의 총체적이고 초월적인 진리를 거부한다.

요약하면, 다문화주의 개념은 혼합된 메시지를 전달한다. 공적 담론에서 그 용어가 어떻게 사용되느냐에 따라 민족문화적 다양성과(또는) 이념적 다원주의를 내포한다. 다문화주의는 공적 담론에서 다양한 의미를 지니고 있기 때문에 그리스도인은 가능하면 신앙에 영향을 미치는 문화적 이슈를 설명할 때 이 용어의 사용을 피해야 한다.

어휘적 의미와 구조적 의미 사이의 관계는 동전의 양면과 같아서 다양성과 다원주의의 개념을 서로 분리할 수는 없다. 즉, 두 의미는 종종 공적 담론에서 함께 사용된다.

### 2) 문화 적응에 대한 관점: 동화(Assimilation) 대 문화 변용(Acculturation)

전국적으로 계속해서 일어나고 있는 인구통계학적 변화를 감안할 때, 사람들이 사회문화적 변화에 어떻게 적응하고 대처하는지 이해하는 것은 교회 사역에도 중요하다. 문화 적응을 겪고 있는 사람들에 대해 현재까지 밝혀진 내용은 동화와 문화 변용이라는 두 가지 개념이다. 이 개념은 두 개 이상의 문화가 오랜 시간 동안 함께 있을 때 사람들의 가치와 행동에 어떤 변화가 일어나는지를 설명한다.

이 개념을 시각적으로 표현하면 연속선 상의 한쪽 끝에는 동화가, 다른 한쪽 끝에는 문화 변용이 자리한다(그림 9.1).

동화 ⟺ 문화 변용

[그림 9.1] 문화 적응

일반적으로 동화 이론은 문화적 모방과 관련된 일방적 과정을 설명한다. 동화 이론은 소수 문화의 사람들이 다수 문화의 방식을 완전히 수용하는 과정을 말한다. 마치 하위 집단을 지배적 집단에 융합시켜 새로운 동질의 문화를 만드는 것과 같다. 그러나 동화 과정에서 소수 문화의 상실이 발생한다. 소수 문화는 동화 과정에서 다수 문화와 구별할 수 없게 된다.

반면에 문화 변용 이론은 문화 교류와 관련된 양 방향 과정을 설명한다. 문화 변용 이론은 소수 문화권의 사람들이 자신의 문화를 유지하면서 지배적 문화에서 공통적으로 나타나는 문화적 특성을 흡수하는 과정을 설명한다. 사회학적, 심리학적 변화가 일어날 수도 있지만, 토착 문화가 완전히 버려진 것은 아니다. 소수 민족은 여전히 자신의 문화적 신념, 가치, 전통을 유지할 수 있다. 문화 변용 과정의 결과는 문화적 다원주의이다.

동화와 문화 변용을 설명하는 데 자주 사용되는 두 가지 인기 있는 은유가 용광로와 문화적 모자이크이다.

용광로 개념은 미국 초기 식민지 시절의 문화적 동화를 묘사하는 데 사용되었다. 프랑스 이민자 미셸 기욤 드 크레브쾨르(Michel-Guillaume de Crevecoeur)는 〈미국 농부의 편지〉(Letters from an American Farmer, 1782)라는 제목의 글에서 다양한 인종적 배경을 가진 남녀가 식민지 미국 사회를 어떻게 형성해 가고 있는지를 묘사하면서 용광로라는 용어를 처음 사용했다. 그는 미국을 다양한 혈통의 사람들로 구성된 국가로서 모국의 문화와 너무도 다른 문화를 가진 별개의 국가가 될 것이라고 설명했다.

약 126년 후, 동일한 비유가 이스라엘 쟁윌(Israel Zangwill)의 연극 〈인종의 용광로〉(*The Melting Pot*)에서 재조명되었는데, 이 연극은 인종적, 민족적 긴장이 없는 사회를 찾는 러시아계 유대인 이민자 데이비드 퀴자노(David Quixano)의 삶을 그렸다. 이 연극에서 쟁윌은 문화의 융합과 인종의 혼합이 어떻게 동질적인 미국 사회를 만들어 냈는지 묘사하기 위해 용광로라는 용어를 사용했다. 미국에서 용광로라는 개념은 다양한 문화를 가진 사람들이 동질적 사회를 만들어 내는 것을 설명하는 표준 개념이 되었다.

문화 변용에 대한 대중적 은유는 문화적 모자이크이다. 이 은유는 서로 다른 문화에서 비롯된 수많은 특성을 가진 사회를 묘사한다. 이 은유에는 사회를 구성하고 사람들의 삶을 풍요롭게 하는 다양한 세계관, 인종, 민족의 콜라주(collage, 질이 다른 여러 가지 헝겊, 비닐, 타일, 나뭇조각, 종이, 상표 등을 붙여 화면을 구성하는 시각 예술 기법의 하나이다-역자 주)에 대한 인식과 가치관이 담겨 있다.

문화적 모자이크 개념은 다양한 인종과 민족이 사회의 존립과 지속의 중심이라는 신념에 바탕을 두고 있다. 장식용 재료들의 콜라주가 모자이크에서 절묘한 이미지를 만들어 내는 것처럼 한 사회 내의 여러 문화는 상호 작용하고 서로 조화를 이루며 유지된다. 여기서 모자이크 은유는 사회 전체가 다양한 문화적, 이념적, 종교적 가치를 가짐으로써 더 강해진다는 다문화주의 개념을 암시한다는 점을 인식하는 것이 중요하다.

신앙 형성을 연구할 때 논란이 덜 되는 용어는 '다민족성', '동화', '용광로'이다. 그러나 언뜻 보기에는 다민족성, 동화, 용광로라는 개념조차도 기독교적 일치를 향한 길을 만드는 복음의 능력을 과소평가하는 것처럼 보일 수 있지만 실상은 그렇지 않다.

이 개념들은 '우리가 원하는 것'이 아니라 '실제로 있는 그대로의 것'을 설명하는 서술적 이론에 근거한다. 다시 말하면, 이 개념들은 다원주의와 상대주의를 조장하는 포스트모더니즘적 의제를 가지고 있는 다문화주의,

동화, 문화적 모자이크의 경우처럼 본질적으로 규범적인 것이 아니다. 다민족성, 동화, 용광로 이론은 문화가 세계 속에서 스스로를 나타내는 방식을 설명하고 우리가 우리의 사회문화적 현실을 이해할 수 있는 방법을 알려주는 단순한 서술자(descriptors)이다.

## 2. 다양성의 성경적 근거: 신학적 성찰

미국 사회의 인구통계학적 지형이 바뀌고 있다. 모든 인종과 소수 민족이 급성장하면서 다양성이 증가하고 있다.

미국인구조사국(the U.S. Census Bureau)은 미국 내 비백인 인구가 빠르게 증가하고 있으며 2040년까지 미국 인구의 50퍼센트 이상을 차지할 수 있다고 보고했다.[3] 이 통계는 더 이상 자신과 같은 인종의 사람들만 모이는 교회에 다닐 수 없음을 의미한다. 교회는 대부분 다른 민족적 유산을 가진 사람들로 구성될 것이다.

사회적 지형의 변화로 인해 이미 많은 교회가 성경적 원칙에 비추어 다양성 문제를 재검토하고 있다. 교회 지도자들은 보다 폭넓은 사역 환경 조성을 목표로 인종, 민족, 다양성에 대해 전에 없는 대화를 나누고 있다. 그들은 민족적, 문화적 다양성에 대한 책무를 실천하여 인종간 화해를 도모하고 교인들 사이의 상호 문화적 이해를 증진시키기 원한다. 지역교회가 점점 더 다양해짐에 따라 보다 포용적인 사역 환경을 조성하는 것이 오늘날 교회의 중대한 이슈가 되었다.

---

3   "QuickFacts," United States Census Bureau, accessed March 1, 2020, https://www.census.gov/quickfacts/fact/table/US/PST045216; Hamilton Lombard, "Will Whites Be a Minority by 2040?," Stat Chat, July 25, 2017, http://statchatva.org/2017/07/25/will-whites-actually-be-a-minority-by-2040.

교회 지도자들 사이에 많은 대화가 이루어지고 있음에도 불구하고, 그들의 논의는 주로 사회과학에 근거하고 있다. 사회과학 이론이 다양성의 가치를 인정하는 사례를 어떻게 만드는지 이해하는 것은 유익하지만, 다양성에 대한 그리스도인들의 일차적 견해는 무오한 하나님의 말씀인 성경에 근거해야 한다.

만일 성경이 다양성을 지지하지 않는다면, 우리는 그 개념을 무시하고 교회를 위한 다른 본질적 문제들에 집중할 수 있다. 그러나 만일 성경이 다양성이라는 개념을 가치 있게 여긴다면, 우리는 교회에서 이 문제를 다루는 데 더욱 더 신중해질 필요가 있다.

다음에서 우리는 다양성이 하나님의 창조(창 1-3장)와 교회(마 28:18-20; 행 1:8; 6:1-7; 13:47-48; 16:9-10; 17:26-27; 갈 3:28) 그리고 미래의 하나님 나라(계 7:9)를 위한 하나님의 의도된 계획의 일부였는지를 살펴볼 것이다. 이 토론 내용은 다민족적 맥락에서 신앙 형성을 이해하기 위한 신학적 토대를 마련하는 데 매우 중요하다.

### 1) 다양성과 하나님의 창조

창세기 1-3장에 기록된 창조 이야기는 다양성이 분명한 하나님의 계획이었음을 보여 준다. 창세기 1-3장 본문을 주의 깊게 읽으면 다양성이 창조의 구조와 밀접하게 엮여 있으며 인간도 그 다양성의 일부임을 알 수 있다. 창조 기사는 하나님이 인간, 동물, 바다 생물, 초목, 행성, 그리고 기타 모든 피조물을 창조했을 때 엄청난 다양성의 세계를 만들었음을 보여 준다.

다양성과 다양한 만물을 최고 수준으로 확인시켜 주는 것이 바로 하나님의 창조가 보여 주는 경이로움이다. 하나님은 자신의 선한 목적을 위해 만물이 조화롭게 움직이기를 원하시기에 의도적으로 이 세상을 다양하게 창조하셨다. 하나님의 선하심은 모든 피조물에서 다양한 형태와 모양으로 구별된다.

이 창조된 세계가 삼위 하나님의 다양성에 관한 명확한 진술을 반영하고 있다는 점은 주목할 만하다. 세상을 창조하신 하나님의 목적은 하나님 자신의 다양성과 삼위일체를 가장 적절한 방식으로 불어넣는 것이었다. 삼위일체라는 개념이 어떤 사람들에게는 낯설겠지만, 이 삼위일체라는 단어가 말하는 것은 신격 안에 있는 '삼중성'(threeness)이다.

예를 들어, 창세기 1장 1절에서 하나님에 대해 사용된 히브리어 단어는 엘(אֵל, 하나님 또는 신을 의미)의 복수형인 "엘로힘"(אֱלֹהִים)이다. 하나님의 복수형 엘로힘은 창세기 1장 26절에도 기록되어 있는데 그 대명사의 사용에 주목할 필요가 있다.

> 하나님이 이르시되 우리의 형상을 따라 우리의 모양대로 우리가 사람을 만들고 …
> (창 1:26a).

이 구절에서 하나님은 누구에게 말씀하시는 것일까?

만일 하나님이 한 본질에 세 신적 위격이 아니시라면, 26절은 복수형 1인칭 대명사를 사용하지 않았을 것이다.

창세기에는 1장 26절 외에도 아담과 하와가 하나님께 범죄한 후인 창세기 3장 22절, 그리고 바벨탑 이야기의 일부인 창세기 11장 7절과 같이 하나님의 복수형이 언급된 구절들이 있다.

마태복음 3장 16-17절(예수님의 세례), 마태복음 28장 19절(대위임령), 고린도후서 13장 14절(고린도의 성도들에 대한 바울의 축복), 베드로전서 1장 2절(소아시아에 흩어져 있는 그리스도인들에게 전하는 베드로의 문안), 그리고 신약성경의 많은 다른 구절에서도 하나님의 복수형을 명시적으로 가르친다.

이 모든 것이 본질적으로 다양성이 삼위일체 하나님에게서 비롯되었음을 말하고 있다. 하나님은 자기 본성의 다양성과 통일성을 반영하기 위해 인간을 자신의 형상을 지닌 사람으로 창조하신 분으로, 본질적으로 한 분이시지만 성부, 성자 예수 그리스도, 성령이라는 구별된 세 위격으로 존재하신다(눅 3:21-22; 고전 8:6; 엡 4:1-6; 골 1:15-17).

## 2) 다양성과 하나님의 교회

교회의 다양성 문제를 생각할 때마다 하나님이 혼란과 분열이라는 저주로 교만한 인류에게 벌을 내리는 바벨탑 이야기(창 11:1-9)가 종종 떠오른다. 이 이야기를 근거로 일부 그리스도인은 다양성이 하나님에 대한 인류의 반역 결과라고 주장하며 교회에서 민족적, 문화적 다양성을 받아들이기를 거부한다.

바벨탑을 건설한 인류에 대한 하나님의 결정이 언어의 혼란과 민족의 분열을 가져온 것은 사실이지만(창 11:7-8) 그것이 바벨탑 이야기의 끝이 아님을 기억해야 한다.

하나님은 오순절(행 2장)을 통해 바벨탑의 저주를 뒤집으시고 민족과 민족을 하나로 통일시키셨다. 이 반전의 가시적 표현이 바로 교회의 시작이다. 교회는 죄, 문화, 인종, 민족, 사회계급, 경제로 분열된 사람들을 재결합시키기 위한 하나님의 도구이다.

사도행전에서 분명히 알 수 있듯이 초대 교회는 다양한 집단의 사람들로 구성되어 있었다. 모든 족속으로 제자를 삼는 사역은(마 28:18-20) 성령이 예루살렘에 오심으로 시작되어(행 1-7장) 유대와 사마리아(행 8-9장), 그리고 세계 각지로 확장된다(행 10-28장). 기독교가 전파되면서 주로 유대교 신자가 주를 이루던 하나님의 백성들은 다양한 국제적 공동체가 되었다.

그 결과 안디옥에 최초의 다민족 교회가 탄생했다(행 11:20). 안디옥 교회의 설립은 초기 그리스도인들의 매우 강력한 업적이다. 1세기 당시 시리아의 안디옥은 번성하는 로마의 식민지로 다양한 국적의 사람들이 많이 거주했다.

안디옥은 유대인, 시리아인, 아랍인, 그리스인, 페르시아인, 아르메니아인, 로마인, 바대인, 갑바도기아인, 아프리카인 등 18개의 각기 다른 민족으로 구성된 도시였다.[4] 도시의 다양성은 불신자들 사이에 갈등, 분열, 폭동, 낮은 수준의 사회적 자본(social capital, 사회 구성원들 간 신뢰, 규범, 제도, 네트워크 등의 사회적 자산을 의미하는 것-역자 주) 등을 야기시켰지만, 그리스도를 따르는 사람들은 인종적, 민족적 갈등을 넘어서 하나님의 은혜와 사랑이 충만한 통일된 공동체를 만들었다(행 11:23).

이런 희생적인 노력으로 안디옥의 그리스도인들은 그들 사회에 존재했던 문화적 소외감을 바꿀 수 있었다. 모든 인간을 하나님의 형상을 지닌 사람으로 여긴 이 초기 신자들은 안디옥의 다양한 사람을 섬겼고 1세기의 반문화 세력이 되었다(갈 2:11-14). 하나님의 은혜는 문화적, 민족적 장벽을 무너뜨렸고 다양한 민족으로 이루어진 그리스도의 통일된 몸을 창조했다. 참으로 놀라운 이야기가 아닐 수 없다.

### 3) 다양성과 하나님 나라

창조와 교회가 일치된 다양성으로 시작되었듯이, 장차 하나님 나라가 온전히 이루어지면 인류의 풍요로운 다양성을 목격하게 될 것이다. 하나님 나라 이야기는 민족적으로 다양한 미래를 일관되게 묘사한다. 성경이

---

**4** R. Stark, *The Rise of Christianity*: *A Sociologist Reconsiders History* (Princeton: Princeton University Press, 1996), 27, 158.

라는 캔버스에 그려진 하나님 나라의 그림은 장차 도래할 하나님 나라가 교회에서 목격하는 전형적인 인종적, 문화적 동질성보다 민족적으로 더 다양할 것임을 보여 준다.

하나님 나라의 계획은 이 땅의 모든 나라를 포함한다(창 18:18-19). 그리스도 안에서의 일치는 여전히 장래 하나님 나라의 중심이 되겠지만, 다양한 민족적, 문화적 배경을 가진 수많은 사람이 포함될 것이다(계 5:9; 7:9-12).

모든 인류를 포함시키려는 이 의도는 성경 전체에서 볼 수 있다. 그 첫 번째 지표는 아브라함 언약(창 12:2-3; 17:4) 또는 이른바 구약의 선교 명령에서 찾을 수 있다. 하나님은 이 명령을 통해 아브라함의 후손으로 여러 나라를 이루려는 계획을 설명하신다(창 17:4; 행 3:25; 갈 3:8).

이 계획은 창세기 12장 2-3절에서 수립되어, 아브라함의 아들과 손자로 새롭게 되었고(창 26:2-5; 28:10-17), 이스라엘 민족에게 확증되었으며(사 42:1-6; 렘 31:31-37), 예수 그리스도를 따르는 사람들과 함께 공식화되어(마 28:18-20; 눅 24:47; 엡 4:11-12), 하나님 나라에서 완전히 실현될 것이다(계 5:9; 7:9-12). 요한계시록 5장 9절과 7장 9-12절은 모든 나라와 족속, 언어를 가진 수많은 사람이 하나님 앞에 서서 하나님을 경배하는 장차 올 하나님 나라의 민족적 다양성의 아름다움을 묘사한다.

앞선 논의에서 알 수 있듯이, 우리가 거듭났든 아니든 다양성은 인간 존재에 내재되어 있다. 왜냐하면, 하나님이 모든 사람을 창조하신 방식이 바로 다양성이기 때문이다.

그리스도인들에게 다양성은 교회와 세상 속에서 자신의 삼위일체적 본성을 반영하기 위해 인간을 자신의 형상을 지닌 존재로 창조하신 하나님에게서 비롯되기 때문에 좋은 영적 공동체를 구성하는 요소이다. 말하자면, 그리스도 안에서의 일치는 모든 그리스도인이 추구해야 할 것, 특히 교회 안에서 신앙 형성을 위해 추구해야 할 것이다. 이것이 그리스도를 믿는 모든 신자를 향한 하나님의 뜻이다(요 17:23; 롬 12:4; 엡 1:10; 4:3, 13, 16).

## 3. 다민족 기독교 신앙

이전에 살펴본 이론적, 신학적 이해를 바탕으로 이 섹션에서는 다민족 그리스도인의 삶에서 신앙의 합리적이고 관계적인 차원과 그 형성적 역할을 이해하기 위한 개념적 체계를 제공한다.

이론적으로 말하면 합리적 차원은 우리가 분명히 이해하고 있는 성경적 지식과 신념에 대한 의식적인 헌신을 나타내고, 관계적 차원은 기도의 방식, 영성의 표현, 영성 훈련의 방법, 예배의 형태 등과 같이 신앙을 준수하는 기독교적 관행이나 행동을 나타낸다. 다민족 그리스도인의 삶에서 신앙의 합리적 차원과 관계적 차원은 분리할 수 없다. 이 두 차원은 상호 작용을 통해 신앙을 성장시킨다.

이어지는 논의에서는 복음주의 기독교 신학에 뿌리를 두고 있음에도 불구하고 다민족 신앙이 어떤 것인지, 어떻게 성장하는지, 어떤 문화적 자질을 취할 수 있는지를 설명한다. 그 설명은 신앙 형성이 다양한 형태의 성경적, 문화적 영향을 받기 쉬운 복잡한 과정이라는 전제를 기반으로 하고 있다.

예수 그리스도에 대한 신앙은 신자들을 향한 하나님의 은혜의 역사이지만(요 16:8; 롬 3:22; 10:17; 엡 2:8-9), 신앙은 신자들의 교회-문화적(즉, 교회와 문화) 맥락 안에서 이차적으로 경험되고 발전된다(요 17:15-19). 이 가정은 신앙의 이차원적 특성, 즉 이성적, 관계적 특성을 반영하고 신앙 형성을 개념적, 경험적 지식과 결부시킨다.

성경에 기반한 개념적 지식과 더불어 다민족 신자들이 교회-문화적 경험을 통해 배우는 방식은 그들의 신앙 형성에 중요한 수단이 된다. 다민족 그리스도인의 삶에서 신앙의 합리적, 관계적 측면과 그 역할은 다민족 신앙의 구성 및 방향을 이해하는 데 반드시 필요한 전제와 개념을 명확히 하는 역할을 하기 때문에 보다 면밀하게 검토할 가치가 있다.

## 1) 성경적 지식과 다민족 기독교 신앙의 합리적 차원 간 교육적 연결

다민족 신앙의 합리적 차원은 성경적 지식과 교훈적으로 연결되어 있는 다민족 신앙의 내용 영역에 해당한다(그림 9.2). 이 불가분의 연결은 그리스도 안에서 새로운 핵심 정서를 만들어 내는데, 이 정서는 다민족 신자를 자신-하나님의 결합으로 향하게 하는 거듭난 형태의 영적 자각이다(시 37:4; 렘 24:7; 겔 11:19; 36:26; 롬 12:2).

이런 신앙적 지향은 하나님에 대한 지식에서 성장하는 개별적 과정을 시작하고 다민족 그리스도인이 합리적 신앙을 추구하는 데 집중하도록 한다. 다민족 신앙의 합리적 차원에서 내용을 이루는 것은 교회가 가르치고 개인이 배운 하나님의 말씀이다.

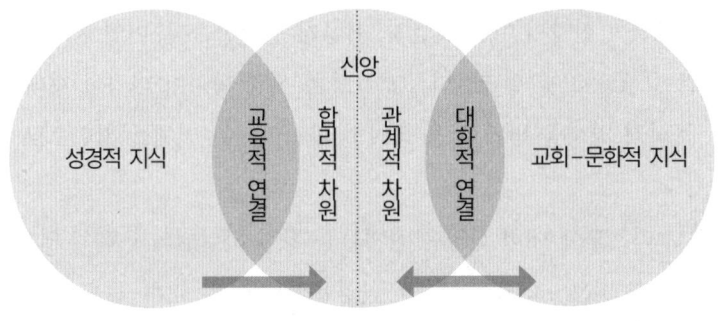

[그림 9.2] 다민족 기독교 신앙

성경적 지식과 다민족 신앙의 합리적 차원 사이의 교육적 연결을 이해하기 위해서는 합리적(또는 도식적) 차원과 관계적(또는 주제적) 차원을 형성하는 세 가지 신앙의 요소를 기억할 필요가 있다.

제3장에서 언급했듯이 신앙은 성경적 지식, 확신, 신뢰라는 세 요소를 가지고 있다. 성경적 지식과 신념은 신앙의 이성적 차원을 형성하고, 신뢰는 신앙의 관계적 차원을 형성한다. 무오한 하나님의 말씀은 지식과 신

념이라는 요소를 형성하기 때문에 합리적 차원은 문화적인 동시에 초문화적이다. 즉, 말씀은 문화 위에 있으며 어떤 상황에서도 적용될 수 있다(시 119:89; 사 40:8; 눅 16:17; 요 8:32; 딤후 3:16). 그러나 신뢰라는 신앙 요소는 신자의 교회-문화적 맥락에 자리한 신앙의 실제적 결과나 행동적 결과를 나타낼 뿐이기 때문에 관계적 차원은 상황에 따라 영향을 받을 수 있고 특정한 문화적 특성을 가질 수 있다.

교육적 연결에 대한 이론적 도식은 다민족 신앙의 합리적 차원과 성경적 지식, 즉 성경적 원리로 덮인 개념적 지식의 한 형태 사이에 단 방향적 관계가 존재한다는 주장을 바탕으로 이루어졌다(그림 9.2 참조).

'교육적'(didactic, 헬라어 *didasko*, '가르치다'에서 유래)이라는 용어는 사실과 추론을 포함하는 교수-학습의 교수법을 말한다. 이 용어는 다민족 신앙 형성을 교회가 가르치는 하나님의 진리를 이해하고 신앙의 내용을 발전시키는 능동적 과정으로 개념화한다.

다민족 신앙 형성에서 교육적 연결은 다민족 교회와 회중 간의 가르침의 관계, 그리고 성경과 신앙 사이의 배움의 관계와 같은 교육학적 관계를 의미한다. 넓은 의미에서 가르침의 관계는 제자를 만드는 다민족 교회와 제자 공동체로서 회중 사이의 사역적 연결을 말하며, 배움의 관계는 학습되는 성경 내용의 의미와 회중의 신앙 성장 사이의 인식적 연결을 말한다.

기본적으로 교육적 연결 개념은 가르침과 배움이라는 교육학적 역학이 다민족 신앙 형성에 뿌리를 두고 있다고 단언한다. 교회는 회중이 의미 있는 성경의 원리를 배우고 신앙으로 성장할 수 있도록 학습 기회와 영적 초점을 제공하는 교육자가 된다.

다시 말해, 다민족 신앙 형성은 교회가 가르치는 진리의 증거가 올바른 지식을 낳고, 회중이 배운 확신의 증거는 신념(belief)을 생성하기 때문에 양질의 성경적 가르침에 대한 교회의 헌신 및 하나님의 말씀 안에서 배우고 성장하고자 하는 회중의 헌신과 관련이 있다.

지식과 확신의 융합은 다민족 신앙의 합리적 차원을 형성하는 인지적 원천이 된다. 이 인지적 신앙의 원천은 '사람이 알고 믿는 것'과 관련이 있다. 전체적으로 볼 때, 다민족 신앙은 성경에 대한 강력한 실제적 지식을 기반으로 한다(요 8:32; 20:30-31; 딤전 2:4; 딤후 1:12).

합리적 차원은 다민족 신앙의 근간이다. 형성 과정을 인도하는 합리적 차원이 없다면, 다민족 신앙은 어떤 실체나 활력도 갖지 못할 것이다. 다음에 논의할 관계적 차원은 다민족 신앙의 중요한 구성요소이지만, 단지 다민족적 그리스도인들이 그리스도를 알고 믿는 것에서 나오는 행동 결과를 나타낼 뿐이다.

### 2) 교회-문화적 지식과 다민족 기독교 신앙의 관계적 차원 간의 대화적 연결

다민족 신앙의 관계적 차원은 다민족 신앙이 교회-문화적 지식과 대화식으로 연결되어 있는 행동 영역을 나타낸다(그림 9.2 참조). 이 역동적 연결은 사회문화 의식의 기독교적 형태인 집단적 공감을 만들어 내는데, 이는 다민족 그리스도인들을 자신과 타인의 결합으로 이끈다. 이런 신앙의 지향은 다민족 그리스도인들이 신앙을 영적 삶에 있어 더 크고 더 포괄적인 전체의 일부로 간주하도록 한다.

교회의 공동 영적 유산과 다른 사람들의 영적 필요를 바탕으로 다민족 그리스도인들은 초기 그리스도인들이 신앙의 공동체적 가치를 이해했던 것처럼 교회의 다른 신자들과 함께 받아야 할 하나님의 선물인 신앙에 접근하는 법을 배운다(행 2:42, 47; 고전 10:24; 엡 4:12-16).

위에서 언급한 대화적 연결을 이해하기 위해서는 집단적 공감이 무엇이며 이 집단적 공감이 다민족 그리스도인의 삶에서 어떻게 작용하는지 이해할 필요가 있다.

집단적 공감은 다민족 그리스도인의 세계관에 내재된 열정적인 인식이다. 집단적 공감은 강력한 제안으로 작용하며 다민족 그리스도인들이 다른 신자들과 조화를 유지하기 위해 자신의 신앙을 외부화하도록 돕는다. 인지적 공감과는 반대로 집단적 공감은 개인의 공감적 정서가 어떻게 나타나 집단 지향적이 되는지를 보여 준다.

집단적 공감은 인간의 감정과 사회적 집단 간의 관계를 설명하는 집단 간 감정 이론(intergroup emotions theory)에서 비롯된다.[5] 집단 간 감정 이론은 집단은 집단적 자아에 통합되어 있기 때문에 사람은 집단과의 유대가 강할수록 그 집단에 기반한 감정을 경험할 가능성이 더 높다고 가정한다. 이것은 특히 다민족 그리스도인들에게 해당된다.

다민족 그리스도인들은 다양한 집단에 노출되어 있기 때문에 자연스럽게 더 폭넓고 수용적인 마음가짐(mindfulness)을 개발하며, 이는 다른 사람들과의 차이를 인식하고 받아들이는 인지적 기반이 된다. 타인에 대한 이 공동의 이해는 집단적 공감으로서 사회문화적 의식으로 성장하고 발전한다. 다민족 신앙의 삶에서 집단적 공감은 교회-문화적 지식의 인식론적 기초 역할을 한다.

대화적 연결에 대한 이론적 도식은 다민족 신앙의 관계적 차원과 집단적 공감에 둘러싸인 경험적 지식의 한 형태인 교회-문화적 지식 사이에 상호적 관계가 존재한다는 주장을 바탕으로 이루어졌다(그림 9.2 참조).

'대화'(dialogue, 헬라어 *dia*[-을 통해, 가로질러]와 *logos*[말, 의견, 이성, 연설]가 결합된 *dialogos*에서 유래)라는 용어는 경험과 귀납 추론(induction)을 포함하는 통합적 지식의 한 형태를 말한다. 대화의 개념은 다민족 신앙 형성을 교회-문화적 경험을 통해 지식을 습득하고 신앙의 구조를 발전시키는 지속

---

5  Diane M. Mackie, Eliot R. Smith, and Devin G. Ray, "Intergroup Emotions and Intergroup Relations," *Social and Personal Psychology Compass* 2, no.5 (2008): 1866-80.

적인 과정으로 개념화한다.

 예를 들어, 다민족 그리스도인들은 신앙생활에 참여할 때 그들의 영적 삶을 둘러싼 다른 사람들과 조심스럽게 교류해야 한다. 그들이 속해 있는 교회-문화 공동체는 그들이 공동체의 영적, 사회문화적 기대를 조심스럽게 수용하기를 원한다. 그 후 다민족 그리스도인들은 성경에 대한 합리적 초점을 유지하면서 공동체의 기대에 맞게 대화를 통해 신앙의 관계적 차원을 조정하는 법을 배운다.

 이런 이유로 많은 다민족 그리스도인이 문화적으로 매력적이면서도 신학적으로는 보수적인 복음주의 신앙을 발전시킬 수 있다. 교회-문화적 맥락과 성경에 대한 그들의 지식은 이런 유형의 전인적 신앙을 형성하는 촉매제가 된다.

 다민족 그리스도인의 신앙 형성을 연구할 때, 우리는 신앙의 관계적 차원이 그들의 삶에서 어떤 역할을 하는지 기억할 필요가 있다. 신앙은 예수 그리스도를 통해 살아 계신 하나님과의 개별적 만남에서 나오지만, 교회-문화적 영향으로 인해 상황에 따른 특정 느낌과 표현을 가질 수 있다. 지역의 교회-문화 공동체에 내재된 다양한 신념과 관행은 이런 유형의 영향력을 발휘하는 강력한 원천이 된다. 다민족 그리스도인의 삶은 문화적 영향을 받지 않는 개별적 사건이 아니다.

## 4. 결론

 이 장의 서두에서 지적했듯이, 다민족적 맥락에서 신앙 형성을 이해하는 것은 매우 중요하다. 다민족 그리스도인의 신앙 형성에서 합리적 차원은 신앙의 교리적 특성, 즉 그들이 그리스도를 알고 믿는 것을 보여 주고, 관계적 차원은 신앙의 기능적 특성, 즉 그들이 삶에 대한 신뢰를 어떻게 실천하는지를 보여 준다. 다민족 그리스도인들이 성경적, 문화적 DNA와 일치하여 성장할 수 있는 것은 이 두 신앙 차원 간의 섬세한 균형 유지를 통해서이다.

## 5. 토론을 위한 질문

1. 문화란 무엇인가?
   신앙과 문화 사이에는 어떤 관계가 존재하는가?
2. 문화적 다양성이라는 개념은 성경적인가 아니면 비성경적인가?
3. 문화는 신앙에 영향을 미치는가?
   만일 그렇다면 문화는 우리가 신앙을 이해하고 신앙으로 성장하는 방식에 어떤 영향을 미치는가?
   만일 그렇지 않다면 그 이유는 무엇인가?
4. 신앙은 문화에 영향을 미치는가?
   만일 그렇다면 신앙은 우리가 문화를 이해하고 접근하는 방식에 어떤 영향을 미치는가?
   만일 그렇지 않다면 그 이유는 무엇인가?
5. 다민족성과 다문화주의의 차이점을 설명하라.
   그리스도인들은 이 문화적 다양성 이론에 어떻게 반응해야 하는가?
6. 동화와 문화 변용의 차이점을 설명하라.
   그리스도인들은 이 문화적 적응 이론에 어떻게 반응해야 하는가?
7. 이 장에서 논의된 신앙의 합리적 차원과 관계적 차원 사이의 관계를 설명할 수 있는가?
8. 지역교회가 성도들을 성경적 신앙으로 교육하는 데 있어 보다 효과적으로 교육할 수 있는 방법은 무엇일까?

## 6. 추가 도서 목록

DeYmaz, Mark, and Bob Whitesei. *re-MIX: Transitioning Your Church to Living Color*. Nashville: Abingdon, 2016.

DeYmaz, Mark, and George Yancey. *Building a Healthy Multi-Ethnic Church: Mandate, Commitments, and Practices of a Diverse Congregation*. San Francisco: Jossey-Bass, 2007.

Hiebert, Paul. *Transforming Worldviews: An Anthropological Understanding of How People Change*. Grand Rapids: Baker Academic, 2008.

Kullberg, Kelly Monroe, and Lael Arrington. *Faith and Culture: A Guide to a Culture Shaped by Faith*. Grand Rapids: Zondervan, 2011.

McIntosh, Gary, and Alan McMahan. *Being the Church in a Multi-Ethnic Community: Why It Matters and How It Works*. Fishers, IN: Wesleyan Publishing, 2012.

# 제10장

## 세계화 상황에서의 신앙 형성

교회 전반에 변화의 바람이 불고 있다. 교회가 신학적, 문화적 자유주의에 맞서는 근본주의 기독교(1800년대 후반부터 1900년대 초반까지)의 출현과 예수 그리스도를 믿음으로 말미암은 칭의 교리를 옹호하는 복음주의적 기독교 운동의 출현(1950년대부터 현재까지)을 목격한 지는 그리 오래되지 않았다. 오늘날 교회는 급변하는 세상 속에서 기독교 신앙을 유지하려는 세계적 기독교 운동을 경험하고 있다.

대륙을 넘나드는 민족, 문화, 사상의 흐름이 교회를 재편하고 있는 가운데 기독교 지도자들은 세계화라는 전례 없는 주제 한가운데 있다. 일부 지도자들은 세계화에 대해 이의를 제기하고 있지만, 많은 지도자가 세계화를 교회에서 연구해야 할 불가피하고 돌이킬 수 없는 추세로 보고 있다. 그들은 세계화에 대한 광범위한 분석을 제시하고 초국가적 문화와 기독교 신앙 사이의 관계를 이해하기 위해 노력한다. 세계화는 기독교를 새로운 시대로 이끌었다.

이 장의 목적은 글로벌 신앙 형성에 대한 개념적 체계를 잘 정의하여 제시하는 것이다. 이 장에서 '신앙'이라는 용어는 '기독교 신앙'과 동의어로 사용되며, '글로벌 신앙'과 '디아스포라 신앙'(diasporic faith)이라는 용어는 각각 '글로벌 기독교 신앙'과 '디아스포라 기독교 신앙'과 동의어로 사용된다.

## 1. 세계화와 문화

가장 단순한 의미에서 세계화는 오늘날 세계의 모습을 나타낸다. 사람들은 이전에 비해 훨씬 더 다양해지고 더 복잡해진 국제화 시대에 살고 있다. 세계화의 움직임을 지켜보는 사람들은 전 세계적인 사회문화적, 경제적, 정치적, 종교적 변화와 그 변화가 국가, 정부, 기업, 교회에 미치는 영향에 주목했다.

간단히 말해서, 세계화라는 개념에는 물리적, 이념적 차원이 존재한다. 세계화의 물리적 차원은 세계 각지에 걸친 인간 활동의 국제적 확장과 단일 세계 구조를 향한 움직임을 나타낸다. 급증하는 기술 혁신(인터넷, 텔레비전, 모바일 기술 및 사물 인터넷 등), 여행 산업의 성장, 기독교의 확장은 세계화라는 이 물리적 움직임에 크게 기여했다.

세계화의 이념적 차원은 다양한 문화와 사회를 가로질러 인간의 마음을 연결하는 초국가적이고 초문화적인 자의식의 발전을 포함한다. 세계화의 이런 인지적 요소는 문화적 개념의 자발적 교환과 상호 흡수를 특징으로 하는 끊임없이 성장하는 관계의 일환이다.

세계화에 관한 연구에서 문화적 세계화란 다양한 민족 집단 간의 초국가적 상호 연결과 상호 의존을 초래하는 전 세계적 상호 작용을 위시한 다차원적 현상을 말한다. 단순한 의미에서 문화적 세계화는 지역과 대륙의 연속선 상에 위치한 사람들의 사회문화적 상호 연결과 상호 의존의 심화를 수반한다. 이 연속선의 한쪽 끝에는 전 세계의 인간 상호 작용을 연결하고 확장하는 사회적 상호 연결이 자리하고 있다.

이것은 그야말로 한 지역에서 일어나는 모든 일들이 전 세계 모든 사람에게 영향을 미친다는 의미이다. 다른 한쪽 끝은 사람과 조직이 다양한 생각, 상품, 자원을 함께 공유할 수 있도록 하는 문화적 상호 의존이 존재한다. 일반적으로 21세기의 문화적 세계화는 사람들이 점점 더 하나로 통합되고 서로 의존하는 것을 말한다. 물리적 거리는 더 이상 중요하지 않다. 한 지역에서 일어나는 일은 다른 지역의 사람들에게 영향을 미친다.

국제 공동체의 구성원으로서 우리는 다음과 같은 질문을 던져야 한다.

세계가 점점 더 국경 없는 세상이 되면서, 문화적 세계화는 문화의 균질화(the homogenization of culture), 문화의 이질화(the heterogenization of culture), 문화의 혼성화(the hybridization of culture)로 이어지는 것일까?

문화적 균질화는 초국가적 차원에서 일어나는 동화 과정으로 지역 문화가 그야말로 지배적 문화로 '흡수'(absorbed)된다는 의미이다. 결과적으로 문화적 균질화는 문화적 다양성을 떨어뜨리고 단일한 세계 문화를 초래한다.

현지화(glocalization)라고도 불리는 문화적 이질화는 초국가적 차원에서 일어나는 문화 변용으로 자신의 지역 문화를 보존하면서 다른 문화의 다양한 가치, 신념, 제도를 '채택'(adopting)하는 것이다. 문화적 이질화는 문화적 다양성을 증가시키고 다문화 세계로 이어진다.

반면에 문화적 혼성화는 새롭고 의미 있는 것을 창조하기 위해 각각 다른 문화적 신념, 가치, 상징, 관행들을 조합한다. 이 과정은 다양한 문화 요소를 종합하고 새로운 초국가적 문화를 창조하는 것을 포함한다.

위에서 제기된 질문에 답하기는 어렵지만, 표면적으로는 문화의 혼성화가 자연스럽게 세계화를 동반한다고 가정해도 무방하다.

21세기에 걸맞는 사역을 하기 위해서는 모든 신자가 문화적 혼성화를 동반한 세계화가 그리스도인의 삶에 어떤 영향을 미치는지 연구하고 세계 사역에 필요한 적절한 기술을 습득해야 한다. 그리스도인은 더 이상 다른 사람들과 분리되어 개별화된 단일문화적 존재로 세상에 존재할 수 없다. 모든 사람은 예수 그리스도라는 세계적 몸 안에서 서로 연결되어 있다.

## 2. 세계화와 기독교

### 1) 세계적 신앙으로서의 기독교

기독교는 세계적 신앙이다. 기독교 신앙은 예수 그리스도를 세상에 전하는 복음 전파의 사명으로 세워졌다는 점에서 항상 세계적이었다 (마 28:18-20; 막 16:15; 요 20:21-23; 행 1:4-8). 기독교는 타협하지 않는 하나님의 말씀에 대한 견고한 핵심을 유지하면서, 길을 잃은 사람들이 기독교 신앙에 관심을 갖도록 하기 위해 그들의 마음에 부드럽게 스며들 수 있는 위치를 고수하기 위해 노력했다. 처음부터 기독교 신앙은 그리스도의 사명에 뿌리를 둔 복음 전파 위에 세워졌다.

예수님이 제자들 그리고 앞으로 예수님을 따를 모든 사람들에게 주신 마지막으로 기록된 개인적 가르침인 지상명령과 함께 기독교는 전파되었다. 교회가 시작되고 처음 4세기 동안 기독교는 로마제국 전체에 천천히, 그러나 꾸준히 전파되었다.

콘스탄티누스 황제가 밀라노 칙령(AD 313)을 발표하여 기독교를 로마제국의 국교로 제정한 이후, 기독교는 인도(1세기)와 중앙아시아(2세기)를 포함한 그레코로만 세계에 급속히 전파되었다. 로마제국이 멸망한 후(AD 476), 기독교는 북유럽 전역으로 퍼져 나갔고, 그 후 중국(7세기)과 러시아(9-10세기)로 퍼져 나갔으며, 중세 시대에는 동아시아(7-13세기)와 동남아시아(12-16세기)로 퍼져 나갔다.

고대 고전주의, 인본주의, 모더니즘, 포스트모더니즘 등의 부정적 영향이 기독교의 전파를 방해했지만, 기독교는 계속해서 전 세계로 퍼져 나갔다. 오늘날 기독교는 다른 어떤 종교보다 더 많은 신자를 가지고 있다. 한때 지중해 지역의 종교로만 여겨졌던 기독교가 이제는 세계의 종교가 되었다. 현재 전 세계 인구의 약 33퍼센트인 3분의 1이 기독교인이다.[1] 기독교는 세계적 신앙이 되었다.

## 2) 변화하고 있는 세계 기독교의 중심

21세기인 오늘날에도 전체 기독교 인구는 여전히 증가하고 있지만 그 증가는 주로 남반구(the global South) 국가에서 일어나고 있다. 좀더 자세히 말하면 아프리카, 아시아, 중남미 지역에서 기독교 인구의 증가세가 아주 두드러진다.

1900년대 초, 기독교는 유럽과 북미 같은 북반구(the global North) 국가들의 종교로 여겨졌다. 당시 세계 기독교 인구의 80퍼센트 이상이 북반구에 위치한 국가에서 살고 있었지만 이 수치는 1970년에 무려 43퍼센트까지 떨어졌다. 이 통계를 근거로 가까운 미래에는 전체 기독교인의 66퍼센트 이상이 남반구 국가에서 나올 것으로 추산된다.[2]

북반구의 기독교 인구 감소와 더불어 기독교의 무게 중심은 남반구로 이동했다. 아프리카 교회의 힘찬 성장, 아시아 복음주의 교회의 폭발적 증가, 중남미 지역의 오순절 교회의 부상은 전 세계 인구통계학적 지형을 급격하게 변화시키고 있다.[3]

이런 현상과 관련된 한 가지 흥미로운 사실은 점점 더 많은 수의 기독교 선교사들이 남반구에서 배출되고 있다는 점이다. 이런 현상은 사명의 역전이 일어나고 있음을 의미한다. 전통적으로 선교사들은 주로 유럽과 북

---

1 Todd M. Johnson, *Christianity in Its Global Context, 1970-2020: Society, Religion, and Mission* (South Hamilton, MA: Gordon-Conwell Theological Seminary Center for the Study of Global Christianity 2013), 13.
2 Johnson, *Christianity in Its Global Context*, 14.
3 Johnson, *Christianity in Its Global Context*, 22-33, 34-43, 54-61.

미에서 남부의 국가들로 파송되었다. 그러나 이제는 과거에 선교지였던 국가에서 파송된 선교사들이 북반구 국가들에게 다시 복음을 전하고 있다. 이제 남반구는 기독교의 진원지가 되었다.

이런 변화는 기독교 인구통계학의 판도를 바꿀 뿐만 아니라 신앙을 이해하는 방식도 바꾸고 있다. 기독교의 급속한 성장은 전 세계적으로 신앙을 이해하고 실천하는 방식에 새로운 관점과 새로운 표현을 가져왔다.

특히, 아프리카, 아시아, 중남미의 그리스도인들은 집단주의적 세계관을 통해 신앙 형성을 이해하고 그들의 상황에서 문화적으로 적절하면서도 구속적인 방식으로 신앙을 상황화하려고 노력하고 있다. 교회 사역과 그리스도인의 삶을 위해 그들은 신앙에 대한 문화적 관련성을 더 크게 요구하고 있다.

## 3. 세계화와 디아스포라 교회

### 1) 디아스포라 그리스도인

기독교 신앙의 세계적 확산에 더하여 디아스포라 교회의 발전은 세계 기독교 지형에 큰 영향을 미치고 세계 복음화 운동에 크게 기여하고 있다. 327개 그룹, 8억 5천 9백만 명이 자국을 떠나 타국에 거주하고 있는 것으로 추정된다. 이 추정치는 세계 인구의 12.5퍼센트(혹은 10명 중 1명 이상)가 해외에 거주하거나 이동 중임을 보여 주기 때문에 다소 충격적이다.

이 디아스포라 인구 중 그리스도인이 가장 큰 비중을 차지한다. 디아스포라 인구의 거의 절반(47.4%)이 그리스도인으로 추정되며,[4] 그 수는 세계

---

4   Johnson, *Christianity in Its Global Context*, 82.

인구의 5.9퍼센트에 해당하는 4억 700만 명이다.

디아스포라 그리스도인들은 기독교 신앙의 세계적 확산과 활성화에 많은 기여를 하고 있다. 그들은 가는 곳마다 신앙을 가지고 교회를 개척하며 지역공동체의 복음 전도에 관여한다. 그들의 주요 관심사 중 하나는 지역교회를 하나님 나라 사역을 위한 구원공동체로 세우는 것이다(마 6:10; 28:18-20; 눅 22:29; 행 2:42-47; 골 1:13-14; 히 10:24-25; 계 1:6).

세계 인구통계학적 추세에 따르면 디아스포라 그리스도인의 수는 향후 수십 년 동안 지속적으로 증가할 것이며, 기독교 신앙의 미래에 지대한 영향을 미칠 것으로 보인다. 디아스포라 그리스도인들은 전 세계에서 기독교 신앙 확산의 주요 주체가 되었다.

### 2) 디아스포라의 성경적 의미

선교학계의 디아스포라 연구는 주로 세계의 기독교 이민자 공동체에 초점을 맞추고 있으며 증가하는 그들의 수와 문화-종교적 특성에 주목한다. 디아스포라 개념이 세계 선교에 대한 담론의 화두가 되었고 광범위한 토론과 논쟁을 불러일으킨 반면, 그 성경적 의미에 대해서는 거의 관심을 기울이지 않았다.

'디아스포라'라는 용어는 고대 유대 역사에서 유래한 성경적 개념이다. 디아스포라(διασπορά)는 '흩어짐'을 의미하는 헬라어 여성 명사의 음역으로 '해외로 흩어지다' 또는 '흩어지다'를 의미하는 동사 '디아스페이로'(διασπείρω)의 파생어이다. 디아스포라의 성경적 사용은 70인역(신 28:25; 시 146:2; 사 49:6; 렘 15:7)과 신약성경(요 7:35; 약 1:1)에 예시된 바와 같이 '유배'를 뜻하는 히브리어 단어 '갈루트'(גָּלוּת)에서 유래했으며, 이는 유대인들의 역사적 흩어짐을 의미한다.

구약성경과 다른 고대 유대 문헌에서 디아스포라는 고국 밖에서 이스라엘 사람들의 분산과 광범위한 정착을 설명하는 데 사용되었다. 디아스포라는 먼저 이스라엘에서 외국 땅으로 유대 민족이 흩어지는 것을 가리키는 말로 사용되었다(신 10:10; 28:25; 30:4; 사 49:6; 렘 15:7; 41:17).

최초의 유대인 디아스포라는 기원전 8세기에 아시리아제국이 북왕국 이스라엘을 강제로 추방했을 때 일어났다. 그러나 보다 영구적인 유대인 디아스포라는 기원전 6세기에 바벨론 유배 기간 동안 느부갓네살왕이 유대인들을 남왕국 유다에서 바벨론으로 강제 이주시켰을 때 발생했다.

또 다른 잘 알려진 유대인들의 흩어짐은 헬레니즘 시대와 로마 시대(기원전 4세기에서 기원후 5세기)에 일어났다. 그 결과 북아프리카와 지중해 전역에 유대인 디아스포라 공동체가 형성되었다(약 1:1; 벧전 1:1). 이들 유대인 디아스포라의 주요 관심사는 고국의 문화와 관습, 그리고 그들이 정착한 나라의 문화와 관습 사이에 조화를 유지하는 것이었다. 그들은 과거의 기억을 간직하면서 새로운 문화 환경에 적응하려고 노력했다.

디아스포라라는 용어는 고국을 벗어난 유대인들의 흩어짐을 역사적으로 묘사하는 말이었지만, 이제 이 용어는 이 세상의 일시적 거류자이자 순례자인 그리스도인의 지위를 비유적으로 표현하는 말이 되었다. 성경은 모든 그리스도인이 하나님 나라의 일을 위해 전 세계로 파송된 디아스포라들이라고 선언한다(마 24:14; 28:19; 막 13:27; 16:15; 눅 3:6; 24:47; 행 1:8; 3:25; 롬 14:11; 갈 3:8; 계 7:9; 14:6). 예루살렘을 탈출한 초기 그리스도인들이 소아시아 지방에 복음을 전파한 것처럼(엡 2:19; 벧전 1:1; 2:11), 현대의 디아스포라 그리스도인들도 한 나라에서 다른 나라로 이동하면서 복음을 전파하고 있다. 신학적으로 보면, 디아스포라 운동은 복음 사역을 위해 그의 백성을 전 세계로 흩으시는 하나님의 주권적 행위를 나타낸다.

### 3) 디아스포라의 사회학적 의미

디아스포라 개념은 성경에서 그 의미가 파생되었지만, 학문적 논의에서도 그 중요성이 새롭게 대두되었다. 특히, 문화 간 연구 분야에서 디아스포라는 보다 폭넓게 응용되는 이론적 구성 개념(construct)이 되었다. 문화 간 연구를 다루는 문헌들은 디아스포라를 사회학적 범주로 구분하면서, 디아스포라를 이민공동체의 사회문화적 현상으로 설명한다.

1990년대까지 기독교 문헌에서 디아스포라는 대부분 반란, 유배, 노숙자라는 부정적 개념과 관련되어 사용되었다. 종종 디아스포라는 하나님과의 관계를 향한 의로운 길을 버렸기 때문에 강제로 외국으로 흩어진 유대인과 관련되어 사용되었다. 디아스포라 개념은 하나님의 심판에 대한 파괴적 자극인 동시에 하나님의 심판의 결과를 암시했다.

그러나 이런 부정적 의미는 오늘날 디아스포라에 관한 논의에서 사실상 자취를 감췄다. 오늘날 디아스포라의 사용은 비즈니스, 교육, 선교, 이민, 군복무, 정치적 갈등, 종교적 박해를 포함하되 이에 국한되지 않는 다양한 이유로 인해 전 세계에 흩어져 있는 초국가적 이주 공동체를 포함시킬 정도로 확대되었다. 현재 공적 담론에서 디아스포라는 국제적 이주와 횡문화적(transcultural) 활동에 의해 형성된 초국가적 공동체를 의미한다.

오늘날 디아스포라에 대한 연구는 더 이상 디아스포라를 물리적 이주로 한정하지 않는다. 디아스포라는 이제 이념적 재배치와 재구성을 의미한다. 이는 상호 문화적 만남과 적응에서 수용된 신념, 가치, 의미의 혼합된 형태를 가진 초국가적 의식 또는 세계적 의식을 의미한다. 디아스포라는 초민족적, 초언어적, 초문화적 의식의 혼합된 형태를 나타낸다.

## 4. 세계적 상황에서의 신앙 형성: 디아스포라 그리스도인의 관점

21세기 신앙 형성에 대한 연구는 신앙과 초국가적 문화의 문제로 이어진다. 예수 그리스도의 교회가 보편화됨에 따라 신앙과 초국가적 문화의 상호 관계에 대한 문제가 교회 사역에서 더욱 중요해지고 있다.

세계적인 교회 운동이 가져온 극적 변화는 교회에 새로운 도전을 불러올 뿐만 아니라 신앙과 문화 사이의 관계를 이해하는 방법에 대한 깊은 의문을 제기하고 있다.

이 섹션에서는 세계적 맥락에서 신앙 형성을 이해하기 위한 개념적 체계를 발전시킬 것이다. 이를 위해 디아스포라 교회에서 제공되는 교육과 건덕(edification) 사역이 어떻게 신앙의 공식적 육성에 도움이 되는 신학적 공간을 창조하는지, 그리고 디아스포라 교회에 내재된 교제(코이노니아)의 수직 및 수평적 차원이 어떻게 신앙의 비공식적 육성에 도움이 되는 관계적 공간을 창조하는지를 연구하기 위한 기본 체계로 디아스포라 신앙의 형성 양식을 고찰할 것이다(그림 10.1 참조).

비유적 의미로서의 공간은 디아스포라 교회 성도들의 영적, 개인적 필요에 관심을 기울이고 성경적으로 충실하고 문화적으로 관련이 있는 전체론적인 사역을 제공하는 교육학의 균형을 나타낸다.

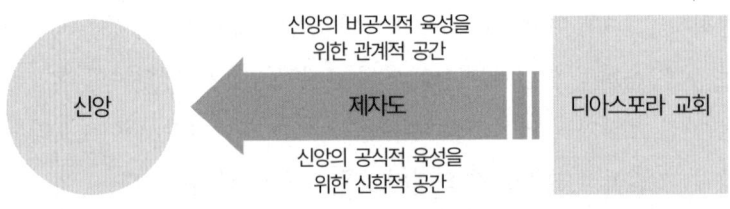

[그림 10.1] 신앙 형성의 디아스포라적 모델

## 1) 디아스포라 교회의 신학적 공간

신학적 공간은 교육과 건덕 사역이 만들어 낸 공식적 사역 환경을 나타낸다. 세계화가 사역에 미치는 엄청난 도전에도 불구하고, 디아스포라 교회는 제자도의 주요 과업인 사역을 위해 성도들을 교육하고 건덕하는 데 전념하고 있다(마 28:18-20; 엡 3:17-19; 골 2:6-7; 히 6:1-2; 벧후 3:18). 이 과업들은 성경적 신앙 형성에 도움이 되는 공식적 학습 환경을 조성한다.

교육학적으로 공식적인 제자도 환경을 신학적 공간이라고 한다. 여기서 공식적 공간 개념은 성도들이 성경의 진리를 배우고, 성찰하고, 자신의 신앙과 통합할 수 있는 변혁적인 학습 환경을 나타낸다. 신학적 공간에서 배운 공식적 성경 지식은 디아스포라적 신앙에 엮여 있는 중요한 두 가닥 중 하나가 된다(그림 10.1 참조).

### (1) 신학적 공간의 내적 차원과 디아스포라적 신앙

디아스포라 교회의 신학적 공간의 내적 차원은 교육 사역이 만들어 낸 것이다. 교육 사역은 하나님의 진리로 성도들의 마음을 강건하게 하려는 디아스포라 교회의 노력에 해당한다.

디아스포라 교회 지도자들은 사역의 질적 향상은 주로 성도들이 성경의 진리를 배우고, 성찰하고, 신앙과 통합할 수 있는 변혁적인 학습 공간을 만드는 데 달려 있음을 점점 더 인식하고 있다. 따라서 교회는 변혁적인 지식의 본성이 성도들의 신앙에 뿌리를 내릴 수 있는 공식적 학습 환경을 조성하기 위해 의도적으로 노력하고 있다.

개신교의 기독교적 유산에 따라, 디아스포라 교회 지도자들은 교회가 이 세상에서 하나님에 대한 지식을 전하고 복음 사역을 위해 성도들을 교육하도록 지명된 하나님의 완전한 대리자라고 믿는다(마 16:18; 엡 2:10; 벧전 2:9). 그러므로 교회는 형식적 가르침을 배제하지 않는다.

교회는 해석학적 설교를 선포하고, 성경 연구의 기회를 제공하며, 해석학적 방법들을 평신도에게 소개함으로써 신학적 지식을 가르치기 위한 노력을 조율한다. 성경의 내용이 신앙에 영향을 미치고 그리스도를 닮도록 만들기 때문에 교회는 성경적 가르침에 전념한다.

서구 사회에서 사역의 주요 경향은 가르침에서 의미와 관련성이 강조되는 학습자 중심의 인식론에 보다 중점을 두고 있는 반면, 디아스포라 교회의 지도자들은 내용, 의미, 적용이 강조되는 주제 중심의 인식론에 전념하고 있다. 디아스포라 그리스도인들은 이런 형태의 공식적 학습에 참여함으로 하나님에 대한 지식으로 성장할 수 있고 그리스도에 대한 건전한 성경적 신앙을 형성할 수 있다(고전 13:2; 빌 1:9-11; 벧후 3:18).

신학적으로 풍성하고 성경으로 충만한 교육은 디아스포라 신앙의 발전에 기여한다. 신앙 형성이 결코 공식적인 성경 학습으로 축소될 수는 없지만, 공식적인 학습에 비공식적인 학습이 수반된다면 신앙은 적절한 균형을 이룰 것이다.

### (2) 신학적 공간의 외적 차원과 디아스포라적 신앙

디아스포라 교회의 신학적 공간의 외적 차원은 건덕 사역에 의해 만들어진다. 건덕은 성도들을 세워 주고 성도들이 예수 그리스도의 복음을 가지고 세상과 관계를 맺도록 돕기 위한 디아스포라 교회의 노력을 나타낸다. 교회의 건덕 사역은 리더십 훈련과 선교 참여라는 두 가지 기본적인 요소로 이루어져 있다.

디아스포라 교회는 성경에 명시되어 있는 바와 같이 성도들의 신앙을 강화하고 세계 속에서 사역을 준비하기 위한 수단으로 평신도 리더십과 선교 훈련을 활용한다(마 28:18-20; 엡 4:11-13).

디아스포라 교회는 교회의 형성적 과업(formational task)을 완수하기 위해 개인 및 공동체적 차원에서 평신도 리더십 훈련을 실시한다. 개인적 차원에서 디아스포라 평신도 리더십 훈련은 성도들이 하나님과의 영적 관계를 맺도록 하기 위한 것이다. 디아스포라 교회는 평신도 영성 훈련이라는 일반적인 수단에 전념하여 성도들을 하나님에 대한 보다 깊은 신앙으로 인도하고 그리스도를 닮은 성품을 개발하도록 돕는다.

교회의 지도자들은 자신의 훈련이 성도들의 마음을 사로잡을 때 성령께서 그리스도의 능력 안에서 성도들의 마음과 행동을 변화시킬 것이라고 믿는다. 그리고 그 결과가 바로 변화된 신앙이다.

공동체적 차원에서 디아스포라 평신도 리더십 훈련은 교회를 섬길 성도들을 양육하기 위해 고안되었다. 교회는 성도들이 다양한 사역을 책임질 수 있도록 준비시키고 권한을 부여한다. 디아스포라 교회는 섬김이 신앙을 성장시키는 가장 좋은 방법 중 하나라고 굳게 믿는다. 기독교의 봉사는 그리스도에 대한 열정을 촉진하고 불을 붙이며 신앙에 활력을 불어넣는다.

교회의 선교적 과제를 완수하기 위해 디아스포라 교회 지도자들은 선교 사역을 위해 모든 성도를 준비시키는 방향으로 사역을 지시한다. 디아스포라 교회 내에서의 선교 훈련은 신학적 원칙과 문화적 원칙의 통합 결과로 발생하는 다차원적 과정이다.

성도들은 복음주의 신학에 대해 보수적 입장을 유지하면서 다양한 문화적 맥락에서 자신의 신앙을 공유하는 것과 관련된 복음의 핵심 요소를 상황에 맞게 이해하는 법을 배운다. 지역사회 봉사활동과 단기 선교 기회를 포함하는 선교 훈련은 성도들이 세상을 향한 신앙의 방향을 정할 수 있도록 돕는다.

디아스포라 교회는 성도들이 성경적 신앙 안에서 성장할 수 있도록 교육하고 건덕하는 주요 임무를 전적으로 수용한다. 거대한 문화적 도전에도 불구하고 디아스포라 교회는 여전히 성도들에게 성경적 신앙의 특징을 가르치고 그들이 예수 그리스도의 제자로 성장할 수 있도록 준비시키는 데 전념하고 있다. 교육 및 건덕 사역은 디아스포라 교회의 사명, 즉 초국가적 상황에서 제자를 만드는 공동체로서의 역할을 실질적으로 표현한다.

### 2) 디아스포라 교회의 관계적 공간

관계적 공간은 코이노니아(κοινωνία, 친교)의 수직적 차원과 수평적 차원이 만들어 내는 비공식적 사역 환경을 나타낸다. 수직적 코이노니아는 신자들이 하나님과 나누는 심도 있는 개인적 교감이며, 수평적 코이노니아는 신자들이 서로 나누는 대인 관계적 교감이다. 디아스포라 교회는 교육 및 건덕이라는 공식적 사역과 더불어 교인들의 신앙을 양육하기 위한 비공식적 방법으로 교회의 친교를 활용한다.

이 비공식적 사역 환경을 교육학적으로 관계적 공간이라고 부른다. 여기서 관계적 공간 개념은 성도들이 하나님과 다른 신자들과 교감할 때 비공식적으로 배우고, 성찰하고, 자신의 신앙과 성경적 진리를 통합하도록 격려하는 변혁적인 학습 환경을 나타낸다. 디아스포라 그리스도인들 사이에서 교회의 친교를 통해 배운 비공식적 지식은 그들의 신앙에 엮여 있는 또 다른 중요한 가닥이다(그림 10.1 참조).

### (1) 수직적 코이노니아와 디아스포라 신앙

디아스포라 신앙 형성은 수직적 코이노니아를 포함하는 개인적 과정이다. 디아스포라 교회는 모든 인간에게는 영적 관계를 위한 능력이 주어지기 때문에 삼위일체 하나님과 친밀한 교감을 갖는 것은 신자의 신앙 성장을 위한 존재론적 필연성의 가장 중요한 문제가 된다고 믿는다.

한 하나님이 삼위일체 안에 세 위격으로 존재(περιχώρησις)하고, 세 위격이 서로의 삶을 나눈다(κοινωνία)는 개념은 신앙 형성의 복잡한 기반이 된다. 페리코레시스와 코이노니아는 각각 성삼위 상호 내재성(circumincession, 또는 상호 내주)과 친교의 개념을 나타낸다. 이런 교리적 개념을 사역에 적용하기 위한 노력으로 교회는 성도들이 개인적으로 하나님과 동행하는 일에 적극적으로 참여하도록 격려하고 개인적 차원에서 먼저 성장하기 위해 최선을 다하라고 가르친다.

특히, 수직적 코이노니아에 반영된 삼위일체의 상호 내재성과 교감이 신앙 성장을 위한 자연스러운 분위기를 조성할 수 있도록 하나님과의 깊은 영적 교제를 받아들이는 데 중점을 두고 있다.

교육적으로 말하면, 수직적 코이노니아는 디아스포라 교회의 숨겨진 교육과정(a hidden curriculum)에 해당한다. 이 교회적 친교의 수직적 차원은 비공식적 학습을 위한 분위기를 조성하고 교육과 건덕 사역에서 얻은 공식적 학습을 강화하는 역할을 한다.

숨겨진 교육과정은 개인적 교감에 참여하는 경험을 통해 일어나는 암묵적이고 조직화되지 않은 학습으로서 배운다기보다는 사로잡히는 형태의 학습을 말한다. 수직적 코이노니아는 하나님과의 관계와 유대감을 형성하고 디아스포라 그리스도인의 신앙을 굳건히 한다.

앞선 논의에서 알 수 있듯이 삼위일체는 수직적 코이노니아와 디아스포라 신앙의 관계를 이해하기 위한 기본 체계이다. 삼위일체 하나님에 대한 이해는 삼위일체의 다른 위격과 교통하는 하나님의 모습을 그릴 뿐만 아니라 우리와 교감하고 우리의 신앙을 변화시키는 하나님에 대해서도 가르쳐 준다. 이는 그리스도인들에게 신앙 형성의 전 과정에서 하나님과의 인격적 동행의 가치와 중요성을 일깨워 준다.

사실 성경은 수직적 코이노니아와 신앙이 밀접하게 연결되어 있으며 초기 그리스도인들이 다른 신자들과 모든 소유를 나눌 수 있었던 것은 삼위일체 하나님과의 인격적 연결 때문이라고 가르친다(행 2:42-47; 고전 11:24-26).

하나님은 심오한 교감 속에 존재하는 관계적 존재이시며 모든 신자가 하나님과 개인적으로 교감하도록 요청한다. 신자들이 수직적 코이노니아에 참여할 때, 삼위일체의 신성한 세 위격은 영적 삶의 전체 계획에 적극적으로 참여하시고 신앙을 성장시키신다. 친밀한 교감을 통해 신성한 삼위일체의 삶에 참여하는 것은 디아스포라 신앙의 토대가 된다.

### (2) 수평적 코이노니아와 디아스포라 신앙

디아스포라 신앙 형성은 수평적 코이노니아를 포함하는 공동 과정이기도 하다. 디아스포라 교회의 지도자들은 삼위일체 하나님이 다양한 모임의 신자들 가운데 기념할 하나의 신앙을 주셨다고 믿기 때문에 신앙의 전인적 양육을 추구하고 있다(마 28:19; 고후 1:21-22; 13:13; 갈 3:28; 엡 4:5; 계 7:9-10).

삼위일체의 각 위격이 각자의 방식으로 동일 본질과 동일 본성을 가지면서 다른 위격과 연합하듯이, 그리스도인이 된다는 것은 개인의 특수성을 상실하는 것이 아니라 오히려 각 사람의 개인적, 문화적 자질을 향상시키는 것을 의미한다. 그러므로 교회는 성도들이 서로 사랑하고 서로의 문화적 유산을 존중하도록 격려한다.

디아스포라 교회에서 교회적 친교에 수반되는 관계적 공간은 자연스럽게 비공식적 학습을 위한 분위기를 조성하고, 교인들이 초국가적 의식의 기독교적 형태(Christian form of transnational consciousness), 즉 문화화 과정(enculturation process)에서 둘 이상의 문화를 혼합하여 선택함으로써 얻게 되는 세계적 인식에 따라 성장하도록 한다. 이런 유형의 의식은 문화적 경계를 넘어 사람들의 상호 연결성에 대한 인식을 만들어 낸다.

인지적 체계로서 초국가적 의식은 다른 사람들의 문화 간 만남으로부터 발전된 지식의 합법적 형태를 나타낸다. 초국가적 의식은 다양한 문화적 신념, 가치, 전통, 관행에 의해 형성되는 정신적 체계이다. 초국가적 의식은 이중 또는 다중적 구성이 될 수 있으며, 문화 간 만남 중에 만들어진 사회문화적, 역사적 조건이라는 복잡한 혼합을 포함하는 이념적 부조화와 통합에 의해 형성된다.

이 섹션의 나머지 부분에서는 기독교적 형태의 초국가적 정신을 설명하기 위해 '글로벌 기독교 정신'(global Christian consciousness: GCC)이라는 용어를 사용한다. 디아스포라 신앙의 삶에서 GCC는 디아스포라 신앙의 세계적 성격과 내용을 형성하는 핵심 주체 역할을 한다.

GCC는 디아스포라 그리스도인들의 초국가적 사고방식을 나타낸다. 이념적 범주로서 GCC는 다양한 문화적 신념, 가치, 전통의 그리스도 중심의 만남으로 구성된 혼합된 세계관을 나타낸다. 이념적 동화와 둘 이상의 문화적 세계관의 합의는 변증법적으로 GCC를 구성한다.

새로운 문화적 환경에서 사회적 공간이라는 경계는 디아스포라 그리스도인들이 당혹스러운 경험, 문제, 생각을 자신의 삶에 동화시키고 수용하게 만든다. 이런 자각은 처음에 사람이 새로운 문화를 접했을 때 내적 긴장을 만들어 내지만, 결국에는 기존의 신념을 바꾸고 문화에 대한 새로운 인식을 공시적으로 동화시킴으로써 인지적 조화를 가져온다. 이 혼성화 과정은 상당히 복잡하며 문화에 내재된 다양한 형이상학적, 인식론적, 가치론적 원리에 대한 신학적 성찰과 비판적 평가를 포함한다.

디아스포라 그리스도인의 삶에서 GCC는 단일문화주의(monoculturalism)의 동질적 특이성을 넘어 초국가주의의 이질적 표현성을 향해 신앙의 지평을 넓힌다. 이런 인식은 세계적이며 하나님 나라에 초점을 맞춘 신앙적 입장을 만들어 낸다. 그리고 이런 유형의 문화 간 경험을 통해 그리스도인들은 자기보다 다른 사람들을 소중히 여기는 보다 포괄적인 유형의 신앙을 만들 수 있다(마 22:39).

예를 들어, 제3문화 그리스도인들도 이런 유형의 세계적인 기독교 의식을 소유하고 있다.[5] 제3문화는 세계화의 부산물로, 둘 이상의 세계관의 혼

---

5  '제3문화'라는 용어는 미국의 인류학자 루스 힐 우심(Ruth Hill Useem)이 인도에 거주

합을 기반으로 한 일련의 가치, 신념, 규범 등을 재창조, 재구성, 재확립하는 것을 말한다. 제3문화는 종종 국외 거주자들, 특히 그들의 자녀들이 가지는데 이들은 부모의 고유 문화와 그들이 살고 있는 국가의 문화 사이의 틈새에 사회문화적 공간을 만들고 그 속에서 사는 법을 배운다.

단지 문화를 융합하는 것은 전체적으로 혼란스럽고 특징 없는 의식을 만들어 낼 것이기 때문에 제3문화라는 혼성화 과정은 단순히 문화의 다른 요소들을 결합하는 것이 아니다. 제3문화의 발전은 삶에서 접하는 다양한 신념, 가치, 전통을 통합하고 기독교 세계관을 바탕으로 새로운 의식을 변증법적으로 구축하는 것이다.

이 섹션에서 디아스포라 신앙 형성의 체계를 제시하는 주요 목적 중 하나는 글로벌 기독교 신앙, 신학적 훈련, 교회적 친교 사이에 존재하는 역동적 연결에 주의를 기울이는 것이다. 역동성의 개념은 신학적 훈련이 그 이성적 근원에 신앙을 심어 주는 비판적 과정을 나타내며, 연결의 개념은 교회의 친교가 그 관계적 근원에 신앙을 심는 성찰적 과정을 나타낸다. 디아스포라 그리스도인들이 건전한 신앙을 가질 수 있는 것은 이런 역동적 연결 때문이다.

## 5. 결론

기독교 신앙은 세계적 신앙이다. 기독교 공동체가 점점 더 다양해지고 세계화됨에 따라 교회는 특히 회중의 신앙과 삶과 관련된 초국가적 문화에 대한 이해를 높일 필요가 있다. 초국가적 문화에 대한 적절한 지식을

---

한 미국인에 대한 연구를 기반으로(1952-53, 1958) 처음 만들었다. 제3문화 세계관의 형성은 여러 문화의 융합에 기반을 두고 있지만, 가정도 거주 국가의 문화도 아닌 새로운 관점을 담고 있다. 제3문화는 매우 독특한 문화적 혼합으로 구성되어 있으며 협상과 재창조라는 변증법적 긴장하에 존재한다.

가짐으로써 교회는 교인들에게 전인적 사역을 제공할 수 있다.

나아가 교회가 다양한 문화권의 사람들이 모여 하나님을 경배하고 조화를 이루며 살아가는 장차 올 하나님 나라를 생각하는 만큼 그런 지식을 갖는 것 역시 중요할 것이다(롬 15:8-13; 계 7:9-17).

## 6. 토론을 위한 질문

1. 세계화란 무엇인가?
   세계화의 장점과 단점은 무엇인가?
2. 세계화가 문화에 미친 영향은 무엇인가?
   세계화의 문화적 형태가 너무 과도한가 아니면 부족한가?
3. 세계화 시대에 그리스도인이 된다는 것은 무엇을 의미하는가?
   우리는 전 세계에서 일어나고 있는 변화에 적응해야 하는가 아니면 그 변화를 거부해야 하는가?
4. 세계화가 당신과 당신의 가족에게 미친 영향은 무엇인가?
   당신과 당신의 가족은 실제적으로 어떤 도전과 갈등에 직면하고 있는가?
5. 문화의 세계화는 그리스도인으로서 당신의 삶과 교회 사역, 선교에 어떤 영향을 미치고 있는가?
6. 신앙과 초국가적 문화의 관계는 무엇인가?

## 7. 추가 도서 목록

Bradshaw, Bruce. *Changes across Cultures*. Grand Rapids: Baker Academic, 2012.

Elmer, Duane. *Cross-Cultural Connections: Stepping Out and Fitting In around the World*. Downers Grove, IL: InterVarsity, 2002.

Hiebert, Paul G., and Eloise Meneses Hiebert. *Incarnational Ministry: Planting Churches in Band, Tribal, Peasant, and Urban Societies*. Grand Rapids: Baker, 1995.

Im, Chandler H., and Amos Yong. *Global Diasporas and Mission*. Oxford: Regnum Books, 2014.

Johnson, Todd M. *Christianity in Its Global Context, 1970-2020: Society, Religion, and Mission*. South Hamilton, MA: Gordon-Conwell Theological Seminary Center for the Study of Global Christianity, 2013.

Johnstone, Patrick. *The Future of the Global Church: History, Trends and Possibilities*. Downers Grove, IL: InterVarsity, 2014.

Plueddemann, James. *Leading across Cultures: Effective Ministry and Mission in the Global Church*. Downers Grove, IL: InterVarsity, 2009.